فکرِ نَو

(حصہ سوم)

(سہ ماہی 'ثالث' کے خصوصی شمارے سے منتخب مضامین)

مرتب:

اقبال حسن آزاد

Fikr-e-Nau - Part:3 *(Literary Essays)*
by: Eqbal Hasan Azad
Edition: February '2025
Publisher :
Taemeer Publications LLC (Michigan, USA / Hyderabad, India)

ISBN 978-93-6908-678-8

کتاب	:	**فکرِ نو** (حصہ سوم)
مرتب	:	**اقبال حسن آزاد**
صنف	:	تحقیق و تنقید
ناشر	:	تعمیر پبلی کیشنز (حیدرآباد، انڈیا)
سالِ اشاعت	:	۲۰۲۵ء
صفحات	:	۱۳۸
سرورق ڈیزائن	:	تعمیر ویب ڈیزائن

فہرست

● اقبال حسن آزاد

حسین الحق...... کچھ یادیں، کچھ باتیں

جانے کیسے مر جاتے ہیں اچھے اچھے پیارے لوگ
جانے کون نگر جاتے ہیں اچھے اچھے پیارے لوگ
دن بھر دھوپ نگر میں اپنا خون پسینہ کرتے ہیں
شام ہوئی تو گھر جاتے ہیں اچھے اچھے پیارے لوگ
(اقبال حسن آزاد)

''مجھے گدّے پر نیند نہیں آتی ہے۔''

نرم لہجے میں کہی گئی اس بات نے مجھ پر عجیب سی کیفیت طاری کردی اور میں حیرت زدہ نظروں سے اس شخص کو دیکھنے لگا جسے اللہ تعالیٰ نے ہر قسم کے آرام و آسایش سے نوازا ہے۔ میں نے اس کی مسکراتی آنکھوں کو غور سے دیکھا اور میرے ذہن میں آتش کا یہ شعر گونجنے لگا:

چھوڑ کر ہم نے امیری کی فقیری اختیار　　بوریئے پہ بیٹھے ہیں قالیں کو ٹھوکر مار کر

قالین کو ٹھوکر مارنے والے اس شخص کا نام تھا حسین الحق......ناول نگار، افسانہ نگار، تنقید نگار، شاعر، پروفیسر اور نہ جانے کیا کیا۔ اور سب سے بڑی بات یہ کہ وہ ایک نفیس انسان تھے۔ ادیب خواہ کتنا ہی بڑا کیوں نہ ہو اگر وہ باادب نہیں تو میری نظر میں اس کی قدر و قیمت کچھ بھی نہیں ہے۔ حضرت علیؓ کا قول ہے انسان اپنی زبان کے پیچھے چھپا ہوتا ہے۔ حسین صاحب کی زبان بڑی پیاری تھی...... پیاری اور من موہنی۔ بقول فراز:

سنا ہے بولے تو باتوں سے پھول جھڑتے ہیں　　یہ بات ہے تو چلو بات کر کے دیکھتے ہیں

میرا ان سے غائبانہ تعارف تو چالیس پینتالیس سال پرانا ہے مگر بالمشافہ ملاقاتیں صرف چار ہیں۔ پہلی ملاقات اسّی کی دہائی میں پٹنہ میں ہوئی۔ ان دنوں وہ چھوٹا ناگپور کی ملازمت چھوڑ کر مگدھ یونیورسیٹی آچکے تھے۔ میں نے دریافت کیا کہ آپ تو کمیشن کے ذریعہ منتخب کیے گئے تھے پھر آپ نے اپنی

پکی نوکری کیوں چھوڑ دی۔ کہنے لگے کہ میرے ایک ہاتھ میں مذہب دے دو اور دوسرے میں ادب، میں جی لوں گا۔ اور وہاں یہ دونوں چیزیں میسر نہیں تھیں اس لئے میں نے وہ نوکری چھوڑ دی۔

دوسری ملاقات گیا میں ان کے دولت کدے پر ہوئی۔ میں ایک بارات کے ساتھ وہاں گیا تھا اور جانے سے پہلے ہی یہ طے کر لیا تھا کہ اور کسی سے ملاقات ہو نہ ہو حسین صاحب سے ضرور ملاقات کا شرف حاصل کروں گا۔ جناب شاہد اختر بھی اس شادی کی تقریب میں شریک تھے۔ ڈاکٹر منظر اعجاز نے میرا تعارف ان سے کروا دیا۔ میں نے دوران گفتگو ان سے وعدہ لیا کہ کل صبح وہ مجھے حسین صاحب سے ملوانے کے لئے لے جائیں گے۔ حسب وعدہ وہ دوسرے روز اسکوٹر لے کر آئے اور میں ان کے ہمراہ حسین صاحب کے دولت کدے پر پہنچا۔ کافی تپاک سے ملے اور دیر تک باتیں کیں۔ باتوں باتوں نے انہوں نے فن افسانہ نگاری کے سلسلے میں کئی اہم نکات سے مجھے روشناس کرایا۔ خاص طور پر مجھے ان کا یہ جملہ یاد رہ گیا کہ افسانے کا کلائمکس ناشگفتہ کلی کی طرح منھ بند ہونا چاہیے۔ میں نے ان کی اس بات کو گرہ میں باندھ لیا۔

ان سے میری تیسری ملاقات کریم سیٹی کالج، جمشید پور کے سیمینار میں ہوئی۔ وہ، میں اور محترمہ شہناز نبی اسٹیج پر ایک ساتھ بیٹھے تھے۔ اس روز ان سے کچھ زیادہ گفتگو نہیں ہو سکی کیونکہ ان کی تمام تر توجہ شہناز نبی صاحبہ کی جانب تھی۔

اور یہ میری ان سے چوتھی اور آخری ملاقات تھی جس میں انہوں نے فرمایا کہ مجھے گدّے پر نیند نہیں آتی ہے۔ وہ دراصل اردو فورم، مونگیر کے سالانہ جلسے میں شریک ہونے کے لئے آئے تھے۔ فورم نے ان کی اور جناب شاہد اختر کی میزبانی میرے ذمے لگا دی تھی۔ دونوں حضرات بذریعہ کار شام پانچ بجے غریب خانے پر تشریف لائے۔ دوران سفر وہ مسلسل میرے رابطے میں رہے۔ پھر ہم لوگ تیار ہو کر جلسہ گاہ پہنچے جہاں انہوں نے ایک نہایت عمدہ افسانہ پیش کیا۔ تقریب کے بعد جناب شاہد اختر تو پروفیسر منصور احمد نیازی صاحب کے یہاں چلے گئے اور میں حسین صاحب کو اپنے ساتھ لے کر آ گیا۔ میرے ڈرائنگ روم میں ایک دیوان بچھا ہوا ہے اور جب میں نے اس پر ان کا بستر تیار کیا تو انہوں نے فرمایا کہ مجھے گدّے پر نیند نہیں آتی ہے۔......اب مجھے یہ سوچ سوچ کر شرمندگی محسوس ہو رہی تھی کہ میں اپنے مہمان کے لئے خاطر خواہ بندوبست کرنے سے قاصر تھا۔ بہر کیف! اگلی صبح جاتے جاتے فرما گئے کہ آپ تو بڑے پیارے انسان ہیں۔ آپ سے رابطہ رکھنا چاہیے۔ لیجئے صاحب! شرمندگی کا سارا احساس کافور ہو گیا۔

میرا ان سے ذہنی رابطہ تو برسوں پرانا تھا۔ جن دنوں میں زیر تعلیم تھا تو ان کے افسانے بڑے ذوق و شوق سے پڑھتا تھا۔ پھر جیسے جیسے فکشن کی سمجھ آتی گئی میں ان کی تحریروں کا اسیر ہوتا چلا گیا۔ زبان پر

ایسی گرفت کم ہی افسانہ نگاروں کو حاصل ہے۔ آتش نے کہا ہے کہ:

بندش الفاظ جڑنے سے نگوں کے کم نہیں شاعری بھی کام ہے آتش مرصع ساز کا

میں سمجھتا ہوں کہ صرف شاعری ہی نہیں بلکہ نثر نگاری بھی مرصع سازی ہی ہے۔ اور بلا شبہ حسین الحق ایک بہترین مرصع ساز تھے...... صرف مرصع ساز ہی نہیں بلکہ وہ ایک عمدہ مجسمہ ساز بھی۔ وہ اپنے الفاظ سے ایسی تصویر کشی کرتے تھے کہ سارا منظر نگاہوں کے سامنے متحرک ہو جاتا ہے۔ ''گونگا بولنا چاہتا ہے'' ہو یا ''نیوکی انٹ''، ''انحد'' ہو یا ''ناگہانی'' یا پھر کوئی اور افسانہ...... ان کا مخصوص رنگ ہر جگہ نمایاں ہے۔ کہا جاتا ہے کہ ایک مستند قلم کار وہ ہے جس کا اپنا ایک الگ اسٹائل ہو اور جو اپنی تحریر سے پہچان لیا جائے۔ حسین الحق اس تعریف پر پورے اُترتے ہیں۔ مجھ سے ایک دفعہ ایک شاعر صاحب نے پوچھا تھا کہ ''ثالث'' میں گوشہ چھپوانے کا کیا معیار ہے؟ میں نے کہا کہ میں صرف انہی لوگوں پر گوشہ نکالتا ہوں جو میری نظر میں مستند اور معتبر ہوتے ہیں۔ اور اس کے لئے ''ثالث'' کسی قسم کی مالی مدد بھی نہیں چاہتا۔ جب میں نے ''ثالث'' میں ''گوشہ حسین الحق'' نکالنے کی خبر انہیں دی تو از حد خوش ہوئے اور بار بار ویری گڈ، ویری گڈ کہتے گئے۔ پھر انہوں نے اس سلسلے میں میری بھرپور مدد کی اور مواد سے لے کر تصویریں تک فراہم کیں جس سے میرا کام آسان ہو گیا۔ یہ شمارہ از حد پسند گیا اور حسین صاحب نے بھی اس کی دل کھول کر تعریف کی۔

وہ فیس بک پر بھی ایکٹیو تھے اور میری تحریروں پر خاص نظر رکھتے تھے۔ اکثر میرے کسی افسانے کو پڑھ کر مجھے فون کرتے اور مفید مشوروں سے نوازتے۔ گذشتہ سال میں نے ''ثالث، ادبی فورم'' کے تحت فیس بک پر ایک افسانوی نشست رکھی تھی اور جس کی صدارت کے لیے میری نظر انتخاب حسین صاحب پر پڑی۔ انہوں نے بخوشی اس ذمہ داری کو قبول کیا اور نہایت حسن وخوبی کے ساتھ صدارت کے فرائض انجام دیے۔ اس وقت تک مجھے یہ معلوم نہ تھا کہ وہ ایک موذی مرض کے شکار ہو گئے ہیں۔ کورونا قہر کے دوران جب ایک ایک کر کے ادبی شخصیتیں رخصت ہونے لگیں تو ان کے لہجے میں مایوسی در آئی تھی۔ پھر مجھے معلوم ہوا کہ وہ بغرض علاج دلی لے جائے گئے ہیں۔ جب وہ دلی سے واپس آئے تو میں نے ان کی خیریت دریافت کرنے کے لیے فون کیا۔ ان کا لہجہ ٹوٹا ہوا اور مایوس کن تھا۔ میں نے مناسب وموزوں الفاظ میں انہیں تسلی دی تو وہ خوش ہو گئے۔ لیکن مجھے کیا معلوم تھا کہ وہ بہت جلد اپنے چاہنے والوں کو غم کے اتھاہ سمندر میں چھوڑ جائیں۔

حسین الحق جیسا منفرد ادیب اور پیارا انسان اب شاید ہی مجھے ملے۔ اللہ ان کی مغفرت فرمائے اور انہیں جنت میں اعلیٰ سے اعلیٰ مقام عطا کرے۔ آمین ثم آمین!

● پروفیسر حسین الحق

مرغوب آثر فاطمی کی غزل گوئی......ایک مختصر جائزہ

میرے سامنے دوشعری مجموعے (۱) ''شجرِ سایہ دار'' اور (۲) ''خیمۂ بہار''، دامن کشِ دیدہ و دل ہیں۔ ان مجموعوں کے شاعر مرغوب آثر فاطمی ہیں جن کی تحریروں سے پتہ چلتا ہے کہ وہ زمانۂ طالب علمی ہی سے شاعری کرتے رہے مگر ملازمت نے شاعری پر مرتکز ہونے کا موقع نہیں دیا۔ نتیجتاً ۲۰۱۱ء میں ملازمت سے سبکدوشی کے بعد اپنی (اوّلین) محبوبۂ شاعری سے دوبارہ پینگیں بڑھانے کا موقع ملا' اور آٹھ برس کی قلیل مدّت میں تین شعری مجموعوں نے درِ ادب پر دستک دی۔

ان مجموعوں میں نظمیں بھی ہیں اور غزلیں بھی' میں نظم سے گزرتے ہوئے غزل پر آیا تو یہ دیکھ کر ٹھٹھک گیا کہ شاعر کی غزلوں میں ان کی نظم گوئی کی صلاحیت نے بڑے دلچسپ اور قابلِ تعریف انداز میں دراندازی کی ہے۔ کلیم الدین احمد سمیت دیگر ناقدوں کو بھی اُردو کے کئی نظم نگاروں سے یہ شکایت رہی ہے کہ نظم میں جو تسلسلِ خیال' معروضی بیان اور لفظیاتی طور پر غزلوں کے اوزار سے جو شعوری رخصت چاہیے وہ کئی نظم گو شعراء کے یہاں دست یاب نہیں ہے' مگر مرغوب آثر فاطمی کے یہاں اس کے برعکس غزلوں پر نظم کے صنفی عناصر جابجا اپنی موجودگی محسوس کراتے ہیں' اور دلچسپ بات یہ ہے کہ اس کے باوجود شعر کا ہیئتی اور کیفیاتی مزاج متاثر نہیں ہوتا البتہ ذوقؔ سے آثر لکھنوی تک بیان کی جس استادی اور قادر الکلامی کا ذکر ہوتا ہے' وہ جابجا مرغوب آثر فاطمی کے یہاں اپنے پر پانکھ نکالتی محسوس ہوتی ہے۔

ے جلن سورج کی' کیچڑ کی سڑن بھی جھیلتے ہونگے — گھروں میں بیٹھ کر آقائی شجرہ دیکھنے والے
ے نئے تقاضوں نے توڑ ڈالے ہیں فخرِ آثار بادشاہی — یہ دیکھیے کہ پچھلی قدروں کے خم سرِ گل کے بہہ رہے ہیں
ے ضرور بدلے گا اک روز موسموں کا مزاج — وہ نرم ہوں گے یقیناً جلے تو دل کا سراج
ے جو راہِ عشق ہے اس میں شجر نہیں دیکھا — کہیں قیام نہیں چاہتا ہے یہ منہاج
ے مرے خوابوں میں خوف و یاس کا دستہ اُتر آیا — چلی پھر جنگ اُن فسطائیوں سے رات بھر اپنی
ے جذباتِ جوئے شیر تو پیدا نہ ہو سکے — وہ داستانِ شیریں و فرہاد رٹ گیا

مرغوب آثر فاطمی کی یہ وہ انفرادیت ہے جس میں اُن کے بہت کم معاصرین اُن کے شریک ہیں۔

دوسری بات یہ کہ شاعری انسانی وجود کا اولین اور بہترین استعارہ ہے، مزید براں کسی بھی ذی حیات کی تمام تر تگ وتاز میں اگر کسی ایک تفاعل کو ہمہ گیری حاصل ہے تو وہ اُس کی کوششِ اظہار ہے، نوزائیدہ کے رونے سے کلی کے چٹکنے تک ہر ذرّہ اپنے اظہار میں مصروف ہے، جو جتنا باکمال ہے اُس کا اظہار اتنا ہی بالغ اور جامع ہے۔ شاعر کو عموماً اس کے اردگرد کی دنیا کا ضمیر کہا جاتا ہے اور جو بڑا شاعر ہے وہ کائنات کا ضمیر بن جاتا ہے۔ انسان شعوری اور لاشعوری طور پر جس انفرادی اور دوسری بات یہ کہ شاعری انسانی وجود کا اولین اور بہترین استعارہ ہے، مزید براں کسی بھی ذی حیات کی تمام تر تگ وتاز میں اگر کسی ایک تفاعل کو ہمہ گیری حاصل ہے تو وہ اُس کی کوششِ اظہار ہے، نوزائیدہ کے رونے سے کلی کے چٹکنے تک ہر ذرّہ اپنے اظہار میں مصروف ہے، جو جتنا باکمال ہے اُس کا اظہار اتنا ہی بالغ اور جامع ہے۔ شاعر کو عموماً اس کے اردگرد کی دنیا کا ضمیر کہا جاتا ہے اور جو بڑا شاعر ہے وہ کائنات کا ضمیر بن جاتا ہے۔ انسان شعوری اور لاشعوری طور پر جس انفرادی اور اجتماعی شعور کا حامل ہوتا ہے، وہ سارا کچھ شاعر کی شاعری میں بھی نظر آجاتا ہے۔

مرغوب آثر فاطمی کو میں بڑا شاعر نہ کہہ رہا ہوں نہ مان رہا ہوں مگر یہ احساس ضرور ہوا کہ زندگی کے رنگا رنگ جلوے اُن کی شاعری کا قالب تیار کرتے ہیں۔ اس تنوع میں حقائق، احساسات، کیفیات، مشاہدات، زمانہ شناسی اور خود شناسی وغیرہ ان کے شاعری خام مواد کے طور پر ان کے کام آتے ہیں۔

میں کچھ اشعار کے ذریعہ فاطمی کے اندر موجود ''محسوساتی جہان وافر'' کی جانب اشارہ کرنا چاہتا ہوں:

انسان کا تجسس اس کے لئے مصیبت ہے—فاطمی کہتے ہیں

فلک سے پرے جھانک لینے کی خواہش تو مٹی میں اک دن ملائے گی ہم کو

ہوائی قلعہ بنانے کی ایک مثال

جستجو جس کو تھی اس نے تو کمندیں ڈالیں اور ہم کھو گئے افلاک کے افسانے میں

''ہر کمالے را زوال'' کا خوب صورت شعری اظہار ملاحظہ کریں:

گل مہر ہو کہ املتاس کے پھولوں کا شباب وقت کچھ لگتا ہے موسم کے اُتر آنے میں

مصلحت آمیزی کیا کیا رُخ اختیار کرتی ہے، ایک یہ منظر بھی ملاحظہ کیجئے:

نہ تھا اقرار کا لہجہ نہ تھا انکار ہی واضح اب ایسے میں کہاں ہوتی کوئی تکرار کی صورت

عہد حاضر میں ہم جس سیاسی، تہذیبی، اقداری، معاشی اور فکری ابتذال وزوال کی طرف جا رہے ہیں، یہ تو عہد حاضر کے رہنماؤں کی دین ہے۔ اس کی ایک جھلک دیکھئے؛

؎ مسکرا کر تو مری پیاس کو مہمیز نہ کر ساقیا! کیا ہے بچا اب ترے پیمانے میں

انسانی فکر کیسی کیسی چال چلتا ہے‘ اس کی ایک جھلک دیکھیں:

؎ غبار سینے کا لفظوں میں ڈھل گیا ہوگا ضمیر میرا کوئی چال چل گیا ہوگا

یہ مشتے نمونہ از خروارے ہے‘ ایسے اشعار کی فاطمی کے یہاں کمی نہیں ہے مگر لفظیات و محسوسات کے علاوہ شاعری تو اور کچھ بھی ہے۔ شاعر کا کمال تو یہ ہے کہ وہ اپنے تخلیقی داخل میں موجود ہر لمحے کو نت نئے انداز میں بیان کرتا ہے‘ اسی لئے شاعری کو جہاں ایک طرف الہامی اور وجدانی کہا گیا‘ وہیں دوسری طرف الفاظ کی کاریگرانہ ترتیب (Artistic arrangement of words) کی بھی اپنی اہمیت ہے‘ اسی لئے شعر ہوتا بھی ہے اور شعر بنایا بھی جاتا ہے۔ مگر ایسا نہیں ہے کہ اس شعر بنانے کے عمل میں شاعر اپنے تخلیقی داخل سے کلّی طور پر منقطع ہو کر صرف خارجی ہئیت سازی میں مصروف ہو جاتا ہے۔ موغوب اثر فاطمی کے یہاں ایسے متعدد اشعار ہیں جس سے ان کی زبان دانی کا اندازہ ہوتا ہے‘ ندرتِ اظہار و بیاں محسوس ہوتی ہے‘ نئے تلازمے نظر آتے ہیں‘ پیغام بری بھی ہوتی ہے مگر شاعرانہ انداز میں معنی آفرینی اور ذو معنویت کا عمل دخل بھی محسوس ہوتا ہے‘ خود شناسی اور خدا شناسی دونوں جذبوں کو شعر کا جامہ پہنایا جاتا ہے‘ کچھ ازلی سوالات کا سامنا کیا جاتا ہے اور ان سب کے ساتھ ساتھ شعریت بھی اپنی موجودگی کا احساس کراتی رہتی ہے۔

مثالاً چند اشعار ملاحظہ ہوں:

؎ دلی جذبات پر قابو میں دقت ہو تو کہئے گا ہماری وضع میں نقصِ سعادت ہو تو کہئے گا

؎ وفاداری کی قسمیں روز کھانا کیا کھِلانا کیا جھکا ہے سر‘ اُٹھانے کی ضرورت ہو تو کہئے گا

؎ سناتے ہو تو سن لیں گے‘ مگر دل غم سے بوجھل ہے کہیں گے ہم کسی دن تھوڑی فرصت ہو تو کہئے گا

؎ نئی نسل کو رائے دینے کی عادت کسی دن تماشا بنائے گی ہم کو

؎ پنچھوں کو روک لیتی تھی دیوار مصلحت یوں تو سگِ جنون کو خارش بہت ہوئی

؎ چہرے تو بڑے معصوم ہیں پر اعضاء ہی شرارت کرتے ہیں

؎ تمام بنتے بگڑتے رشتے بنائے رکھنے پہ منحصر ہیں انہیں اگر حادثہ کہیں تو یہ حادثہ بار بار ہوگا

؎ وقت تو ایک بہتا دریا ہے ہم نہ قابو کریں تو اپنی مات

؎ چلی بادِ مخالف تو اُمنگوں کے بھی پر نکلے مگر یہ سلسلہ ہر بار ہوٗ ایسا نہیں ہوتا

؎ آوارہ خواہشوں نے تو رسوا کیا مجھے کہتے نہ تھے ٹھگوں سے نہ لے رہنما کا کام

؎ ڈیرہ اُٹھا بہار کا لیکن وہ آ گئے موسم جو جا چکا تھا اچانک پلٹ گیا

؎ اس چاک پہ سو بار چڑھی گوندھی ہوئی خاک کیا جانے ملاقات ہو کب دستِ ہُنر سے
؎ خیالِ خاطرِ احباب رکھنے کے بھی خطرے ہیں کبھی توصیف برسوں تک کبھی تحقیر مدّت تک
؎ زاغ کے سر پہ کئی دن سے ہیں سرخاب کے پر اُس پہ یہ لطف کہ بلبل بھی ہَوا دیتا ہے
؎ ہر چہ بادا باد' اب ہوں کارزار دہر میں کم نہیں گر ہاتھ میں شمشیر آدھی رہ گئی

اب تک جو کچھ بیان ہوا' اُس سے اندازہ ہوا کہ ان دو مجموعوں کا شاعر صرف ''برائے شوق'' شاعری نہیں کرتا بلکہ وہ ایک سنجیدہ' بردبار' اور بصارت و بصیرت کا حامل فرد ہے جو حیات و کائنات کے بیش از بیش مسائل پر صرف اس انداز میں خامہ فرسائی نہیں کرتا کہ دنیا نے تجربات و حوادث کی شکل میں/ جو کچھ مجھے دیا وہ لوٹا رہا ہوں میں۔ بلکہ وہ اپنے انداز سے چیزوں کا مشاہدہ کرتا ہے اور پھر اُس کا شعری شعور جس انداز میں اپنے اندر انہیں خلق کرتا ہے اُسی انداز میں قاری تک پہنچاتا ہے۔

بہر حال! یہ تو ایک رخ ہوا' دوسرا رخ یہ ہے کہ ہر بڑا شاعر تو خیر ہوتا ہی ہے' ہر اچھا شاعر بھی پورا شاعر ہوتا ہے۔ یعنی سنجیدہ ہے تو ہنسوڑ بھی ہے' روایتی ہے تو جدید بھی ہے' کلاسیکی بیان پر قادر ہے تو نئے تلازموں کا شائق بھی' ہمت ہارتا محسوس ہوتا ہے تو کبھی لڑتا اور خود اپنے پر پھبتی کستا بھی محسوس ہوتا ہے۔

یہ ساری جھلکیاں مرغوب اثرؔ فاطمی کی شاعری میں ملیں گی۔

؎ نئی نسل کو رائے دینے کی عادت کسی دن تماشہ بنائے گی ہم کو
؎ سامنا اُن کا ہوا جب تو نظر نیچی تھی بے قراری میں مرے دستِ طلب بول اُٹھے

مذکورہ بالا اشعار میں شوخیِ بیان ہے' معروضات کی کھلّی اُڑانے کا عمل ہے' وظیفہ وحاصلِ شعر کے تئیں کچھ الجھنیں ہیں اور اپنے اظہاریے پر وہ تیقن ہے جو شاعر کو کچھ بھی اور کسی بھی طرح کہنے کا حوصلہ عطا کرتی ہے۔ مذکورہ بالا اشعار میں شوخیِ بیان ہے' معروضات کی کھلّی اُڑانے کا عمل ہے' وظیفہ وحاصلِ شعر کے تئیں کچھ الجھنیں ہیں اور اپنے اظہاریے پر وہ تیقن ہے جو شاعر کو کچھ بھی اور کسی بھی طرح کہنے کا حوصلہ عطا کرتی ہے۔

مرغوب اثرؔ فاطمی کا یہ بھی ایک اختصاص ہے۔

اور اب آخر میں مرغوب اثرؔ فاطمی کا اصل کمالِ فن:

وہ اشعار جن میں کلاسیکی رچاؤ ہے' غزل کی چاشنی ہے' تغزل کا وفور ہے' تخلیقی داخل جب جہانِ مشہود کو اپنے شعری بطن میں جذب کرتا ہے اور جہانِ نامشہود کو جب شاعر کا تخلیقی داخل ٹھوس صورت میں دیکھ نہیں پاتا ہے پھر بھی اُس ''سعیِ دید'' کی روداد قلم کے حوالے کرنا چاہتا ہے' تب ایسی ہر دو صورت میں اظہار کی جس چھٹپٹاہٹ کا احساس ہوتا ہے' اس احساس کی ترسیل' مزید برآں زندگی سے ربط کی صورتیں' خیال کا نیا پن' کیفیت پر

ادبی گرفت' داخلی مکالمہ' نئے تلازمے' نفسی کیفیات' انسانی تعلقات کا عرفان' زخموں کو بخیہ لگانے کا عمل اور نئی لفظیات کے ساتھ معنی آفرینی بھی اور زبان دانی بھی.......... مذکورہ تمام عناصر مندرجہ ذیل اشعار میں ملیں گے:

؎ کسی اور دنیا میں جا بھی بسے تو — یہ دنیا بہت یاد آئے گی ہم کو
؎ یہ ذوقِ دید نگاہِ اُمیدوار میں ہے — کہ شام اپنے ستارے کے انتظار میں ہے
؎ سوزِ غم سے تھا منوّر جشن گاہِ بے چراغ — ایسا اندازہ ہوا محبس کا روزن دیکھ کر
؎ گاہے چُبھ جاتی تھیں گاہے جوڑتی تھیں لختِ دل — یاد آجاتی ہو اکثر نوکِ سوزن دیکھ کر
؎ دلوں کے راہ پر آنے کی صورت کم نکلتی ہے — اُمنگوں کی فراوانی میں حسرت کم نکلتی ہے
؎ چلو اچھا ہے' اوروں کے مصائب پر نظر ٹھہری — تقابل ہو تو خود اپنی مصیبت کم نکلتی ہے
؎ تمام کانٹے کسی نے ہٹا دیئے ہیں یہاں — قیاس میرا ہے' آگے سفر ہے پیچیدہ
؎ جو مدعا ہے' نہیں خط کے متن سے واضح — تڑپتے دل کی صدا حاشئے سے آئی ہے
روارَوی میں کوئی معتبر نہیں ہوتا — نہ جائے تہہ میں تو قطرہ گہر نہیں ہوتا
؎ تمہارا ذکر بھی تھا' کاش جاگتے رہتے — یہ قصہ ختم مِرا رات بھر نہیں ہوتا
؎ عجب تھا خواب' ستارہ کبھی مہہِ تاباں — یہ حال رات کے پچھلے پہر نہیں ہوتا
؎ بقانے ہاتھ کب چھوڑا فنا کا — ذرا سی بات اُلجھای گئی ہے
؎ مدّت پہ وہ ملے تو ہرا زخم دل ہوا — گویا یہ پیش خیمہ ہے فصل بہار کا

میرا خیال ہے کہ مرغوب اَثر فاطمی اس کلاسیکی رچاؤ کو' بیانیہ کی اثر انگریزی کو' مضمون آفرینی کی اس صنعت کو' نئے میرا خیال ہے کہ مرغوب اَثر فاطمی اس کلاسیکی رچاؤ کو' بیانیہ کی اثر انگریزی کو' مضمون آفرینی کی اس صنعت کو' نئے تلازمات اور نئی متغزلانہ لفظیات کے ساتھ معنی آفرینی کے عمل کو آگے بھی اپنے شعری فکر و اظہار کا حصہ بنا سکے تو اکیسویں صدی کی تیسری دہائی میں ہندوستان کی اُردو غزل پر ان کا دستخط پہچانا جا سکے گا..........!!

◄◄ ● ►►

● شافع قدوائی

جنسی ترجیحات کا تخلیقی بیانیہ: اسرار گاندھی کے افسانے

کائنات اور فرد کے ارتباط اور افتراق کے پیچیدہ، گہرے بھید بھرے اور رائگانی اور بازیابی کا بیک وقت احساس کرانے والے لمحات یا وقوعات کو ایک مانوس حسی پیرایۂ بیان عطا کرنا ادب علی الخصوص افسانہ کا امتیازی وصف ہے۔ معروف موضوعات، مانوس تجربات کو آغاز وسط اور اختتام کی روایتی تقسیم کو بروئے کار لا کر کسی حد تک تخلیقی زبان میں پیش کرنے سے معاصر اردو فسانہ مرتب اور متشکل ہوتا ہے۔ جنس کو زمانہ قدیم سے شعر و ادب کا اساسی موتیف تصور کیا جاتا رہا ہے۔ اس انسانی جبلت میں ہیجان انگیزی اور لذتیت کے امکانات بیش از بیش موجود رہتے ہیں۔ لہذا اس کے انسلاکات یا براہ راست تجربات کا جذبہ انگیز نثر میں بیان اوسط درجہ کے فن کاروں کو اکثر خوش آتا ہے۔ جنس کو ایک طاقتور تجربے کے طور پر برتنے کا چلن عام ہے مگر جنس کی بدلتی ہوئی حرکیات کا، جو اس کے مروجہ سماجی ثقافتی اور مذہبی بیانیہ کو شکست کرتی ہے، عرفان عام نہیں ہے اور جنس کو ایک سیال اور تغیر آسا سماجی تشکیل (Socia Construct) کے طور پر ادراک کرنے اور اسے ایک فنی معروض کے طور پر پیش کرنے کا ہنر کمیاب ہے۔ عہد حاضر کے معروف افسانہ نگار اسرار گاندھی نے جنسی اظہار کے مروجہ بیانیہ پر سوالیہ نشان قائم کر کے اور اسے ایک خیال انگیز تخلیقی پیرایۂ اسلوب میں منقلب کر کے معاصر افسانہ کو ایک نیا فنی تناظر عطا کیا ہے۔

اسرار گاندھی جنسی ترجیحات کے بدلتے ہوئے منظرنامے کی مروجہ سماجی ڈسکورس سے آویزش کا فنی رویا خلق کیا ہے۔ ہمارے دور کو مابعد جدید عہد، مابعد صداقت (Post-Truth) یا واقعات سے مکمل گریز (Fact Free World) کا عہد کہا جاتا ہے۔ یہ ایک ایسا معاشرہ ہے جو خریدنے اور بیچنے کے علاوہ کسی دوسری قدر کو خاطر میں نہیں لاتا ہے۔ ہم ایک ایسی دنیا میں سانس لے رہے ہیں جس کی صورت گری کا ہر حوالہ میڈیا فراہم کرتا ہے اور ذرائع ابلاغ اب انسانی حقوق میں سب سے زیادہ اہمیت حق خرید (Right to buy) کو دیتے ہیں لہذا اشتہارات کی بے محابا یلغار سے اس حق کی پاسداری کی پوری کوشش کی جاتی ہے۔ نسوانی جسم کو تو زمانہ قدیم سے بازارِ جنسی سمجھنے کی روایت موجود ہے مگر اب

مردانہ جسم بھی مال تجارت بن گیا ہے۔گذشتہ کئی دہائیوں علی الخصوص عالم کاری کے ہماری اجتماعی زندگی میں نفوذ کے بعد مرد کا بدن بھی استعمال کا معروض(Object of Consumption) بن گیا ہے۔مرد بھی اپنی مختلف ضروریات کی تکمیل کے لیے جسم کے استعمال میں جھجک نہیں محسوس کرتے اوراب مرد بھی جنس بطور پیشہ اختیار کرنے میں کوئی عار محسوس نہیں کرتے ہیں۔جنسیت(Sexuality) کے متعین، جامداور یک سطحی ہونے کا تصور بے معنی ہوگیا ہے۔مرداب اجنبی اور جنسی طور پرنا آسودہ خواتین کی تسکین کے عوض میں رقم وصول کرنے پر کسی نوع کے احساس جرم میں گرفتارنہیں ہوتے۔ عالم کاری نے sex for live کوسماجی سطح پر ایک قابل قبول سرگرمی کے طور پر رائج کردیا ہے۔ زمانہ قدیم بھی لواطت اور مرد پرستی سے آشنا تھا مگراسے ہمیشہ جنسی کجی یا بے راہ روی کا قابل نفریں مظہر سمجھا جاتا تھا۔اسی طرح مردوں کا غیرعورتوں سے اختلاط بھی اخلاقی طور پر معیوب گردانا جاتا تھا۔کاروبارجنس میں طالب نہیں بلکہ مطلوب کے طور پر مرد کی آمد ماضی قریب کا واقعہ ہےاوراس کے وسیع تر سماجی، اخلاقی،اوروجودی تناظر کوفکشن کا معروض بنایا جانے لگا ہے۔گذشتہ دودہائیوں کے دوران اس موضوع کوناول اورآپ بیتی میں فنی شعور کے ساتھ پیش کیا گیا ہے اس سلسلے میں J.T. Leroy کا ناول (2000) ''Sarrah''، Rick Whitaker کی آپ بیتی'' Assuming the Position: A Memoir of Hustling (2001)'' اور David Henry Sterry کی خودنوشت'' Self Portrait of a Youngman: Chicken for the Rent (2002)'' قابل ذکر ہیں۔ یہ تینوں کتابیں امریکا اور یوروپ میں Best Seller رہی ہیں۔ ان تحریروں میں مرکزی کردار جس کے لیے انگریزی اصطلاح Hustler استعمال کی گئی ہے، اکثر ایک کم سن نوجوان ہوتا ہے جوبعض وجوہ کی بنا پراپنے گھر کو خیر باد کہہ چکا ہوتا ہے۔آسائش کی لذتوں سے بہرہ ورہونے کی تمنا اسے اپنے جسم کی فروخت پر مجبور کرتی ہے۔مرد جب اجنبی حسیناؤں کی جنسی تسکین کا آلہ کار بن جاتا ہےتو اسے کس طرح کے سماجی دباؤ، اخلاقی ہزیمتوں اورذلتوں کا کرنا پڑتا ہےاوراس عمل میں تلویث اس کسی طرح کے گہرے وجودی بحران مبتلا کرتا ہے، مذکورہ کتابیں اس اجمال کی تفصیل پر گواہ ہیں۔اردوافسانہ میں اس موضوع کوشاید ہی لائق اعتنا سمجھا گیا ہوکہ انسانی سائیکی اس پہلو کے فنی اظہار کی مثالیں کمیاب ہیں۔اسرار گاندھی نے اس متنازعہ موضوع کواپنے تخلیقی ارتکاز کا محور بنایا ہے۔ان کا افسانہ ''ایک جھوٹی کہانی کا سچ'' اس موضوع کوعورتوں کے ساتھ مردوں کے حقارت آمیزاور غیر مساوی رویے کوایک گہرے اور پر پیچ اخلاقی وقوعہ کی صورت میں پیش کرتا

ہے۔افسانہ کا ہیرو ایک نوجوان ہے جو گھر والوں سے لڑ کر گاؤں چھوڑ دیتا ہے اور شہر آ کر ایک سیٹھ کے یہاں نوکری کرنے لگتا ہے۔اولاً سیٹھ کی ناآسودہ بیوی اس کے ربط میں آتی ہے اور پھر یہ سلسلہ دراز ہو جاتا ہے اور جلد ہی وہ ایک پیشہ ور Hustler کے طور پر معروف ہو جاتا ہے۔افسانہ نگار کا مسئلہ مرکزی کردار کے تجربات کا جذبہ انگیز بیانیہ خلق کرنا نہیں ہے کہ یہاں ایک بنیادی انسانی تضاد کو خاطر نشان کرتا ہے۔انسان اپنے تمام تر انحرافات اور زندگی کرنے کے مروجہ نظام کو خاطر میں نہ لانے کے باوجود اپنے وجود کی سماجی اور اخلاقی سطح پر قابل قبول بنانے کی ہر ممکن کوشش کرتا ہے اور سماج میں رائج تعصّبات اور تحفظات کی پاسداری کرتے رہنا اپنا مقصود اولین سمجھتا ہے۔Hustler کی دوستی ایک کال گرل سے ہوتی ہے اور دونوں ہم پیشہ ہیں مگر یہاں بھی مرد اپنی برتری کا مسلسل احساس دلاتا رہتا ہے اور سماجی اقدار کی عدم پابندی محض ایک Posturing اور مادی ضروریات کی تکمیل کی صورت نظر آتی ہے۔اسرار گاندھی نے اس پوری صورتحال کو افسانہ کی اختتامی سطروں میں مکالموں کے حوالوں سے بیان کیا ہے۔ نثر آرائش سے پاک اور ایک گہرے طنزیہ احساس سے واقف کراتی ہے۔

''وہ مجھے کئی بار تمھاری کمی کا شدت سے احساس ہوتا ہے۔کئی بار مجھے تمہارے کندھوں کی ضرورت محسوس ہوتی ہے۔

اگر ایسا ہے تو پھر میرے ساتھ مل کر گھر کیوں نہیں بسا لیتے

نہیں، یہ تو نہیں ہوسکتا،

کیوں ایسا کیوں نہیں ہوسکتا

دیکھو حنی میں اب ایک صاف ستھری اور اچھی زندگی گزرانا چاہتا ہوں کہ اس طرح کی زندگی سے میں تھک چکا ہوں۔تم نے خود ہی سوچا کہ میں کسی ایسی لڑکی سے شادی کر سکتا ہوں جس کا ماضی اس کے حال سے الگ نہ کیا جا سکے۔

یہ تم کہہ رہے ہو۔کیا تم نے کبھی آئینہ نہیں دیکھا

میں نے کبھی اس کی ضرورت ہی نہیں محسوس کی کہ مجھ میں اور تم میں ایک بنیادی فرق ہے اور وہ فرق عورت ہونے اور نہ ہونے کا ہے حنی کے لہجے میں کانٹوں کی چبھن تھی۔''

آخری مکالمہ پر افسانہ کے Over written ہونے کا احساس ہوتا ہے اگر فرق کی صراحت نہ کی جاتی تو شاید طنز کی زہرناکی زیادہ موثر ہوتی۔

علامتی طرز اظہار جدید افسانہ کا طرۂ امتیاز ہے تاہم چند استثنائی مثالوں سے قطع نظر بیشتر جدید

افسانہ نگاروں کے علامت کو بطور ایک متحرک تجربہ کی صورت میں پیش کرنے کے بجائے اسے محض پیرایۂ اسلوب کی ایک شق کے طور پر برتا ہے اور اکثر افسانہ علامت کے بجائے التباس علامت (Illusion of symbol) کا مظہر بن گیا۔ اسرار گاندھی نے ''ایک جھوٹی کہانی کا سچ'' کی طرح اپنے ایک اور افسانہ ''ہڈیاں'' میں ایک متنازعہ موضوع ''ہم جنسی'' کو فنی دبازت کے ساتھ پیش کرنے کے لیے علامت اور تمثیل کی تجسیم سے اپنے افسانہ کا خمیر اٹھایا ہے۔ افسانہ میں عفوان شباب کے مراحل تیزی سے طے کرتی ہوئی مرکزی کردار کی جسمانی تبدیلی اور جنسی تسکین کے متبادل وسیلہ کو ایک حسیاتی اور نفسیاتی وقوعہ کا قالب عطا کیا گیا ہے۔ ہڈیاں زندگی میں سختی کی مرکزیت کو خاطر نشاں کرتی ہیں اور انسانی جسم کا کوئی تصور ہڈی کے بغیر ممکن نہیں ہے۔نشو ونما اور بلوغت کے بعد انسانی وجود کی تکمیل میں خلقی سختی کی اساسی اہمیت ہے۔عورت کے لیے جنسی عمل اسی ایک پہلو کو مرکوز ہوتا ہے اور اس کا عدم حصول مصنوعی متبادل کی تلاش میں منتج ہوتا ہے۔ موم بتی محض تاریکی کو دور کرنے کا وسیلہ نہیں ہے بلکہ اس کی ایک صورت جنسی ہیجان کو رفع کرنے کی طور پر بھی ظاہر ہوتی ہے۔افسانہ میں دادی ماں اپنے نام کے مطابق روایتی اور کہنہ اقدار کی نمائندہ ہیں اور جوان لڑکی لباس سے یکسر عاری پاگل کو دیکھ کر شدید جنسی ہیجان میں مبتلا ہوجاتی ہے۔ پاگل بے حد گندہ اور کریہ المنظر ہے تاہم اس کا عریاں جسم جنسی داعیوں کو حیرت انگیز طور پر متحرک کردیتا ہے۔ یہاں جنس کے ایک انتہائی طاقتور جذبہ کے طور پر نمودار ہوتی ہے کہ یہاں پر غلاظت اور گندگی بے معنی ہوجاتی ہے۔افسانہ کی اختتامی سطریں اسرار گاندھی کے بالغ فنی شعور کو خاطر نشاں کرتی ہیں۔

''یہی کالا رنگ تو اس پاگل کے بالوں کا بھی تھا جو سر سے پیر تک ننگا تھا جس کے منھ سے رال بہہ رہی تھی اور جس کے جسم پر بالوں کے گچھے ہی گچھے تھے۔

سر پر بالوں کے گچھے...... چہرے پہ بالوں کے گچھے...... سینے پر بالوں کے گچھے۔ سینے کے نیچے...... نیچے...... اور نیچے...... اور......

اس کے جسم پر بالوں کے گچھے ہی گچھے تھے۔

اس کا جسم پھر بے قابو ہونے لگا۔

اس کی نظروں نے کمرے میں رکھی ہوئی چیزوں کا دوبارہ جائزہ لینا شروع کیا۔

ٹیبل لیمپ اور اس میں لگا ہوا سرخ رنگ کا شیڈ، شلف میں لگی ہوئی کتابیں میز پر بچھا ہوا کالا مگر خوبصورت میز پوش...... اور کونے میں رکھا ہوا شمع دان اور شمع دان میں ایک ادھ جلی، خوبصورت سڈول موی شمع اس کی نگاہیں شمع داں پر ٹک گئیں۔ رات کے ابھی دس ہی بجے تھے کہ اچانک بجلی چلی گئی اور پورے گھر میں

اندھیرا ہو گیا۔ ماچس کے سہارے کوئی شمع دان لینے کمرے میں گیا پھر دادی ماں کی بڑ بڑاہٹ سنائی دی۔

پتہ نہیں شمع دان سے شمع کہاں چلی گئی۔ شام تک تو تھی۔ اب تو دکانیں بھی بند ہوں گی۔

وہ چپ چاپ خاموشی سے اپنے پلنگ پر لیٹی تیز تیز سانس لے رہی تھی اور پورا جسم پسینے سے تر بتر تھا۔ وہ آہستہ سے بڑ بڑائی۔

کمبخت بجلی کو آج ہی جانا تھا۔''

اسرار گاندھی کے افسانوں میں انسانی روابط کو اس کے جسمانی اور اخلاقی تناظر سے ہم آہنگ کرنے کے بجائے اسے انفرادی سطح پر محبت کی تمام سرشاری، پیچیدگی اور تنوع کے ساتھ پیش کیا گیا ہے۔ ان کے افسانے فرد کے موڈ اور جذبات کے وسیع تر امکانات کو ایک ایسی حقیقت کے طور پر پیش کرتے ہیں جہاں ہر ایک جنبش یا تبدیلی حقیقت کی اکہری تعبیر کو شکست کر دیتی ہے۔ محبت یا تعلق استوار کرنے کے جذبے کا عمر سے کوئی تعلق نہیں ہے اور اسے محض نوجوانی سے منسلک کرنا ایک ایسی غلط فہمی ہے جو ایک مسلمہ صداقت کے طور پر ہمارے معاشرے میں نفوذ کر چکی ہے۔ اسرار گاندھی کے افسانے ''سرد موسم کی تپش'' اور ''دھوپ چھاؤں'' اس کی بہتر مثال ہیں۔ فنون لطیفہ سے تعلق رکھنے والے اکثر انسانی تعلقات اور رشتوں کی پاسداری میں کسی نوع کی کمزوری نہیں دکھاتے ہیں۔ دھوپ چھاؤں کی'' صادقہ'' مرکزی کردار سے اسوقت بھی اپنا رشتہ استوار رکھتی ہے جب اس کے گھر والوں نے اسے اولڈ ایج ہوم بھیج دیا تھا۔ افسانہ ''مفاہمت کا عذاب'' خلقی انسانی تضادات اور تغیر آسا کیفیات کا ایک گہرا نقش پیش کرتا ہے۔ بیوی سے ناچاقی کی برف کس آسانی سے پگھل جاتی ہے اور ازدواجی رشتے کی تمازت کیسے ایک معمولی بصری تجربے سے بحال ہو جاتی ہے۔ یہ افسانہ اس اجمال کی تفصیل فنی ہنرمندی سے پیش کرتا ہے۔

اسرار گاندھی کے افسانے نہ صرف متنازعہ موضوعات کی فنی سطح پر حسی تجسیم کرتے ہیں بلکہ مانوس تجربات کے بعض نادیدہ اور فراموش کردہ امکانات کی بھی آبیاری کرتے ہیں اور معاصر افسانہ میں ایک منفرد شناخت قائم کرتے ہیں جس کے لیے مصنف ہدیۂ تبریک کے مستحق ہے۔

● صغیر افراہیم

شعیب نظام: شخص اور شاعر

پروفیسر محمد انصار اللہ نے اپنی کتاب ''معتمد الدولہ؛ اسلاف اور اخلاف (مطبوعہ غالب انسٹی ٹیوٹ ،نئی دہلی ۱۹۸۹ء) میں دبستانِ لکھنؤ کو احاطۂ تحریر میں لیتے ہوئے کانپور کی علمی اور ادبی فضا کو بھی واضح کیا ہے۔ خاص طور سے نواب پٹکا پور کی سرپرستی میں منعقد ہونے والی محفلوں پر روشنی ڈالی ہے۔

مرزا رجب علی بیگ سرور، امراؤ جان ادا، شیخ امام بخش ناسخ، غالب، میر علی اوسط رشک وغیرہ نے اپنے مختصر قیام کے باوجود شہر کانپور کی ادبی فضا کو معطر و مہمیز کیا ہے۔ رشک، شاگرد ناسخ کانپور کا ذکر اس طرح کرتے ہیں۔

کیوں رہنے کی ہوس نہ ہو مجھ کو کنار گنگ　　آتی ہے لکھنؤ کی ہوا کانپور میں
دیوار خانہ بت ترساں ہے اور میں　　ہاتھ آگیا ہے ظل ہُما کانپور میں

یوگی و گیانی، راحت و شباب، راز و فکر، موسیٰ و عیسیٰ، بیتاب و نشتر، حسرت و اثر، گویا، ثاقب سے شعیب تک کانپور کے تابندہ ستاروں کا ایک طویل سلسلہ ہے جنہوں نے اس شہر کو فکری و فنی اعتبار سے، بہت زرخیز بنایا ہے۔

ہر شہر اور ہر شخص کی ایک انفرادیت، پہچان ہوتی ہے، جو بنتے بنتے بنتی ہے۔ وہ شخص جو شعیب نظام کے نام سے ادبی افق کا روشن ستارہ بنا، یکم جولائی ۱۹۵۸ء میں روضہ گاؤں میں پیدا ہوئے۔ اُن کے والدین محترمہ اختر جہاں اور سید کمال الدین انہیں بہت چاہتے تھے مگر زمین و جائیداد کی رسہ کشی کی بنا پر شعیب نظام کی پرورش و پرداخت ننہیال روضہ گاؤں، قصبہ ردولی ضلع بارہ بنکی میں ہوئی۔ یہ گاؤں 'چندائن' کے مصنف شیخ ملا داؤد کی وجہ سے بے حد مشہور ہے۔ قصبہ اور شہر بھی اپنے دامن میں ان گنت ادیبوں اور فنکاروں کو سمیٹے ہوئے ہے، جس کے اثرات روزِ اول سے شعیب نظام پر مرتب ہوتے گئے ہیں۔ انہوں نے اِس کا اعتراف کیا ہے کہ میرے ادبی ذوق کو نکھارنے میں والدہ محترمہ کا خصوصی کردار رہا ہے۔ میں نے جس عہد میں انہیں دیکھا ہے اور جو تصویر نظروں میں سماتی چلی گئی ہے اور جس کے عکس روز بروز منور ہوتے جا رہے ہیں، وہ شبیہ اِس طرح بنتی ہے:

گیہواں رنگ، چوڑی پیشانی، گھنے سیاہ بال، جو تناظر و تفکر کی بنا پر پیشانی کو وسعت دیتے جا رہے ہیں۔ چمکیلی سوچتی ہوئی آنکھیں، کھڑی ناک، چہرے پر متانت و سنجیدگی، ہونٹوں پر میٹھی مسکان، سینہ کشادہ،

درمیانہ قد، چال میں تیزی، کام میں عجلت، مزاج میں نفاست، لہجہ میں نرمی مگر بہت ہی بیباک ہو کر گفتگو کرتے۔ سخن فہم ایسے کہ لفظ پکڑ کر داد دیتے اور کبھی کبھی تو داد شعر سے بڑھ جاتی۔ احباب کی محفلوں میں بلند قہقہے گونجتے۔ کھانے اور کھلانے کے شوقین۔ دستر خوان بھی ان کی فراخ دلی کا ضامن بنتا ہے۔

شعیب نظام کی ابتدائی تعلیم روضہ گاؤں اور ثانوی تعلیم رُدولی میں ہوئی۔ بارہ بنکی کے جواہر لعل نہرو ڈگری کالج سے گریجویشن کرنے کے بعد لکھنؤ آ گئے۔ دوران ایم۔اے۔اُن کے خاص احباب شافع قدوائی، محسن خان، ملک زادہ جاوید، رفعت عزمی تھے۔ تحقیق کا موضوع ''یاس یگانہ چنگیزی؛ حیات اور ادبی آثار'' تھا اور نگراں تھے پروفیسر نیر مسعود۔ اسی درمیان انہیں پریس انفارمیشن بیورو (پی۔آئی۔بی) میں ملازمت مل گئی جہاں عرفان صدیقی پہلے سے موجود تھے۔ اشعار طالب علمی کے زمانہ سے کہتے تھے مگر عرفان صدیقی، نیر مسعود اور شمس الرحمٰن فاروقی کی خاص ادبی محفلوں میں تادیر بیٹھنے کا شرف نے ادبی مطالعہ و مشاہدہ میں مزید نکھار پیدا کیا۔ گونڈہ میں ترنم لطیف صاحبہ سے شادی ہوئی تو گھر جنت سا محسوس ہونا لگا اور شاعری میں تاثر جلوہ گر ہوئی۔ ۱۹۸۶ء میں کانپور میں لکچررشپ ملی، گاندھی اسمارک کالج، گوونڈنگر میں پرنسپل ہوئے، چمن گنج میں رہائش اختیار کی اور جلد ہی آبائی وطن کے ادبی منظر نامہ پر چھا گئے۔ پروفیسر شمیم حنفی ''شعیب نظام اور ان کی غزل'' کے حوالے سے لکھتے ہیں:

> ''میں نے زمانے کو بدلتے ہوئے دیکھا مگر شعیب نظام صاحب نہیں بدلے۔ ادب سے وہی جذباتی وابستگی، صارفی دنیا کے معاملات سے وہی دُوری اور بیزاری جیسی پہلی تھی آج بھی ہے۔ شاعری اور ادب شعیب صاحب کی زندگی اور وجود کے بنیادی حوالے ہیں، محض شوق نہیں، ادب اور شاعری سے ان کے جیسا عشق کرنے والے بہت کم ہیں۔''

گھر کے ماحول، بزرگوں کی سرپرستی اور احباب کی حوصلہ افزائی نے اُن کے ادبی مزاج و مذاق کو مزید مہمیز کیا۔ ۱۹۸۳ء میں انہوں نے یگانہ کا انتخاب شائع کرایا جو بہت جلد ہاتھوں ہاتھ فروخت ہو گیا۔ 2015ء میں انہوں نے ساہتیہ اکادمی کے لئے یاس یگانہ چنگیزی پر مونوگراف تحریر کیا۔ یگانہ، مجاز، عرفان صدیقی اور نیر مسعوداُن کے پسندیدہ ادیب ہیں جن پر انہوں نے مختلف زاویوں سے فن پارے خلق کیے ہیں۔ کووڈ۔19 کے عروج کے زمانہ میں اُن کا شعری مجموعہ ''عکس گم گشتہ'' شائع ہوا جس کی تقریب رونمائی ۱۴؍مارچ ۲۰۲۱ء میں اسلوب آرگنائزیشن، اولڈ اردو اکیڈمی، قیصر باغ، لکھنؤ میں بڑے تزک و احتشام سے ہوئی۔

شعیب نظام ادبی منظر نامہ پر یگانہ شناس کی حیثیت سے اُبھرتے ہیں۔ کچھ شخصیتیں ایسی ہوتی ہیں جو ادبی کرداروں میں تحلیل ہو جاتی ہیں جیسے قاضی عبدالستار شہنشاہ عالمگیر اور دارا شکوہ کی بُرد باری، انانیت مزاج کے تضاد اور طمطراق کو صفحۂ قرطاس پر اُتارتے اُتارتے خود بھی لاشعوری طور پر اُن میں تحلیل ہو گئے۔ شعیب نظام

بھی یاسؔ یگانہ چنگیزی کے مزاج کی کج روی، نرگسیت اور آزادہ روی کو اُبھارنے میں اس حد تک منہمک اور متاثر ہوئے کہ اس کا احساس وہ خود بھی نہیں کر سکے۔ وہ اکثر یگانہؔ کا یہ شعر ایک خاص انداز میں پڑھتے ہیں ؎

بلند ہو تو کھلے تجھ پہ زورِ پستی کا اسی زمین میں دریا سمائے ہیں کیا کیا

شعیب نظام نے نیر مسعود کی سرپرستی اور عرفان صدیقی کی رفاقت میں اِس تاثر کو نہایت فنکارانہ طور پر اُجاگر کیا ہے کہ یگانہؔ کی تخلیقی انفرادیت، طباعی اور فنی بلوغت میں خاکِ لکھنؤ اور عظیم آباد نے خاص کردار ادا کیا ہے۔ کبھی تو یگانہؔ نے لکھنؤ میں مورچہ سنبھالتے ہوئے بانگ دہل کہا ؎

کون ہوں، کیا ہوں، مجھے بھی دیکھ لیں اہلِ نظر کوچۂ گرد لکھنؤ، خاکِ عظیم آباد ہوں
جان سے بڑھ کر سمجھتے ہیں یاس اہلِ دل آبروئے لکھنؤ، خاکِ عظیم آباد ہوں

شعیب نظام نے یگانہؔ کی شخصیت اور فنی باریکیوں کو یکسوئی اور دلجمعی سے سمجھنے اور سمجھانے کی کوشش کی ہے۔ اُن کے عملِ نقد میں مجھے اُن کا یہ متوازن رویہ عرفان صدیقی پر رقم کی گئی تحریروں میں بھی نظر آتا ہے۔ انہوں نے عرفان صدیقی کے شعری مجموعوں ''عشق نامہ''، ''کینوس''، ''شب درمیان''، ''سات سماوات'' پر تبصرہ کرتے ہوئے واضح کیا ہے کہ عرفان صدیقی نے عشق کے رنگارنگ پہلو کو اپنے زمانے سے منسلک کر دیا ہے، ماضی کی بازیافت موثر انداز میں کی ہے۔ ایسا اس لیے کہ عرفان صدیقی کے یہاں اسرارِ ذات و کائنات کے ساتھ انسانیت کی معراج اور تہذیبوں و روایتوں کی اعلیٰ قدروں کی نشاندہی بھی شدت سے ملتی ہے، خوبی یہ کہ انہوں نے تصوف، معرفت اور تاریخ کو اپنی تخلیقی حسیت کا جزو بنایا ہے۔

مطالعہ اور مشاہدہ کے ساتھ ساتھ بزرگوں اور دوستوں سے بھی شعیب نظام نے بہت کچھ حاصل کیا ہے اور ان کا یہ فکری اور فنی شعور ''عکسِ گم گشتہ'' میں جلوہ گر ہے۔ اس شعری مجموعہ میں کلاسیکیت اور جدیدیت کا خوبصورت امتزاج ہے۔ بیشتر غزلوں میں انسانی ہمدردی، محبت اور اخوت کا رنگ نمایاں ہے اور شعری آہنگ اپنے آپ میں مقناطیسی کشش رکھتا ہے۔ اندازِ تخاطب ملاحظہ ہو ؎

سبھی اپنی اداکاری میں گم ہیں کسی کو چاہتا کوئی نہیں ہے
میں سایہ کو اُٹھانا چاہتا ہوں اُٹھا لیتا مگر بھاری بہت ہے
بس اپنی خاک پر اب خود ہی سلطانی کریں گے ہم اسی مٹی پہ رنگوں کی فراوانی کریں گے ہم
ایک مبہم سا تصور ایک بے چہرہ سا نام میری تنہائی میں اکثر مرے کام آتا ہوا
اگر سنے تو کسی کو یقیں نہیں آئے مکاں بلاتے رہے اور مکیں نہیں آئے

خیالات میں ندرت ہی نہیں لفظیات بھی نئی ہیں اور پیکر تراشی میں ایک اچھوتا پن ہے، حیات،

تشنہ لب، سرخی لہو، رعونت، فرات، تغافل، شجر، سایہ، عکس، صحرا، پانی، اُن کی شاعری کے بنیادی علائم ہیں، جن کے توسط سے انہوں نے مختلف شعروں میں نئے پیکر تراشے ہیں۔ قاری کو جو بات فوری طور پر متاثر کرتی ہے وہ لہجہ میں گفتگو اور انکشافِ ذات کا ملا جُلا انداز قرار دیا جاسکتا ہے۔

مدت گزری اس سے بچھڑے کیا بھولیں کیا یاد کریں — اب تو اپنے پیار کے قصے افسانے سے لگتے ہیں
جہاں یہ ختم وہیں سے شروع ہوتی ہے — تبھی تو ذکر مسلسل ہے اس کہانی کا
مدت ہوئی سنتے ہوئے تمہید طلسمات — اب قصے میں آگے کوئی کردار بھی آئے

شعیب نظام کی شخصیت میں محبت، مروت، غیرت اور خودداری کا رنگ بہت گہرا ہے جو اُن کی غزلوں میں بھی تحلیل ہوتا چلا گیا ہے۔ اسی کیفیت میں ڈوبی ہوئی چند غزلوں کے مطلعے ملاحظہ ہوں۔

روشن چہرہ دیکھ کر ہر شب صبح دوبارہ لکھتی ہے — برگ گل پر موج صبا بھی نام تمہارا لکھتی ہے
نخل دعا کبھی جب دل کی زمیں سے نکلے — سائے بھی گماں کے برگ یقیں سے نکلے
ہوس کے بیج بدن جب سے دل میں بونے لگا — میں خود سے ملنے کے سارے جواز کھونے لگا
جانے پہچانے چہرے بھی انجانے سے لگتے ہیں — سچ تو یہ ہے خود کو بھی ہم بیگانے سے لگتے ہیں

ان غزلوں کے تجزیاتی مطالعہ سے پتہ چلتا ہے کہ شعیب نظام کے فکر و احساس میں زندگی اور موت کی کشاکش خصوصی موضوعات ہیں اور اس کا بھی انکشاف ہوتا ہے کہ شاعر نے کس طرح تشبیہوں، استعاروں اور تلازموں کے ذریعہ انسانی فطرت کے پیچیدہ اور متضاد عوامل میں ہم آہنگی تلاش کی ہے۔

صارفیت، عالمگیریت اور وبائی قہر کے اس دور میں ٹوٹنے بکھرنے کے عمل سے تنہائی کی تعبیر و تفہیم میں فرق آیا ہے۔ موجودہ معاشرہ تنہا اکائیوں کا ہجوم ہے اور اس ہجوم میں قدروں کے گُم ہوجانے کا اندیشہ اور بھی بڑھ گیا ہے۔ انتشار، اضطراب، بے چینی، عدم تحفظ، بے قدری، خوف، مایوسی، اداسی، اجنبیت، بیزاری نے شعیب نظام کے یہاں عکس گم گشتہ کی حیثیت اختیار کرلی ہے۔ شعر سازی میں بناوٹ، تصنع اور تکلف سے اجتناب ہے اور یہ شعری وصف اُن کی شخصیت میں بھی موجود ہے۔ یعنی شخص اور شاعر دونوں میں بے جا نمود و نمائش، تصنع و تکلف کا دور دور شائبہ نہیں۔ ان ہی اوصاف کی بنا پر انہوں نے ہم عصر اردو شاعری میں اپنی ایک واضح اور روشن پہچان بنائی ہے۔

◄◄ ● ►►

● مشتاق احمد نوری

خالی فریم بھرنے کی کاوش

غضنفر اردو فکشن کا ایک معتبر نام ہے۔ان کی مقبولیت کا یہ عالم ہے لوگ انہیں ''کہانی انکل'' کے نام سے بھی پکارنے لگے ہیں۔غضنفر فکشن کے ''مسنگ مین'' نہیں ہیں کہ انہیں ''ڈگڈگی'' بجا کر اپنی ''پہچان'' کرانی پڑے۔وہ جب اپنی ''دبیہ بانی'' شروع کرتے ہیں تو چاروں طرف ''فسوں'' طاری ہوجاتا ہے اور اس خاص لمحے میں وہ فکشن کے ''تختِ سلیمانی'' پر براجمان نظر آتے ہیں۔

لوگ انہیں فکشن کے سمندر کا ہونہار ''مانجھی'' بھی کہتے ہیں کیونکہ انہیں معلوم ہے وہ ''پانی'' کی گہرائی میں اتر کر ''وش منتھن'' کرنے کے ہنر سے واقف ہیں تاکہ ہمارا سارا سماج زہر کی کاٹ سے محفوظ رہے۔آج ہم جس سماج میں زندگی کرنے پر مجبور ہیں اس کی فضا مسموم ہوچکی ہے اور ہم اپنے پرانے اقدار سے محروم ہوگئے ہیں یہاں وہ ہورہا ہے جو نہیں ہونا چاہئے اور جو نہیں ہونا چاہئے لوگ اسی کے پیچھے دیوانے ہورہے ہیں۔مثلاً ختنے کی رسم ہمارے یہاں ایک عرصے سے رائج ہے لیکن ''خالد کا ختنہ'' ہو کہ نہیں ہو یہ ایک بڑا مسئلہ بن گیا ہے۔اگر ہو تو کیسے ہو اور نہیں ہو تو کیوں نہیں ہو ان سارے سوال کا جواب غضنفر سے بہتر کون دے سکتا ہے کیونکہ ختنہ کا ان سے بڑا ماہر ہمارے سامنے کوئی اور نہیں ہے۔تیل کی ضرورت پیدائش سے شروع ہوجاتی ہے لیکن صارفیت اور ملاوٹ کے دورہ میں خالص ''کڑوا تیل'' حاصل کرنا جوئے شیر لانے سے کم نہیں۔اس کے لئے آپکو خالص سرسوں لیکر شاہ جی کے کولھو تک جاکر اپنی گھانی کا انتظار کرنا ہوگا اور اس انتظار کے دوران آپ کو ناقابلِ فہم اذیتوں سے بھی گزرنا ہوگا اگر آپ اس اذیت سے گزرنا نہیں چاہتے تو پھر ایک ہی صورت ہے کہ آپ غضنفر سے رجوع کریں کہ وہ نہ صرف اپنی گھانی کا صبر کے ساتھ انتظار کرسکتے ہیں بلکہ وہ پوری مستعدی سے بیل کی پیٹھ پر پڑے شاہ جی کے سونٹے کے نشان کی گنتی کرسکتے ہیں اور یہ بھی بتا سکتے ہیں کہ شاہ جی کا بیل دن بھر میں سترہ کیلومیٹر سے زائد کا سفر کرتا ہے لیکن اس مشقت کے بعد بھی وہ ایک انچ کی دوری بھی طے نہیں کرسکتا۔

اگر آپ کو کوئی اچھا اور سیانا ''مانجھی'' مل جائے تو وہ تروینی میں آپکو ''سرشوتی اشنان'' کا ایسا لطف محسوس

کرائیگا جس سے آپ کبھی آشنا نہیں ہوئے ساتھ ہی وہ اپنی چرب زبانی سے بہت سے دیو مالائے قصے سنا کر آپ کو وقت گزرنے کا احساس بھی نہیں ہونے دیگا۔ اچھے اور سچے مانجھی کی تلاش میں غضنفر آپ کی مدد کر سکتے ہیں۔

غضنفر دھیمے لہجے میں کہانی سناتے ہیں وہ فکشن کے ''سانڈ'' یا اشرف کے ''نمبردار کا نیلا'' نہیں ہیں کہ دندناتے پھریں اور گاؤ سے شہر کا رخ کر لیں۔ وہ اپنے دھیمے لہجے کی مٹھاس کے لئے جانے جاتے ہیں اور اپنے شیریں لہجے کے لئے مشہور بھی ہیں۔ عبدالصمد کے کرداروں کی طرح ان کے کردار بھی نرم گو ہیں وہ ذوقی کے کردار کی طرح اچھل کود بھی نہیں کرتے۔ ذوقی ''لے سانس بھی آہستہ'' پر یقین تو کرتے ہیں لیکن ''مرگ انبوہ'' میں کھلا کھیل فرخ آبادی کا کھیلنا بھی انہیں مرغوب ہے کہ آج کے زمانے میں نرم لہجہ کوئی سننے کو تیار ہی نہیں۔

غضنفر کی ''فسوں'' کاری کو محسوس کرنے کے لئے میں ان کے ''خالی فریم'' کی جانب رجوع کرنا چاہتا ہوں کہ دیکھوں کہ فریم خالی کیوں ہے؟ کہیں ایسا تو نہیں کہ اس فریم میں پہلے سے کوئی تصویر تھی جسے کسی نے نوچ کر پھینک دیا؟ یا تصویر اپنے آزو بازو کے فریم کا دباؤ برداشت نہیں کر سکی اور خود ہی نکل کر بھاگ گئے۔

آیئے اس سلسلے میں غضنفر سے ہی رجوع کرتے ہیں۔ ان کا بیان دیکھیں

''دائروی کینوس پر تین فلک بوس ٹاور۔ کناروں کے دونوں ٹاوروں کے رنگ و روغن روشن۔ درمیانی ٹاور چمک دمک سے خالی۔ بے رنگ، بے نور۔''

تشریح یوں کی گئی ہے

''روشن ٹاوروں کے فریموں میں تصویریں آویزاں۔ دائیں جانب کے فریم کی تصویر کے کئی ہاتھ۔ ہر ہاتھ میں ایک آلۂ حرب۔ کسی میں تیر، کسی میں تفنگ، کسی میں تلوار کسی میں بندوق، کسی میں بم کلسی میں بارود۔''

''بائیں طرف کی تصویر سر سے پا تک سیم و زر اور لعل و گہرے سے مزین۔ دونوں ہاتھوں کی انگلیوں میں انگوٹھیاں، انگوٹھیوں میں جڑے رنگ برنگ نگینے۔ نگینوں سے پھوٹتی ہوئی شعائیں''

تیسرا فریم بے رنگ اور بے رونق ٹاور کا فریم تصویر سے خالی۔

ٹاوروں کے فریم کی تصویر کا راز جاننے سے قبل آیئے ٹاوروں کے آس پاس کی زمینوں کا جائزہ لیا جائے جہاں زمین پر ہر جگہ لمبی چوڑی خاکستری پٹیاں، ادھر اُدھر بکھری ہوئی ہڈیاں، کہیں جمے ہوئے سرخ اور مٹی میلے چکتے۔ خاک وخون میں لتھڑے ہو؟ ے لوتھڑے۔ جھیلوں اور تالابوں کے شفاف پانی سے نکلتے ہوئے شعلے۔ نیلگوں فضا میں اُڑتے ہوئی آتشیں گولے اور سیاہ مرغولے۔

تیسرے خالی فریم پر گفتگو پھیلانے سے قبل کناروں کے دونوں فریموں کا جائزہ لیا جائے۔

پہلا جملہ ''دائروی کینوس پر فلک بوس ٹاور''۔

یہ کینوس دائروی کیوں ہے؟

کینوس تو عام طور پر چار کونوں والے ہوتے ہیں جس پر مصور اپنی مرضی سے تصویر ابھارتے ہیں۔

دائروی کینوس کہیں گلوب کی طرف اشارہ تو نہیں کر رہے؟

ہماری یہ دنیا بھی دائروی ہے تو کیا یہ کسی خاص خطے کی کہانی نہیں ہو کر پوری دنیا پر محیط ہے۔

دائیں والے فریم کی تصویر پر ایک نظر ڈال لیا جائے۔

تصویر کے کئی ہاتھ، ہر ہاتھ میں آلۂ حرب، کسی میں تیر کہیں تفنگ، کسی میں تلوار کسی میں بندوق، کسی میں بم کسی میں بارود۔ یہ تصویر دہشت اور وحشت کی نمائندگی کر رہی ہے۔ یہ کالی، درگا یا چنڈی کی بھی تصویر ہو سکتی ہے۔ یہ تینوں دیویاں ایک ہی ہیں اور اپنی دہشت گردی کے لئے جانی جاتی ہیں۔ان کے گلے میں نرمنڈوں کی مالا بھی ہوتی ہے جو اسے سب سے زیادہ طاقت ور بناتی ہے۔

یہ دائیں جانب دیکھا گئی ہے تو یہ دائیں بازو والے رائٹسٹ بھی ہو سکتے ہیں جو صرف خون خرابے پہ یقین رکھتے ہیں اور دیشت گردی ان کا وطیرہ ہوتا ہے۔ ٹاور کے اردگرد کی زمین پر بکھری ہڈیاں، خون کے دھبے اور بکھرے لوتھڑے کے ساتھ آسمان میں اُڑتے ہوئے آتشیں گولے اس جانب اشارہ کرتے ہیں کہ پوری دنیا دہشت گردی سے جھوج رہی ہے اور ایک عام آدمی بغیر کسی قصور کے یہ ساری اذیتیں جھیلنے پر مجبور ہے۔

دائیں جانب کے فریم میں درگا کی تصویر ہو سکتی ہے اسے ہم طاقت کا استعارہ بھی کہ سکتے ہیں۔

اب ذرا بائیں جانب کی تصویر کا بھی جائزہ لیا جائے جو سر سے پا تک سیم و زر اور لعل و گہر سے مزین ہے۔انگلیوں کی انگوٹھیوں کے نگینے کی شعاع آنکھوں کو خیرہ کر رہی ہیں۔ یہ لکشمی کی تصویر ہو سکتی ہے جو دولت کی نمائندگی کرتی ہے۔

ایک طرف طاقت دوسری طرف دولت۔اب یہ بات واضح ہوگئی کہ طاقت اور دولت کے لئے ہزاروں جنگیں لڑی گئیں اور انہیں دونوں کے سہارے پوری دنیا پر حکومت کی جاسکتی ہے۔جن کے پاس یہ دونوں پاور ہے وہ ساری دنیا کو اپنی انگلیوں پر نچا رہا ہے۔

اب دونوں فریموں کی تصویر کا راز کھل گیا۔

ایک جانب درگا جو طاقت کا استعارہ دوسری جانب لکشمی جو دولت کی نمائندگی کر رہی ہے۔

اب تیسرے خالی اور بے رونق فریم پر گفتگو پھیلائی جائے۔
اس پر بحث سے قبل یہ منظر دیکھ لیں۔
''ایک گوشہ میں دخانی کھمبے پر سنہرے، روپہلے اور قرمزی تاروں سے بندھی ہوئی ایک تصویر ہے جس کے ماتھے پہ تیج اور آنکھوں میں جوت۔ تصویر کے پیروں کے نیچے ٹوٹا ہوا ایک ساز اور مرجھایا ہوا ایک گجرا ہے۔''
اس منظر کو ذہن میں محفوظ کرلیں کہ اس پر گفتگو بعد میں ہوگی۔
تیسرا فریم خالی کیوں ہے؟
اس سوال کے کئی جواب ہوسکتے ہیں۔
ممکن ہے تصویر نکل گئی ہو یا نکال دی گئی ہو۔
یا یہ بھی ممکن ہے کہ اس فریم کے لئے کوئی تصویر بنی ہی نہ ہو۔
لیکن ذہن میں یہ بات کلبلاتی ہے جب فریم بنا ہے تو تصویر بھی ضرور ہوگی۔
تو پھر تصویر کیوں نکال دی گئی یا پھر تصویر فریم سے خود ہی نکل گئی؟
مسئلہ یہ نہیں کہ تصویر نکلی یا نکالی گئی بلکہ اصل مسئلہ یہ ہے تصویر فریم سے باہر کیوں ہوئی؟
اس کا سبب تو تلاش کرنا ہوگا۔ کہانی کا یہ حصہ ممکن ہے رہنمائی کرے۔
''اس سوال پر اس نے جب غور کرنا شروع کیا تو اس کی آنکھوں میں اس کے باغ کا ایک گرا ہوا پیڑ ابھر آیا۔ نہ کوئی آندھی چلی تھی، نہ ہی کسی نے اس کے جڑ پر کلہاڑا مارا تھا پھر بھی ایک دن گر گیا۔''
گھر اور پڑوس کے لوگ حیران کہ ایسا کیوں ہوا۔ ایک ''سیانے'' نے بتایا کہ تھوڑے فاصلے پر جو پیڑ ہے اس کی جڑیں گرنے والے پیڑ کی جڑوں میں پہنچ کر موٹی ہونے لگی تھیں اور اسی کے دباؤ سے پیڑ گر گیا۔
اس خالی پڑے فریم کی تصویر پر کس کا دباؤ پڑا؟
اگل بغل کا دباؤ؟
پہلو میں کھڑے ٹاوروں کا دباؤ
ایک کا عروج دوسرے کا زوال
توجہی اور بے توجہی کی نفسیات
خود کو منوانے کے لئے دوسروں کو ختم کرنے کی سیاست تو برسوں سے چلی آرہی ہے
یہ ٹاور ان تصویروں کی ماہیت کے مظہر ہیں اور تصویریں ان کی ترجمان ہیں

یہ زمین کو آسمان بناسکتی ہے پست کو بلند کرسکتی ہے اور بلند کو زمین بوس کرسکتی ہے۔جس کے پاس طاقت و دولت ہو وہ کچھ بھی الٹ پھیر کرسکتا ہے۔

یہ خالی تیسرا فریم......

کہیں ایسا تو نہیں کہ اگل بغل کی تصویروں کا دباؤ تیسرا فریم برداشت نہیں کرسکا اور اسکی تصویر وہاں سے نکال دی گئی یا نکل بھاگی ۔ یہ جو تصویر مختلف رنگوں کے تاروں سے دھو؟ یں اگلتے ہوئے کھمبے سے باندھی ہوئی ہے اس کے پیروں میں ٹوٹا ساز اور مرجھایا ہوا گجرہ پڑا ہے اس تصویر کی بھی کوئی منطق ہونی چاہیئے۔اس ٹوٹے ساز کو تصویر کے ہاتھ میں رکھ دیں اور گجرا تصویر کی زلفوں میں سجادیں تو کیسا رہیگا اگر انگلیاں تاروں کو چھیڑتیں اور تاروں سے سُر نکلتا انتشار کو ہموار اور اضطراب کو پرسکون کرنے والا سُر ،تزکیہ نفس والا سُر ،قلب کو اطمینان بخشنے والا سُر ۔ گجرا اپنی جگہ ہوتا تو اس کی بدمست کردینے والی خوشبو فکرِ دو عالم سے آزاد کردیتی۔ یہ تصویر کس کی ہوسکتی ہے؟

اس ٹوٹے ساز کو غور سے دیکھیں کہیں یہ وینا تو نہیں؟ تصویر کے ہاتھ میں رکھیں ارے یہ تو سرسوتی یعنی علم کی دیوی کی تصویر نکل آ ؤ دنیا کے سارے علم اسی وینا کے راگ ہی سے تو نکلے ہیں۔زندگی کا عرفان ہو،میوزک ہو، فائن آرٹس ہو،میڈیکل سائنس ہو یا چاند ستاروں کو تسخیر کرنے والا علم ہو سب سرسوتی کی دین ہی تو ہے۔اس تصویر کو دھوئیں اگلتے ہوئے کھمبے سے مختلف رنگوں کے خوبصورت تاروں سے باندھ کر کیوں رکھا گیا ہے؟ کہیں اس بات کا خدشہ تو نہیں کہ اگر تصویر کھلی ہوتی تو خالی فریم میں جُڑ جاتی۔دائیں درگا بائیں لکشمی اور بیچ میں سرسوتی۔لیکن یہ بھی تو مشہور ہے کہ لکشمی اور سرسوتی کا 36 کا سمبندھ ہے دونوں ایک ساتھ نہیں رہتی۔

مطلب بیچ کی تصویر اگل بغل کے دباؤ سے نکلی یا نکال دی گئی۔اگر موجود ہوتی تو شاید اگل بغل کی تصویروں کا رنگ پھیکا پڑ جاتا انکی چمک دمک ماند پڑ جاتی۔نگاہ کے زاویئے بدل جاتے۔تیغ وتفنگ کا پانی اتر جاتا۔لعل و گہرے بے آب ہو جاتے۔خوشبو تن من کو مہکا دیتی۔معطر تن من سکون کا باعث ہوتا اور انتشار و خلفشار دم توڑ دیتے۔ ہر طرف سکون ہی سکون ہوتا۔یہی وجہ ہے کہ اگل بغل کے فریم نے اپنا وجود بچائے رکھنے کے لئے اسے باندھ کر رکھا ہے تاکہ وہ دوبارہ اپنی جگہ واپس نہ جاسکے۔

اسے رسی یا زنجیر کے بجائے سنہرے روپہلے اور قرمزی تاروں سے باندھا گیا ہے یہ روشِ دوراں کے مظاہر ہوسکتے ہیں اسلئے ان تاروں کے تار رفتار زمانہ سے لگّا کھاتے ہیں یہ خوبصورت تار مختلف علوم و فنون کی جانب بھی اشارہ کرتے ہیں۔

اب سوال یہ ہے کہ یہ دھواں اگلتا ہوا کھمبا کیا ہے اور علم کی دیوی کو اسی سے کیوں باندھا گیا؟

یہ دھواں اگلتا کھمبا دراصل انڈسٹریلائیزیشن کی علامت ہے۔ یہ مختلف صنعتوں حرفتوں کی جانب اشارہ کرر ہا ہے۔ اور یہ سب علم کی بدولت ہی ممکن ہے اس لئے علم کی دیوی کو اس کھمبے سے باندھا گیا ہے۔ یہ خوبصورت سنہرے روپہلے اور قرمزی تار بھی مختلف علوم وفنون کے مظاہر ہیں۔

یہ دھواں کثافت کی جانب بھی اشارہ کرر ہا ہے۔ دھواں انڈسٹری کی چمنی سے نکلے یا گاڑیوں کے سائلنسر سے، چولہے کی آگ سے نکلے یا ایٹمک انرجی سے نکلے وہ فضا میں زہر ہی پھیلاتا ہے۔ انسانی پھیپھڑے کے ساتھ آنکھوں کو بھی نقصان پہونچاتا ہے۔ اوزون لئر میں دراڑ پیدا کرتا ہے اور موسم کے مزاج میں تبدیلی کا باعث ہوتا ہے۔ یعنی چمنی سے لگاتار نکلتا ہوا دھواں پوری انسانیت کی تباہی کا اشاریہ بھی ہے۔ انسان نے جتنی ترقی کی اس کے سائیڈ ایفکٹ سے اسے ہی نقصان ہوتا ہے۔

اب تینوں فریموں کی تصویر واضح ہوجاتی ہے اور یہ حقیقت بھی کھل کر سامنے آجاتی ہے کہ طاقت اور دولت کبھی بھی علم کی روشنی برداشت کرنے کو تیار نہیں کیونکہ علم کا عرفان اس کی دہشت گردی اور چمک دمک کو ماند کردیگا۔ یہی وجہ ہے کہ اسے علوم وفنون کے خوبصورت تاروں سے جکڑ دیا گیا ہے۔ شوروشر کو روکنے والا خود رک گیا ہے اسے شکنجوں میں جکڑ دیا گیا تا کہ طاقت ودولت کو اپنی من مانی کرنے کی آزادی ہو۔

غضنفر نے حالات حاضرہ کو جس تباہی و دہشت گردی میں جکڑا پایا اور ہر جگہ طاقت و دولت کی حکومت دیکھی اسے استعاراتی پیکر میں پیش کر دیا۔ انہیں یہ خدشہ بھی لاحق ہوگیا کہ شاید قاری اس کہانی کے بھید سے محروم نہ ہو جائیں اسلیئے ان کے دو کردار اپنی گفتگو سے ان بھیدوں کو کھولتے بھی نظر آئے جبکہ انہیں اپنے قارئین پر بھروسہ کرنا چاہیئے تھا۔

غضنفر دھیمے لہجے میں گفتگو کرتے ہیں اور رساں رساں انجام تک لیجاتے ہیں جس کے لئے وہ داد کے مستحق ہیں۔

● پروفیسر اسلم جمشید پوری

اقبال حسن آزاد کی افسانہ نگاری

اقبال حسن آزاد کا شمار 1980ء کے آس پاس کے افسانہ نگاروں میں ہوتا ہے۔آپ کے افسانوں میں سماج کا کرب عام انسان کی زندگی کے لیے جدو جہد اور فن پختگی ملتی ہے جو آپ کو اپنے ہم عصروں میں ممتاز کرتی ہے۔آپ کے افسانے تواتر سے ہندو پاک کے رسائل میں شائع ہوتے رہتے ہیں۔ یہ الگ بات ہے کہ ناقدین کی گروہ بندی نے آپ کو خاطر خواہ مقام نہیں دیا۔جس کے آپ مستحق تھے،لیکن اقبال حسن آزاد نے کبھی اس کی پروانہیں کی۔ وہ اپنے طور پر افسانے تخلیق کرتے رہے۔

اقبال حسن آزاد کے تین افسانوی مجموعے ''قطرہ قطرہ احساس''(1987ء)مردم گزیدہ (2005ء)پورٹریٹ (2017ء) میں شائع ہو چکے ہیں۔جیسا کہ میں نے پہلے بھی کہا ہے کہ اقبال حسن آزاد کا شمار 1980ء کے آس پاس کے افسانہ نگاروں میں ہوتا ہے۔اقبال حسن آزاد نے نہ تو جدیدیت، نہ مابعد جدیدیت اور نہ کسی اور رجحان کو اپنا آئیڈیل بنایا بلکہ خود جو محسوس کیا اور اپنے آس پاس کے کرداروں کا ظاہر اور اندرون پیش کرنے کی کامیاب کوشش کی۔ ان کے زیادہ تر افسانے اختصار کے جوہر سے متصف ہیں۔ان کے افسانوں کے تعلق سے کافی لکھا جا چکا ہے۔ان کے بزرگوں اور معاصرین نے ان پر متعدد مضامین قلم بند کیے ہیں۔ میں یہاں دو اقتباسات فیصل اقبال اور ڈاکٹر اقبال واجد کے پیش کرنا چاہوں گا:

> ''اقبال حسن آزاد ذاتی مشاہدے اور مطالعہ کے نتیجے میں انسانی نفسیات کا جو تجزیہ کرتے ہیں خواں وہ ''پیچ در پیچ'' میں مضمر جنسی نفسیات ہو یا ''ڈوبتا ابھرتا آدمی'' یا ''مردم گزیدہ'' کے تحت اخلاقی دیوالیہ پن کا المیہ۔داخلی اور خارجی تمام موضوعات کو وہ اس گہرائی اور گیرائی کے ساتھ اپنے افسانوں سے ہم آہنگ کرتے ہیں کہ ان کی دروں بینی اور پختہ فنی پر کبھی کبھی حسرت ہوتی ہے۔وہ نہ صرف آس پاس کے واقعات وحادثات پر نظر رکھتے ہیں بلکہ عالمی پیش رفت کو بھی پوری بصیرت کے ساتھ افسانوں کے آئینہ خانے میں اُجاگر کرتے ہیں۔نہیں ممی نہیں،شوپیں اور رونے والے، ایسے افسانے ہیں جن کے مطالعہ سے مذکورہ حقائق پوری طرح واضح ہو جاتے ہیں۔

(مردم گزیدہ، اقبال حسن آزاد، ایجوکیشنل پبلی شنگ ہاؤس ص، 9-8، 2005ء)

''اقبال حسن آزاد اپنے ہم عصروں میں ان معنوں یں مختلف ہیں کہ افسانوی تخلیق کا دست یزان کے پاس ہے۔ ان کے افسانوں کے مطالعہ سے یہ بات سامنے آتی ہے کہ وہ اس ہنر سے واقف ہو گئے ہیں جو افسانے کو افسانہ بناتا ہے۔ افسانوی تخلیق کی ہنرمندی ان کا وہ تخلیقی اعجاز ہے جو ان کے افسانوں میں چھایا ہوا ہے۔ اس دست ہنر کی وجہ سے ان کے ہر افسانے سے قاری کا ایک اٹوٹ رشتہ قائم ہو جاتا ہے۔ افسانہ قاری کو نہیں چھوڑتا نہ اسے اکتاہٹ کا شکار ہونے دیتا ہے۔''

(ڈاکٹر اقبال واجد، ص، 12-11، پورٹریٹ، اقبال حسن آزاد)

جیسا کہ اوپر کے اقتباسات سے واضح ہوتا ہے کہ اقبال حسن آزاد کے پاس نہ مواد کی کمی ہے نہ ہنر کی۔ افسانے کی رگ رگ سے بہتر طور پر واقف ہیں۔ اس لیے وہ ایسے افسانے بھی قلم بند کرتے ہیں جس میں وہ انسان تو انسان خدا سے بھی مکالمہ کرتے ہیں۔ ایسے بہت سے افسانے ہیں جو ان کی فنی مہارت کے سبب انسان کے اندرون کو بے نقاب کر دیتے ہیں اور اقبال حسن آزاد کو اپنے معاصرین میں فوقیت عطا کرتے ہیں۔

جہاں تک اقبال حسن آزاد کے معروف افسانوں کا سوال ہے تو اس میں، چاندی کے تار، شجرہ، پیچ در پیچ، ڈوبتا اُبھرتا آدمی، مردم گزیدہ، رونے والے، قطرہ قطرہ احساس، پورٹریٹ، دھند میں لپٹی ایک صبح، کاٹنے والے جوڑنے والے، عید کا چاند، پھر کب آؤ گے، جلتی ریت پر ننگے پاؤں سفر، گملے میں اُگی ہوئی زندگی، لامکاں، جیسے افسانوں کا شمار ضروری ہوگا۔ اقبال حسن آزاد بطور افسانہ نگار ایک مستحکم شناخت رکھتے ہیں۔ انہیں فن افسانہ نگاری پر بھی عبور حاصل ہے۔ وہ ہمارے عہد کے ایسے افسانہ نگار ہیں جنہوں نے کبھی نہ مصلحت سے کام لیا اور نہ کسی قسم کا سودا کیا، بس افسانے اور افسانے لکھتے رہے، کبھی خود اشتہاریت کا شکار نہیں ہوئے۔

اقبال حسن آزاد کے بہت سے افسانے تفصیلی مطالعہ کا تقاضا کرتے ہیں۔ ان کا افسانہ ''خدا سے مکالمہ'' اور ''لامکاں'' تقریباً ایک جیسی روح رکھتے ہیں۔ ''خدا سے مکالمہ'' میں اقبال حسن آزاد نے کچھ نیا پن لانے کی کوشش کی ہے۔ افسانے کا مرکزی کردار صیغہ واحد متکلم یعنی میں کو پتہ ہے کہ خدا دل میں بستا ہے وہ اپنے دل میں اتر کر خدا کو تلاش کرتا ہے اور سوال کرتا ہے۔ جواب آنے پر وہ حیران تو ہے لیکن پھر دنیا بھر کے سوالات کرتا ہے، نیکی، بدی، اچھا انسان، بُرا انسان، آسودہ انسان، ناآسودہ انسان، الغرض وہ ایسے عام سوالات کرتا ہے جو ایک عام مسلمان کے دماغ میں آسکتے ہیں۔ ایسے ہی سوال وجواب میں افسانہ ختم ہو جاتا ہے اور آخر میں یہ ہی تاثر بنتا ہے کہ خدا دل میں بستا ہے اور اسے کبھی کبھی پکارا جاسکتا ہے۔

افسانہ مکالموں میں ہی ختم ہو جاتا ہے۔ افسانے میں قصہ پن کی کمی نظر آتی ہے اور اصلاحی رنگ اتنا غالب

ہے کہ افسانہ کوئی پند و نصیحت جیسی چیز لگتا ہے۔اور افسانے میں وہ بات پیدا نہیں ہوتی جو قاری کو بے چین کر دے۔

اس کے برعکس ''لا مکاں'' میں ایک نیا شادی شدہ جوڑا ہے جو اپنے دو کمرے کے مکان کو سلیقہ سے سجاتا ہے اور بالآخر مذہبی کتاب کے علاوہ سب چیزیں اپنی جگہ سلٹ ہو جاتی ہیں لیکن اس مقدس کتاب کے لئے کوئی جگہ نظر نہیں آتی۔ بالآخر اسے مسجد میں رکھے جانے کا مشورہ ہوتا ہے۔ کہانی ختم ہو جاتی ہے ۔لیکن بڑی سنجیدگی کے ساتھ قاری کے اندر اتر جاتی ہے اور اسے سوچنے پر مجبور کر دیتی ہے کہ مذہبی چیزوں کی اہمیت ہماری زندگی میں دیگر اشیاء سے کتنی کم ہو گئی ہے۔

''ڈرائنگ روم میں یا تو اسے ٹی وی کے اوپر رکھا جا سکتا ہے یا پھر کتابوں کی الماری میں ،لیکن دونوں ہی جگہوں پر اس کی بے حرمتی ہوتی کیونکہ ٹی وی پر تصویریں آتی ہیں اور الماری میں جنسی کتابیں رکھی ہوئی تھیں۔ دونوں کافی دیر تک سر جوڑے اس مسئلہ کا حل سوچتے رہے۔ آخر عورت نے تھکے تھکے لہجہ میں کہا۔

''کیوں نہ اسے مسجد میں بھیج دیا جائے۔''

مرد نے کوئی جواب نہ دیا۔اس کے پاس کہنے کو اب رہا ہی کیا تھا۔

(افسانہ لامکاں ،اقبال حسن آزاد)

''مردم گزیدہ'' اقبال حسن آزاد کی بہت اچھی کہانی ہے جس سے میں تجسس اور تحیر ہر وقت قائم رہتا ہے اور انسان کی دوسرے انسان سے بیزاری ، اپنے آپ میں مگن رہنا اور بے فکری شامل ہے۔ انسان دوسرے کو اذیت میں گھرا دیکھ کر اس کی مدد نہیں کرتا بلکہ خوش ہوتا ہے۔ یہ انسانی فطرت ہے جسے افسانہ نگار نے افسانے میں عمدگی سے پیش کیا ہے۔ کہانی کا مرکزی کردار جب مکان کی تلاش میں صبح صبح ایک گلی میں کتوں سے گھر جاتا ہے تو پاس میں چائے کی دکان پر بیٹھے لوگ تماشا دیکھتے ہیں۔ کوئی اس کی مدد کو پاس نہیں آتا۔ ہاں جب وہ شخص کتوں پر قابو پا لیتا ہے اور ان کو مار بھگا دیتا ہے تو وہی لوگ اس کی تعریف کرتے ہیں۔ اس سے یہ بھی پتہ چلتا ہے کہ انسان کو کسی سہارے کی امید نہیں کرنی چاہیے اور اپنی لڑائی خود لڑنی چاہیے۔

''آپ ڈرتے نہیں؟ بڑے بہادر ہیں آپ!''

''وہ کالی چمڑی والا تو بڑا حرامی کتا ہے۔ کئی لوگوں کو کاٹ چکا ہے۔'' پان کی دکان پر بیٹھے ہوئے بانکے نے وہیں سے کہا۔ تبھی مکان کا گیٹ کھلا اور پانی بھرنے والا آدمی باہر نکلا۔

''میں سوچ رہا تھا کہ یہ کتے کیوں بھونک رہے ہیں۔''

مالک مکان نے بالکنی میں کھڑے کھڑے ہاتھ ہلا کر کہا۔

”آجائیے، آجائیے! آپ خطرے کی کوئی بات نہیں، اوپر آجائیے۔“
اس کے ہاتھ میں اب بھی چند ڈھیلے بچ رہے تھے۔ اس نے حقارت کے ساتھ ڈھیلوں کو سڑک کے کنارے پھینکا اور واپسی کے لیے مڑ گیا۔
(افسانہ مردم گزیدہ، اقبال حسن آزاد)

کہانی میں کلید کی حیثیت جملہ ”واپسی کے لیے مڑ گیا“ ہے یہ جملہ واضح کرتا ہے کہ افسانہ نگار نے مکان کی تلاش کے مسئلہ کو ترک کر دیا ہے۔ کیونکہ اس نے دیکھ لیا تھا کہ مالک مکان بھی بالکنی میں کھڑا اسے اُوپر بلا رہا تھا اس نے بھی نیچے آکر کتوں سے لڑائی میں اس کا ساتھ نہیں دیا۔ اسی لیے افسانہ نگار نے آخر میں جس جذبے کا اظہار کیا ہے وہ بہت فطری ہے۔ حقارت کے ساتھ، ڈھیلوں کو پھینکنا اور واپسی کے لیے مڑ جانا یہ کردار کے مصمم ارادے کو ظاہر کرتا ہے۔ یوں تو اقبال حسن آزاد کی بہت سی ایسی کہانیاں ہیں جن پر تفصیل سے گفتگو ہونی چاہیے لیکن میں یہاں ان کی ایک خاص کہانی ”جلتی ریت پر ننگے پاؤں سفر“ کا ذکر ضرور کرنا چاہوں گا۔ چار صفحہ کی یہ چھوٹی سی کہانی ہے، لیکن اس میں راوی کی تنہائی اور تنہائی کے صلہ میں ملنے والی پریشانیوں کا ایسا بیان ہے کہ قاری مجبور ہو جاتا ہے کہ وہ اس کی مدد کرے۔ آخر میں اپنی طبیعت کی خرابی سے مجبور ہو کر وہ غش کھا کر گر جاتا ہے۔ تب اسے اپنا ماضی، اپنا گھر، اپنے اور عزیز و اقارب سب یاد آتے ہیں۔ یہ تنہائی کا وہ عالم ہے کہ جس میں کردار حال سے ماضی کی طرف سفر کرتا ہے۔ کہانی میں معاون کردار کے طور اس کا نوکر رامو بہترین کردار ادا کرتا ہے۔ اور بالآخر اس کی ڈائری سے اس کا پتہ نوٹ کر کے اس کے گھر اس کی بیماری کی اطلاع بھیج دیتا ہے اور کہانی ختم ہو جاتی ہے۔ لیکن بہت سارے سوال قاری کے لیے چھوڑ جاتی ہیں۔ زندگی کا یہ کیسا سفر ہے؟ راوی کیوں ایسی تنہائی کا شکار ہے؟ اچھے دنوں میں اس نے اپنے گھر والوں کو کیوں یاد نہیں کیا؟ کہانی اقبال حسن آزاد کی فنی پختگی پر دال ہے۔ اور ایسا لگتا ہے کہ افسانہ نگار کے ساتھ ساتھ قاری بھی جلتی ہوئی ریت پر ننگے پاؤں سفر کر رہا ہے اور اسے پیروں کے ذریعہ ریت کی جلن اپنے دماغ میں محسوس ہونے لگتی ہے۔ یہ ایک کامیاب کہانی کی پہچان ہے۔

اقبال حسن آزاد کے زیادہ تر افسانے عام انسانوں کے درد و غم سے بھرے ہیں، جن میں اکثر افسانہ نگار خود بھی شامل نظر آتا ہے۔ ان کے زیادہ تر کردار ہمارے آس پاس کے کردار ہیں جو ہمیں جھنجھوڑتے بھی ہیں اور زمانے تک ہمیں یاد رہتے ہیں۔

◀◀ ● ▶▶

● صدام حیسن

طارق چھتاری کے افسانوں کا فکری وفنی نظام

۱۹۸۰ء کے بعد جن افسانہ نگاروں نے اپنے فکروفن کی بدولت برصغیر میں اردو ادب کی نسلوں کے ذہن ودماغ پر گہری چھاپ چھوڑی ہے ان میں ایک اہم نام طارق چھتاری کا بھی ہے۔ طارق چھتاری موجودہ دور کے ممتاز افسانہ نگار، سنجیدہ ناقد اور بہترین تجزیہ نگار ہیں۔ انہوں نے اپنے ادبی سفر کو نہایت سادگی، سنجیدگی اور میانہ روی کے ساتھ آگے بڑھایا ہے۔ طارق چھتاری کو قصہ گوئی اور کہانی کی بُنت کا ہنر خوب آتا ہے۔ طارق چھتاری نے اپنے پیش روؤں سے بہت کچھ سیکھا ضرور ہے لیکن تقلید غیر سے احتراز کیا ہے ۔انہوں نے افسانہ نگاروں کے جم غفیر میں بھی اپنی انفرادیت کو برقرار رکھا ہے۔ ان کا ادبی سفر ہنوز جاری ہے ۔امید ہے کہ اپنی گہرے شعور اور ادبی بصیرت وآگہی کے سبب وہ اردو ادب کو ایک سے بڑھ کر ایک افسانے عطا کریں گے۔

طارق چھتاری کی عظمت ورفعت کا سبب ان کے مضامین وتجزیے یا تصنیف نہیں بلکہ ان کی عظمت کا اصل راز ان کے وہ افسانے ہیں جو انہوں نے پچھلے تیس چالیس برسوں میں لکھے ہیں۔ ان کے اُنیس افسانوں کا انتخاب ''باغ کا دروازہ'' کے عنوان سے 2001 میں، ایجوکیشنل بک ہاؤس، علی گڑھ سے شائع ہوا ہے۔''باغ کا دروازہ'' میں شامل افسانے طارق چھتاری کے تخیل کی وسعت، مطالعہ کی کثرت، مشاہدہ کی گہرائی اور فکری بلندی کا واضح ثبوت ہیں۔ طارق چھتاری پر فخر کرتے ہوئے مشرف عالم ذوقی لکھتے ہیں:

> ''ہماری نسل کے ذہین دانشوروں میں طارق چھتاری کا شمار ہوتا ہے یعنی ایسے لوگوں میں جنہوں نے نہ صرف افسانے کو سمجھا ہے بلکہ افسانے پر لکھا بھی ہے۔ طارق کی ایک خوبی یہ بھی ہے کہ اردو کے علاوہ ہندی افسانوں پر بھی ان کی نظر گہری رہی ہے اور ان سب نے کل ملا کر طارق کو ایک ایسا افسانوی شعور بخشا ہے جس پر بجا طور پر فخر کیا جاسکتا ہے۔''(1)

طارق چھتاری افسانوں کی بُنت میں حد درجہ احتیاط سے کام لیتے ہیں۔کہیں بھی وہ عجلت کا شکار نہیں ہوتے بلکہ بار بار اپنے افسانوں میں قطع و برید کر کے انہیں بہتر سے بہتر بنانے کی حتی المقدور کوشش کرتے ہیں۔بے جا طوالت انہیں بالکل پسند نہیں۔اختصار میں جامعیت کا ہنر انہیں اچھی طرح آتا ہے۔ وہ ذو معنی اور کثیر المعانی الفاظ کے استعمال سے اپنی کہانیوں میں تہ داری اور معنویت پیدا کرتے ہیں۔طارق چھتاری کے مشہور افسانوں میں دھوئیں کے تار،کھوکھلا پہیا،لکیر،صبح کاذب،گلوب،نیم پلیٹ،دس بیگھے کھیت ،آدھی سیڑھیاں،ژمبان،چھلاوہ،چابیاں،پورٹریٹ،آن بان اور باغ کا دروازہ شامل ہیں۔یہ وہ افسانے ہیں جو نہ صرف طارق چھتاری کے بلکہ اردو کے بہترین افسانوں میں شمار کیے جاتے ہیں۔طارق چھتاری کے فکری وفنی نظام پر گفتگو سے پہلے آیئے ان کے افسانوں سے یہ چند اقتباسات ملاحظہ کریں:

''وہ آسمانی رنگ کی مہین نائٹی پہنے کھڑکی کے پاس ڈبل بیڈ پر نیم دراز تھی۔''(2)

''پسینے کے قطرے اس کے پورے جسم میں سانپ کی طرح رینگ رہے ہیں اور انگاروں کی تپش سے اس کا چہرہ جھلستا جا رہا ہے۔(3)

''اس نے ڈری سہمی نظروں سے عورت کی طرف دیکھا مگر اس کی نظروں کے سامنے عورت کے بجائے ایک گلوب تھا،جو تیزی سے گھوم رہا تھا۔''(4)

''ٹھیک ہے!ور بیاہ کے دوسرے دن جب میں لچّا کو لینے گیا تو وہ پاگلوں کی طرح پورا دن پوکھر والی پُلیا پر بیٹھا رہا،اس پر کہتے ہو کہ اب وہ بالکل ٹھیک ہے اور جب میں بس سے اُترا تو اُس نے پتہ ہے کیا کیا؟میرے پیر چھوئے۔ٹھاکر کیا تم نہیں جانتے کہ ٹھاکروں میں داماد نہیں سسُر پیر چھوتے ہیں داماد کے۔کس طرح میرے آگے پیچھے لگا گھوم رہا تھا۔کبھی پانی لا،کبھی چلم۔کبھی ہاتھ پاؤں دھلانے کو لوٹا لیے براجمان۔اور تو اور رات میں پاؤں دبانے بیٹھ گیا۔یہی ٹھاکروں کے ریتی رواج ہیں کیا؟''(5)

''مگر میں کون ہوں؟کیا نام ہے میرا؟ایں......اب تو میں اپنا نام بھی بھول گیا۔وہ ماتھے پر ہاتھ رکھ کر زور سے چیخے اور بغیر ریڑھ کی ہڈی والے آدمی کی طرح دوہرے ہوتے ہوئے اپنے آپ میں سمٹنے لگے۔انہیں لگا کہ وہ کئی زمین کے اندر دھس گئے ہیں۔ان کا دم گھُٹ رہا ہے۔سر بری طرح چکرانے لگا اور آنکھوں میں نیلے پیلے بادل اُمڈ آئے۔ہاتھ پاؤں سُن پڑ چکے ہیں اور گلا رندھ گیا ہے،جیسے کوئی بہت موٹی چیز اس میں اٹک گئی ہو......''(6)

''پہلے تمر ہندی، برگد، پیپل اور املتاس کے درخت لگائے گئے اور پھر درمیانی روشیں مؤلسری، آبنوس اور صنوبر کے درختوں سے آراستہ کی گئیں۔ باغ کے وسط میں ایک عالیشان عمارت تعمیر کی گئی جو باغ کوٹھی کے نام سے مشہور ہوئی۔ لوگ مختلف مما لک سے آتے، اپنے ساتھ نایاب قسم کے پودے لاتے اور باغ کوٹھی میں قیام کر کے محسوس کرتے گویا باغ میں نہیں شہزادی گلشن آرا کے دل میں قیام پذیر ہوں۔ کچھ آنے والے کوہ قاف کو عبور کر کے آئے تو کچھ سمندر کے راستے۔ دور دور تک اس گُل کدے کی شہرت تھی۔ لوگوں کی آمد کا سلسلہ صدیوں تک جاری رہا۔ اب گل داؤدی، گل رعنا اور گل آفتاب کے ساتھ ساتھ کرسمس ٹری، پام کے درخت اور منی پلانٹ کی بیلیں بھی اس چمن زار میں دکھائی دینے لگی تھیں۔''(7)

محولہ بالا اقتباسات کے مطالعے سے طارق چھتاری کے فکروفن کے حوالے سے کئی باتیں ابھر کر سامنے آتی ہیں۔

اولاً: مذکورہ اقتباسات کی بنیاد پر کہا جا سکتا ہے کہ طارق چھتاری کے افسانے داستانوی اور علامتی پیرایہ اظہار، تمثیلی انداز، منظری تبدیلی اور فلیش بیک کی تکنیک سے کسب فیض کرتے ہیں۔ علامت اور استعارے ترسیل کے وسائل میں سے ہیں اور بقول کونرڈ، ادب کی عظیم تخلیقات علامتی ہیں جن کے باعث ان کی قوت، گہرائی اور حسن میں اضافہ ہوا ہے۔ بودلیئر کی نظم ''بدی کے پھول'' علامتی پیرایہ بیان کا پہلا خوبصورت عکس ہے۔ پھر فکشن میں ایڈگرائلن پو، ہرمن ویل ویل، مارسل پروست، سارتر، کامیو، چیخوف، کافکا اور جارج آرول سے ہوتی ہوئی آج کے پیش منظر افسانے کا ہم عصر تناظر ہے۔

طارق چھتاری کے یہاں بیشتر مقامات پر تمثیل اور علامت کی سرحدیں آپس میں مل جاتی ہیں اور تمثیل اکثر علامتی ساخت کو بیان کرتی ہے۔ بات سے بات پیدا کرنے کا فن وہ اچھی طرح جانتے ہیں۔ منظر کشی اور ماحول سازی پر طارق چھتاری کی گرفت کافی مضبوط ہے۔ قاری ان کی منظر کشی کے جال میں خود کو قید پاتا ہے۔ کبھی وہ بیانیہ تو کبھی مکالمے سے کام لیتے ہیں۔ یہی وجہ ہے کہ ان کے افسانے حقیقی زندگی کے ترجمان بن جاتے ہیں۔ اس حوالے سے شافع قدوائی لکھتے ہیں:

''طارق کا بنیادی مسئلہ ثقافتی سروکاروں کو جن کی نوعیت نوآبادیاتی تسلط کی وجہ سے یکسر بدل گئی ہے، افسانوی ڈسکورس کے قلب میں قائم کرنا ہے اور اس کے حصول کے لیے بیانیہ کی دونوں جہتوں یعنی Mimetic اور Dialogic سے بیک وقت

استنباط کرنا ہے۔طارق نے ثقافتی عرصہ (Cultural Space) کی تشکیل دیسی واد ڈسکورس (Nativist Discourse) کے بنیادی مباحث کوافسانہ کی بافت کا ناگزیر جزبنا کرا سے ایک بہتر تخلیقی پیرایہ اظہار عطا کیا ہے......''(8)

ثانیاً: طارق چھتاری کے افسانوں کی زبان عام فہم اور موضوع سے پوری طرح ہم آہنگ ہے۔انہوں نے وہی زبان استعمال کی ہے جس کا تعلق براہ راست افسانے کے کرداروں سے ہوتا ہے۔ کرداروں کے حال کے عین مطابق زبان اور مکالموں کے استعمال سے افسانوں کی دلچسپی اورتاثیر کا عنصر مزید گہرا ہوگیا ہے۔ان کے کردار ہمارے سماج اور معاشرے کے چلتے پھرتے انسان ہوتے ہیں۔ یہ قدرت اور کمال طارق چھتاری کے فن کومنفرد بناتے ہیں۔افسانے پڑھ کر ہم ان کے کرداروں میں کھوجاتے ہیں۔اسی لیے ان کے افسانے حقیقیت سے لبریز ہوتے ہیں۔ان کے بیشتر افسانوں کا اختتام قاری کو چونکاتا ہے۔ شروع سے آخر تک جوفضا قاری کے ذہن میں بنتی ہے وہ آخری جملے کی بدولت یک لخت تبدیل ہوجاتی ہے اور کہانی ایک نئی جہت سے غوروفکر پراُکساتی ہے۔اس حوالے سے صبا اکرام کی رائے ملاحظہ کریں:

''طارق چھتاری کے یہاں موضوع ہی نہیں بلکہ تکنیک، یہاں تک کہ بیانیہ میں بھی تنوع اور Multidimensional نظر آتا ہے موضوع کے حوالے سے نظر ڈالیے تو مسلمانوں کے شاندار ماضی کی یاد کو جگانے کی کوشش بھی سامنے آتی ہے۔ انسانی رشتوں اور رویوں کی روپ ریکھا بھی منعکس نظر آتی ہے۔شہری زندگی کے مسائل اور دشواریوں کے قصے بھی سنائی دیتے ہیں۔دیہی زندگی کے پس منظر میں وہاں کے معاشی اور معاشرتی مسائل اور فرسودہ رسم ورواج نیز منفی سوچ کی گرم لوبھی محسوس ہوتی ہے اور ذہنی الجھنوں اور نفسیاتی گوشوں کو بنیاد بنا کر بات کرنے اور کہانی بننے کی سعی کا بھی پتہ چلتا ہے۔''(9)

ثالثاً: یہ کہ طارق چھتاری اپنے افسانوں کے موضوعات آس پاس کے ماحول سے لیتے ہیں۔ ان میں سیاسی، سماجی، اقتصادی اور معاشرتی بساط کے بدلتے ہوئے مہرے نظر آتے ہیں۔ طارق چھتاری کے افسانے سنجیدگی کے ساتھ قرأت کا مطالبہ کرتے ہیں۔اگران کے افسانوں کو یکسوئی سے نہ پڑھا گیا تو واقعات کے بکھرے ہوئے سلسلے کو جوڑنے میں دقت ہوسکتی ہے۔ کیونکہ بسااوقات مختلف زمانوں پر مشتمل ان سلسلوں کو طارق چھتاری محض دوتین جملوں میں سمیٹ دیتے ہیں۔اسی لیے قاری کی ذراسی غفلت کہانی کی تفہیم میں رُکاوٹ بن سکتی ہے۔اس حوالے سے وہاب اشرفی لکھتے ہیں کہ:

''ایسا محسوس ہوتا ہے کہ طارق اپنے افسانوں کی بُنت میں فکری عنصر کو تیز تر کرنا چاہتے ہیں۔ اس لیے ان کے افسانوں میں جذبات کی شدت نظر آتی ہے، لیکن یہ شدت گراں بار نہیں ہے بلکہ پڑھنے والوں کو متاثر کرتی ہے۔ان کے افسانوں کی تفہیم اکیڈمک ذہن چاہتی ہے۔سرسری مطالعے سے بہت سارے پہلو اوجھل ہو سکتے ہیں۔اس لیے کہ چھتاری دروں بینی کے افسانہ نگار ہیں اور دروں بینی کا کوئی بھی متن سنجیدگی چاہتا ہے۔''(10)

رابعاً: یہ کہ طارق چھتاری کہیں بھی رہیں لیکن ان کی اپنے آبائی وطن چھتاری اور وہاں کے دیہات سے ہمیشہ وابستگی رہی ہے۔شاید اسی لیے ان کے افسانوں میں قصباتی زندگی کی مہک، لہلہاتی کھیتیاں، سبز وشاداب باغات، سورج کی تیز دھوپ میں مزدوروں کا بہتا پسینہ، بوسیدہ عمارتوں میں دم توڑتی قدریں، کسانوں کی نفسیات، امراء کی زیادتیاں، نئی اور پُرانی نسلوں کے درمیان بڑھتی ہوئی ذہنی کشیدگی، متوسط طبقے کے جذبوں، ارمانوں اور خواہشوں کا کرب کچھ بھی طارق چھتاری کی باریک بین نظر اور دور اندیش فکر سے اوجھل نہیں ہے۔انہوں نے قصباتی زندگی کو بہت قریب سے دیکھا اور پرکھا ہے، اور اسی کو اپنے افسانوں کے لیے خام مواد کے طور پر استعمال کیا ہے۔قصبات کے ساتھ ساتھ انہوں نے شہری زندگی اور اس کے مسائل کو بھی ہنر مندی سے افسانوں میں پیش کیا ہے۔

باغ کا دروازہ میں شامل پہلا افسانہ ''دھوئیں کے تار'' ہے۔ یہ کہانی صرف آج کے رومانی ماحول کی ترجمانی ہی نہیں بلکہ عشق ومحبت کے حقیقی مفہوم اور اصل روح کو سمجھنے سمجھانے کی بہترین کوشش ہے۔افسانہ نگار نے اس کہانی میں صرف محبت کے بنیادی مفہوم کی ہی وضاحت نہیں کی ہے بلکہ ہجر، فراق اور وصال کی عشق میں کیا اہمیت ہے، اس پر بھی روشنی ڈالی ہے۔ بیانیہ انداز میں لکھی گئی یہ کہانی منظری اسلوب کی بہترین مثال ہے۔کہانی میں زبان وبیان کی ہم آہنگی بھی خوب ہے۔علامت نگاری کے بہترین نمونے کہانی کے حسن کو دوبالا کرتے ہیں۔

مجموعے کی دوسری کہانی ''آن بان'' ہے جو قدروں کی شکست وریخت، جھوٹی شان وشوکت اور اس کے زیر سایہ پروان چڑھنے والی رسومات کی عکاس ہے۔ دیہی پس منظر میں لکھی گئی یہ کہانی بے حد اثر انگیز اور معنی خیز ہے۔ یہ افسانہ قدامت پرستی اور جھوٹے رسم ورواج پر طنز کرتا ہے اور وقت کے بدلتے تقاضوں کے تحت فرد کو خود کا محاسبہ کرنے پر مجبور کرتا ہے۔اس کہانی کے متعلق طارق چھتاری خود لکھتے ہیں:

''زندگی میں قدم قدم پر ایسی مثالیں دیکھنے کو مل جاتی ہیں جب جھوٹی آن بان کے نام پر زندگی کی اعلیٰ قدروں کا گلا گھونٹ دیا جاتا ہے...... ہری سنگھ کا کردار بذات خود ایک Tragic Character ہے اور اس کے حرکات وسکنات اُسے

دوسرے کرداروں سے یکسر مختلف ثابت کرتے ہیں، لیکن جھوٹی شان وشوکت کے نام
پر جب اُسے موت کے گھاٹ اُتار دیا جاتا ہے تو ہری سنگھ کے معصوم بچے یعنی اپنے
پوتے کی جنونی کیفیت کو دیکھ کے ٹھاکر تیج پال سنگھ کا خوشی کے ساتھ یہ انکشاف کرنا کہ
ہری سنگھ مرا نہیں ہے، افسانے میں قدرے مختلف تأثر قائم کر دیتا ہے" (11)

طارق چھتاری کا افسانہ "گلوب" آج کے انسان کی بوالہوسی اور جنسی تناؤ کو اجاگر کرتا ہے۔ اشاروں، کنایوں اور علامتوں سے بھرپور یہ افسانہ نہایت پیچیدہ اور مشکل بیانیہ میں لکھا گیا ہے پھر بھی قاری کو اپنی گرفت میں لینے میں پوری طرح کامیاب ہے۔ اس افسانے میں لذت کی چاشنی تو ہے مگر فحاشی کی گنجائش نہیں۔ اس کہانی کے توسط سے طارق چھتاری نے یہ واضح کیا ہے کہ سیاسی، سماجی، معاشی اور معاشرتی استحصال کی طرح جنسی استحصال بھی بے حد خطرناک اور اذیت ناک شئے ہے۔

علامتی اسلوب میں لکھا گیا افسانہ "نیم پلیٹ" طارق چھتاری کا شاہکار سمجھا جاتا ہے۔ اس کہانی کا موضوع شناخت کی گمشدگی اور تنہائی کا کرب ہے۔ دنیا کی تمام تر شادمانیاں انسان کے اپنے وجود سے وابستہ ہیں، لیکن اگر اس کا وجود ہی خطرے میں پڑ جائے تو زندگی بے نور ہو جاتی ہے۔ اسی احساس کے تحت طارق چھتاری نے اس کہانی میں ایک ۷۵ سالہ بزرگ کیدار ناتھ کو مرکزی کردار بنا کر تشخص کی گمشدگی، تہذیبی اقدار کی کشمکش، وجود اور اس کے نتیجے میں پیدا ہونے والے احساس کے کرب کو بیان کیا ہے۔ یہ کہانی زندگی کی لایعنیت اور کھوکھلے پن کو نشانہ بناتی ہے۔ کہانی کا تجزیہ کرتے ہوئے پروفیسر حامدی کشمیری لکھتے ہیں:

"نیم پلیٹ بلا شبہ اپنے خالق کی تخلیقی قوتوں کا مظہر ہے۔ اس کی اہمیت اس بات میں
پوشیدہ ہے کہ افسانہ جامد حقیقت سے انقطاع کر کے اپنی ایک متحرک تخیلی دنیا وضع کرتا ہے
، اور کیدار ناتھ اس کے تخیلی کردار بن جاتے ہیں، جن کی حرکات وسکنات، خود کلامیاں،
خاموشیاں، وحشتیں، خواب اور اذیتیں جاذبِ توجہ بن جاتی ہیں۔ وہ جسمانی زوال کے
نتیجے میں جس ذہنی خلفشار میں گرفتار ہوتے ہیں، قاری اُسے محسوس کیے بغیر نہیں رہتا۔"

"یہ افسانہ انسان کے حیاتیاتی اظہار وجود کی عکاسی کرتا ہے اور فطری عروج وزوال
کا پابند ہے۔" (12)

1980 کے بعد جن افسانہ نگاروں نے بدلتے ہوئے سیاسی ماحول اور فرقہ واریت پر عمدہ کہانیاں لکھی ہیں ان میں حسین الحق (نیو کی اینٹ)، شفق (نیلا خوف)، سلام بن رزاق (چہرہ، خود چراغ)، شوکت حیات (گنبد کے کبوتر)، سید محمد اشرف (آدمی، روگ، کعبہ کا ہرن، آخری بن باس)، طارق چھتاری (باغ کا دروازہ، بندوق، لکیر)، غضنفر

(ڈوبر مین،تانابانا)،ساجدرشید(زندہ درگور)پیغام آفاقی(مسافر)،بیگ احساس(کرفیو)وغیراہمیت کے حامل ہیں

طارق چھتاری کی قصباتی پس منظر میں لکھی ہوئی کہانی ''لکیر''فرقہ وارانہ فساداوراس کے نتیجے میں ہونے والی خونریزی، جبروتشدد،قتل وغارت گری اوروحشیانہ سلوک پرایک اہم دستاویز کی حیثیت رکھتی ہے۔

اس کہانی کا پس منظرایک قصبہ ہے جہاں پنڈت برج کشور نے ہندومسلم اتحاداورفرقہ وارانہ ہم آہنگی کی عظیم مثال قائم کررکھی ہے لیکن دھیرے دھیرے سیاسی طاقتیں نفرت،تعصب اورفرقہ واریت کا زہرگھول کراس مثالی اتحادکو چکنا چورکردیتی ہیں۔کہانی مختلف مراحل سے گزرتے ہوئے انسانیت کودو خانوں اورلکیروں میں بٹتے ہوئے دکھاتی ہے۔بے حدعمدہ انداز میں افسانہ نگار نے لوگوں کی جذباتیت پر گہرا طنزبھی کیا ہے۔نفرت کی آگ کس طرح انسانی اقدارکومٹادیتی ہےاس کا اندازہ کہانی پڑھ کربخوبی ہو جاتا ہے۔یہ کہانی طارق چھتاری کی انسان دوستی،سماجی شعوراورسیاسی سمجھ بوجھ کا پتہ دیتی ہے۔

طارق چھتاری نے''باغ کادروازہ''میں فوک ٹیلس کے موتیف اختیار کیے ہیں۔یہ ایک علامتی افسانہ ہے لیکن اس کی علامتیں ایسی مبہم اورپیچیدہ نہیں ہیں جن سے کہ افسانہ چیستاں یامعمہ بن کررہ جائے بلکہ غوروفکر کے ذریعے قاری ان علامات کے مفہوم تک رسائی حاصل کرلیتا ہے۔اس کہانی کا بنیادی موضوع تنگ نظری،تعصب،نفرت پرطنزاورکشادہ دلی،فیاضی اورخوش دلی کا استقبال ہے۔

یہ کہانی ہندوستان کی اس گنگاجمنی تہذیب،قومی ہم آہنگی اوربین المذاہب رواداری کی داستان ہے جو صدیوں میں پروان چڑھی ہے۔کہانی کا اختصاص یہ ہے کہ تعمیر کے ساتھ ساتھ تخریب کی رودادبھی بیان کرتی ہے۔

مجموعی طورپرہم کہہ سکتے ہیں کہ طارق چھتاری کے افسانے موضوع،تکنیک اوراسلوب کے لحاظ سے اردوادب میں ایک خاص مقام رکھتے ہیں۔ان کے یہاں علامت اورتمثیل ایک دوسرے میں پیوست نظرآتے ہیں ۔چھوٹے چھوٹے جملوں اورکم لفظوں کی مددسے اپنی بات کہنے کا ہنرانھیں اچھی طرح آتا ہے۔ان کے کردارمانوس اورہمارے معاشرے کے آئینہ دارہوتے ہیں۔مناظر کی تبدیلی ان کے اسلوب کا نمایاں وصف ہے۔طارق چھتاری کے افسانے زبان وبیان کی سادگی وشائستگی،کردارنگاری کاحسن،منظری اسلوب،داستانوی رنگ وآہنگ، وحدت تاثر،چونکادینے والااختتام اورپرکشش لب ولہجے کے سبب اردوفکشن میں اہم اضافہ کی حیثیت رکھتے ہیں۔

☆☆☆

حواشی:

1۔آج کل،مارچ 2002ء،مبصر:مشرف عالم ذوقی،ص:44

2۔گلوب،مشمولہ باغ کادروازہ،طارق چھتاری،ایجوکیشنل بک ہاؤس،علی گڑھ۔2001،ص51

3۔گلوب، مشمولہ باغ کا دروازہ، طارق چھتاری، ایجوکیشنل بک ہاؤس، علی گڑھ۔ 2001،ص55
4۔گلوب، مشمولہ باغ کا دروازہ، طارق چھتاری، ایجوکیشنل بک ہاؤس، علی گڑھ 2001۔ص58
5۔آن بان، مشمولہ باغ کا دروازہ، طارق چھتاری، ایجوکیشنل بک ہاؤس، علی گڑھ۔ 2001،ص:28
6۔نیم پلیٹ، مشمولہ باغ کا دروازہ، طارق چھتاری، ایجوکیشنل بک ہاؤس، علی گڑھ۔ 2001،ص:69
7۔باغ کا دروازہ، مشمولہ باغ کا دروازہ، طارق چھتاری، ایجوکیشنل بک ہاؤس، علی گڑھ 2001،ص:47
8۔فکشن مطالعات: پس ساختیاتی قرأت، شافع قدوائی، براؤن بک پبلی کیشنز، نئی دہلی۔ 2020،ص:178
9۔آئندہ، کراچی، مبصر: صبا اکرام، جلد 7، شمارہ 26، جون۔ جولائی 2002
10۔تاریخ ادب اردو: ابتدا سے 2000 تک، جلد سوم، وہاب اشرفی، ایجوکیشنل پبلشنگ ہاؤس، دہلی۔ 2007ء،ص1836
11۔طارق چھتاری کردار وافکار، راشد انور راشدؔ، براؤن بک پبلی کیشنز، نئی دہلی۔2017،ص:148
12۔نیا اردو افسانہ: انتخاب، تجزیے اور مباحث، گوپی چند نارنگ، اردو اکادمی دہلی۔ص:480

◀◀ ● ▶▶

● ڈاکٹر وصیہ عرفانہ

ڈاکٹر منصور خوشتر کا ادبی شعور

نئی نسل کے ادیب وشاعر میں ابھرتا ہوا اور اپنی پہچان قائم کرتا ہوا ایک اہم نام منصور خوشتر کا ہے۔ وہ بیک وقت کئی ادبی محاذ پر مورچہ سنبھالے ہوئے ہیں۔ شاعری، نثر نگاری، صحافت اور رسالہ ''دربھنگہ ٹائمز'' کی ادارت۔ خوبی کی بات یہ ہے کہ انہوں نے ہر میدان میں اپنی ایک منفرد شناخت بنا لی ہے بلکہ ان کی بھرپور نمائندگی کی وجہ سے بہار خصوصاً دربھنگہ کا نام اردو کی دور دراز بستیوں تک پہنچنے لگا ہے۔ مشہور فکشن نگار عبد الصمد کی اس رائے سے میں متفق ہوں کہ منصور خوشتر نے نوجوانی میں اتنے بڑے بڑے کام کردیئے ہیں کہ جس کے لئے عمریں بیت جاتی ہیں۔ پروفیسر شکیل الرحمٰن نے منصور خوشتر کی ستائش کرتے ہوئے اعتراف کیا ہے کہ انہوں نے اپنی محنت اور لگن سے دربھنگہ کو عصر حاضر کا ایک بہت بڑا دبستان بنا دیا ہے۔ قاضی عبد الستار نے بھی دربھنگہ ٹائمز جیسا معیاری اور خوبصورت رسالہ نکالنے پر منصور خوشتر کی ستائش کی ہے۔ مستنصر حسین تارڑ نے بھی اس قدر معیاری رسالہ کو منصور خوشتر کا ادبی جنون قرار دیا ہے۔ شموئل احمد نے منصور خوشتر کو دربھنگہ کی سرزمین کا طفیل احمد سے موسوم کیا ہے۔ حسین الحق کی یہ رائے درست ہے کہ منصور خوشتر نے اپنی ادبی وصحافتی خدمات کے ذریعے اردو دنیا میں ایک مضبوط پہچان بنالی ہے۔ اہل قلم کی یہ آرا بلاشبہ قدر و قیمت رکھتی ہیں۔

منصور خوشتر اردو ادب کے حوالے سے ایک متحرک اور فعال شخصیت ہیں۔ صحافتی خدمات کے ذیل میں دربھنگہ ٹائمز کی بروقت اشاعت کے لئے سرگرم رہتے ہیں۔ اہم بات یہ ہے کہ دربھنگہ ٹائمز کے اب تک کئی خصوصی نمبر شائع ہوکر دستاویزی حیثیت کے حامل قرار دیئے جاچکے ہیں۔ روزنامہ قومی تنظیم میں ہر سموار کو شائع ہونے والے ادب نامہ کی ذمہ داری ان پر ہے۔ المنصور ایجوکیشنل ٹرسٹ اینڈ ویلفیئر ٹرسٹ کی ادبی کارگزاریوں کا بار بھی سنبھالتے ہیں۔ شاعری بھی کرتے ہیں اور اہل قلم کی تحریروں کو کتابی شکل میں ترتیب دینے میں بھی دلچسپی ہے۔ طبع زاد تحریروں کی بات کی جائے، تو خود بھی تواتر سے تنقیدی و تجزیاتی مضامین قلمبند کرتے رہتے ہیں اور قارئین کے استفادے کے لئے اپنی طبع زاد تحریروں کو کتابی صورت میں

پیش کر کے اردو کے ادبی سرمائے کو وقیع کرنے کا فرض بھی انجام دیتے ہیں۔ منصور خوشتر کی اب تک تقریباً پندرہ سولہ کتابیں منظر عام پر آچکی ہیں۔ ان کی ایک اہم تصنیف ''ادب کے ستارہ گر'' فی الوقت میرے پیش نظر ہے۔ تین سو باون (۳۵۲) صفحات کی یہ ایک ضخیم کتاب ہے جو اپنے مشمولات کے اعتبار سے نہایت اہم ہے۔ اس کتاب میں تقریباً پینتالیس مضامین شامل ہیں جو بہار کی ادبی و علمی شخصیات کے فکر وفن کا احاطہ کرتے ہیں۔ یہ شخصیات اردو کے مختلف اصناف سے تعلق رکھتی ہیں۔ ان میں شاعر، ناقد، افسانہ نگار، صحافی، ناول نگار اور دیگر اہل علم شامل ہیں۔ بہار میں اردو کی صورتحال کے جائزے اور اہل اردو کے فکر وفن کے مطالعے کے ضمن میں یہ کتاب اہم ثابت ہوگی۔

بہار کی سرزمین ادبی و علمی اعتبار سے نہایت زرخیز رہی ہے۔ ماضی سے تا حال ایک سے بڑھ کر ایک ادیب و شاعر اور علمی شخصیات نے اس علاقے کا نام سربلند کیا ہے۔ منصور خوشتر نے ایسے ہی اہل علم و اہل قلم کو اپنے مطالعے کا محور بنایا ہے۔ ایسا نہیں ہے کہ یہاں اس کتاب میں بہار کی تمام قد آور شخصیات کا احاطہ کیا گیا ہے لیکن خاصی تعداد میں ان پر روشنی ڈالی گئی ہے۔ کلیم عاجز، مظہر امام، اویس احمد دوراں، مناظر عاشق ہرگانوی، پروفیسر طرزی، مشرف عالم ذوقی، شمیم فاروقی، شین مظفر پوری، شاکر خلیق، رفیع الدین راز، محمود احمد کریمی، اسرار جامعی، آسی آروی، ڈاکٹر مشتاق احمد، سید احمد قادری، سید اشرف فرید، ریحان غنی، امام اعظم، ظفر حبیب، جمال اویسی، مشتاق احمد نوری، قاسم خورشید، انوار الحسن وسطوی، آفتاب اشرف، عطا عابدی، خلیق الزماں نصرت، مجیر احمد آزاد، احسان عالم، اظہر نیر، قیام نیر، کامران غنی صبا، انور آفاقی، جمیل اختر شفیق اور دیگر متعدد افراد پر مفصل، مختصر، مدلل تجزیاتی مطالعہ اور تبصراتی تعارف یکجا ہو کر اس کتاب کی معنویت اور اہمیت میں اضافہ کا باعث ہیں۔

منصور خوشتر کا تنقیدی و تجزیاتی شعور بالیدہ ہے۔ وہ جب کسی موضوع پر قلم اٹھاتے ہیں تو پس منظر اور پیش منظر دونوں کو مد نظر رکھتے ہیں۔ فن تجربات کی بھٹی سے نکل کر کندن بنتا ہے۔ تجربات زندگی کی تلخیوں اور شیرینیوں کی دَین ہوتے ہیں۔ بعض انسان کی زندگی میں تلخیوں کا تناسب زیادہ ہوتا ہے۔ نتیجتاً اس کا فن پارہ دل کو زیادہ کریدتا ہے اور وہ فنکار مقبولیت عام کا زیادہ مستحق ٹھہرتا ہے۔ کلیم عاجز کے کلام کے مطالعے میں مصنف نے ان کے حالات پر گہری نظر رکھی ہے۔ کلیم عاجز کے کلام میں درد و کرب کی ایک دائمی کیفیت ملتی ہے۔ یہ کیفیت اپنے پورے خاندان کو نیست و نابود ہوتے ہوئے دیکھنے کے بعد حاصل ہوئی ہے۔ منصور خوشتر نے ان کی زندگی کے اہم واقعات اور ان کی شخصیت کا احاطہ کرتے ہوئے ان کے فنی و فکری رویے پر نظر ڈالی ہے۔ وہ لکھتے ہیں:

''کلیم عاجز کے یہاں نشاط و غم کی کیفیت کا اظہار مخصوص انداز میں ہوا

ہے۔کلیم عاجز کی کیفیات تغزل پر میؔر کے اثرات کی کارفرمائی تسلیم کرنے کے باوجود ان کے دائرہ فن اور انداز فکر میں بھرپور ندرت اور جدت نمایاں طور پر دکھائی دیتی ہے۔ایک طرف انہوں نے قدماء کے انداز بیان کو احترام کی نگاہوں سے دیکھا ہے تو دوسری طرف فطری سطح پر جدت ان کی غزلوں کو ایک مخصوص آرٹ کا حامل بناتی ہے۔ان کے غزلیہ اشعار اپنے تغزل کی نزاکتوں اور لطیف پیرایۂ بیان کے باعث بہ آسانی پہچانے جاسکتے ہیں۔"

منصور خوشتر کسی ادیب یا شاعر کی تخلیقات کا مطالعہ کرنے سے پہلے فنکار کے ماحول و حالات پر ایک نظر ڈالنا ضروری سمجھتے ہیں تاکہ اس فنکار کی فکری و فنی بصیرت کا سلسلہ ہائے دراز ان کی گرفت میں آسکے۔مظہر امام کے فکر وفن کا جائزہ لینا ہو یا رفیع الدین رازؔ کی شاعری کا محاکمہ، اولیس احمد دوراں کے شعری و ادبی کائنات کی تشریح کرنی ہو یا شین مظفر پوری کی افسانہ نگاری پر روشنی ڈالنا ہو، منصور خوشتر ان ادیبوں کے پس منظر کو پیش نظر رکھتے ہیں۔پروفیسر طرزی کی اجتہادی وانفرادی شاعری کے ذکر میں بھی وہ سب سے پہلے طرزی صاحب کے سوانحی پہلو پر روشنی ڈالتے ہیں۔

پروفیسر طرزی کا نام محتاج تعارف نہیں۔کلاسیکی ادب سے قطع نظر، طرزی صاحب سے پہلے اور بعد میں اب تک کوئی منظوم تذکرہ یا تبصرہ نگار وجود میں نہیں آیا۔کلاسیکی ادب کو اس فہرست سے خارج کرنے کی واحد وجہ یہ ہے کہ جب نثر کی روایت خال خال ملتی تھی اور نثر بھی وہ جو عام فہم نہ تھی، تب تذکرہ نگاری کے لئے تذکرہ نگار منظوم پیرایہ کا سہارا لیتے تھے۔پروفیسر طرزی کی اب تک چالیس سے زائد کتابیں شائع ہوچکی ہیں جن میں محض تین کتابیں نثری اسلوب میں ہیں۔انہوں نے بہار کے ناموران اور اردو کے ناز برداران کی پوری پوری حکایتیں منظوم پیرایہ میں پیش کردی ہیں۔ان کی قادرالکلامی اور الفاظ وتراکیب پر مہارت کے لئے کوئی حرف ستائش کافی نہیں۔منصور خوشتر پروفیسر طرزی صاحب کے مختلف النوع کارناموں پر روشنی ڈالتے ہوئے لکھتے ہیں:

"پروفیسر طرزی اپنی تنقیدی اور عالمانہ ذہانت سے کسی شہ پارے یا کتب و رسائل کو اپنا موضوع بناتے ہیں تو تخلیق کے بطون میں جھانک کر ان کی خوبیوں یا خامیوں کی نشاندہی کرتے ہیں۔ان کے اس عمل میں اخلاص کو بنیادی حیثیت حاصل ہوتی ہے۔کسی فروگذاشت کی نشاندہی میں وہ تہذیبی شائستگی کا دامن نہیں چھوڑتے۔ویسے بھی وہ تحسینی و توصیفی پہلو پر اپنی نظر پورے انہماک کے ساتھ رکھتے ہیں۔"

مشرف عالم ذوقی اپنے موضوعات کی بے باکی اور سماجی ناہمواریوں کی پیشکش اور جداگانہ طرز اسالیب کی وجہ سے اردو افسانوی ادب کی تاریخ میں منفرد اور اہم مقام کے حامل رہے۔ طبقاتی ظلم وزیادتی، تہذیبی زوال اور سیاسی بازی گری کے تلخ احوال بیان کرنے میں ان کا قلم ہمیشہ بے باک رہا۔ وہ اپنے طرز کے واحد ادیب تھے۔ منصور خوشتر نے ان کے ناولوں کے تناظر میں سماجی ناہمواریوں کی گرفت کی ہے اور ایک تفصیلی اور مبسوط مقالہ قلمبند کیا ہے۔ وہ لکھتے ہیں:

> ''انہوں نے ناول نگاری کے ان مروجہ اسالیب سے گریز کیا ہے جہاں ناول کی کہانی ایک محدود فریم ورک میں الجھے الجھے پیچیدہ فلسفوں اور فارسی آمیز زبان کے بوجھل ماحول میں گم کردی جاتی ہے۔ ذوقی ناول میں زبان سے زیادہ اہم موضوع کو گردانتے ہیں۔ وہ محض الفاظ کی قلابازی پر یقین نہیں رکھتے اور نہ ہی کسی چونکانے والے کلائمکس پر۔''

افسانہ نگاری اور صحافتی خدمات کے حوالے سے سید احمد قادری کے نام سے کون واقف نہیں۔ انہوں نے اپنی ادبی زندگی کا آغاز افسانہ نگاری کی صنف سے کیا۔ ان کے افسانے سماجی شعور کا بہتر حوالہ ہیں۔ ان کی نظر معاشرے کے بدلتے مزاج اور وقت کی کروٹ پر مرکوز رہتی ہے۔ ان کے چار افسانوی مجموعے اردو ادب کے سرمایے میں اہم اضافہ ہیں۔ اردو تنقید کے دامن پر بھی ان کی گرفت مضبوط ہے۔ تنقید کے ذیل میں اصناف ادب کے مزاج اور فنکاروں کے فنی رویے پر ان کی توجہ مبذول رہتی ہے۔ ان کی سات تنقیدی و تحقیقی کتابیں منظر عام پر آ چکی ہیں۔ افسانے اور تنقید کے علاوہ ان کا ایک اہم میدان اردو صحافت ہے۔ افسانے کی رومانی دنیا سے نکل کر صحافت کی حقیقی دنیا میں قدم رکھنا ایک بڑا اقدام ہے۔ اردو صحافت کے حوالے سے بھی ان کی دو اہم تصنیف موجود ہے۔ ''اردو صحافت بہار میں'' اور ''اردو صحافی بہار کے'' لکھ کر انہوں نے صحافت کا حق ادا کیا ہے۔ بہار کے اردو صحافیوں کی ایک تاریخ مرتب کردی ہے۔ منصور خوشتر نے ان کی افسانہ نگاری، تنقید نگاری اور صحافت کے حوالے سے ان پر ایک تفصیلی اور مبسوط مقالہ تحریر کیا ہے جو موصوف کی باریک بینی اور غائر مطالعہ کا مظہر ہے۔ سید احمد قادری کی صحافت کے حوالے سے وہ لکھتے ہیں:

> ''صحافت کے طویل سفر میں ان کے سامنے کئی موڑ آئے۔ حالات کی چیرہ دستی اور بڑھتے اندھیرے میں بھی وہ بے خوف ہوکر صحافت کے خاردار راستوں کے مسافر بنے رہے۔ یہی وجہ ہے کہ قومی اور بین الاقوامی حالات اور عصری مسائل پر ملک اور بیرون ملک کے مختلف اخبارات میں اپنے کالموں اور

مضامین میں بے باک، بے لاگ اور بے خوف انداز سے اپنی خاص پہچان بنانے
میں کامیاب ہیں۔''

سید اشرف فرید کی معتبر صحافت پر بھی منصور خوشتر نے نہایت خلوص کے ساتھ روشنی ڈالی ہے۔سید اشرف فرید کا اہم کارنامہ یہ ہے کہ وہ کشاکش کے اس دور میں روزنامہ ''قومی تنظیم'' تواتر اور تسلسل کے ساتھ نکال رہے ہیں۔یہ اخبار بہار میں سب سے زیادہ پڑھا جانے والا روزنامہ ہے۔عموماً مسلمانوں کے مسائل، مسجد و مدارس، عیدگاہ اور قبرستان کے تعلق سے خبریں ہندی یا انگریزی اخبارات کا حصہ نہیں بنتیں۔سید اشرف فرید نے ہمیشہ بے خوف و خطران مسائل پر قلم اٹھایا ہے اور غیر جانبدارانہ رائے زنی کی ہے۔منصور خوشتر نے نہایت دیانت داری اور خلوص کے ساتھ سید اشرف فرید کی صحافتی خدمات پر روشنی ڈالی ہے اور ان کے اہم رول کا اعتراف کیا ہے۔بقول منصور خوشتر 'قومی تنظیم' نے بہار میں اردو صحافت کو ایک مضبوط ستون عطا کیا ہے۔

منصور خوشتر نے ڈاکٹر ریحان غنی کی صحافتی خدمات کا بھی اعتراف کیا ہے۔ریحان غنی گذشتہ بتیس سالوں سے صحافت سے وابستہ ہیں۔ان کی صحافتی تحریریں بے لاگ اور بے باک ہوتی ہیں۔مختلف اداروں نے ان کی خدمات کی ستائش کی ہے اور انعامات و اعزازات سے نوازا ہے۔ریحان غنی نے صحافت کی دنیا میں مشہور روزنامہ ''سنگم'' کے توسط سے قدم رکھا۔معروف اور بے باک صحافی جناب غلام سرور کی صحبت نے ان کو سنوارنے میں اہم رول ادا کیا۔غلام سرور جیسے سخت گیر صحافی بھی ریحان غنی کی صداقت نگاری اور صحافتی توازن کے معترف رہے۔منصور خوشتر نے گہرائی اور گیرائی کے ساتھ ان کی خدمات کا جائزہ لیا ہے۔وہ ریحان غنی کے صحافتی مقام کا اعتراف کرتے ہوئے لکھتے ہیں:

''بہار میں صحافت کی جب بات ہوتی ہے تو سید ریحان غنی کا نام نمایاں
طور پر سامنے آتا ہے۔بہار کی صحافت میں ریحان غنی نے اپنی ایک الگ شناخت
قائم کی ہے۔اپنے کالم ''دوٹوک'' میں وہ ایک عرصے سے بہار کے مسائل
،سماجی، ملی، قومی کو مضبوطی سے پیش کرتے رہے ہیں۔''

اردو کے ادبی منظرنامے پر ڈاکٹر امام اعظم کا نام نہایت مشہور و معروف ہے۔شاعری، نثر، تنقید، تحقیق، صحافت گویا کہ ہر ادبی میدان میں ان کی کوئی نہ کوئی تحریر نظر نواز ہوتی رہتی ہے۔ان کی تخلیقات ملک اور بیرون ملک کے مؤقر ادبی رسائل و جرائد میں تواتر سے شائع ہوتی رہتی ہیں۔اسی تناسب سے ان کی کتابیں بھی منظر عام پر آتی ہیں۔اردو دنیا بھی ان کی خدمات کا اعتراف کرتی رہتی ہے۔ان کے فکر و فن پر کئی کتابیں آچکی ہیں اور ان کی ادبی خدمات پر تحقیقی کام بھی ہوا ہے۔امام اعظم کا ایک اہم کارنامہ رسالہ ''تمثیل

نو'' ہے جس میں ادباء وشعراء کی معتبر تخلیقات شائع ہوتی ہیں۔اردو ادب کے فروغ کے تئیں ان کی دیوانہ وار محنت ومشقت لائق ستائش ہے۔ان کی تصنیف ''چٹھی آئی ہے'' کے تناظر میں منصور خوشتر نے ایک مطالعہ پیش کیا ہے اور یہ اعتراف کیا ہے کہ ۳۴۴ لوگوں کے خطوط عرصہ دراز تک سنبھال کر رکھنا، انہیں ترتیب دینا اور ۵۲۷ صفحات کی کتاب منظر عام پر لانا اپنے آپ میں ایک بڑا کارنامہ ہے۔یہ خطوط بلاشبہ ایک دستاویزی حیثیت رکھتے ہیں۔ناموران اہل قلم کے خطوط میں زمانے کی کروٹیں اور ادبی اشارات وامکانات ہیں۔

منصور خوشتر کسی شاعر کا مطالعہ کرتے وقت اس کے شعری کارنامے پر گہری نظر رکھتے ہیں۔انہوں نے رفیع الدین راز، آسی آروی، جمیل اختر شفیق، عطا عابدی، جمال اویسی، مرغوب اثر فاطمی اور ذکی احمد کی شاعری کا تبصراتی لیکن تفصیلی تجزیہ تحریر کیا ہے۔کامران غنی صبا نئی نسل کے ایک ابھرتے ہوئے شاعر ہیں۔ان کی شاعری کے محاکمے کے دوران منصور خوشتر ان کے علمی اور شعری پس منظر کا احاطہ کرتے ہیں۔کامران مشہور صحافی جناب ریحان غنی کے صاحبزادے ہیں۔علمی وراثت انہیں قبل سے حاصل ہے۔ان کی شاعری ملک اور بیرون ملک کے اہم ادبی رسائل وجرائد میں شائع ہوتی رہی ہے۔منصور خوشتر نے نہایت عمدگی سے ان کی شاعری کا جائزہ لیا ہے۔دربھنگہ کی ادبی محفلوں کا ایک اہم نام انور آفاقی کا ہے۔اردو زبان سے اتنی دلچسپی رہی کہ آٹو موبائل انجینئرنگ کی سند حاصل کرنے کے بعد مانو سے اردو میں ایم اے کی سند حاصل کی۔ادب نواز حلقوں میں نشست وبرخاست رہتی ہے۔اردو شعروادب سے گہری وابستگی اور لگاؤ ہے۔انور آفاقی کو شعروشاعری سے خاص شغف رہا ہے لیکن نثر بھی ان کے قلم کی دامنگیر رہی۔ان کی نثر میں نہایت شگفتگی اور روانی ہوتی ہے۔سچی بات یہ ہے کہ انور آفاقی کی تحریروں میں نثری شاعری کا لطف بھی ملتا ہے۔ان کے ادبی کارناموں کا جائزہ منصور خوشتر نے نہایت باریک بینی سے لیا ہے۔ان کی شاعری کا تجزیہ کرتے ہوئے وہ لکھتے ہیں:

> ''انہوں نے اپنے بیشتر اشعار میں سچائی اور حقیقت بیانی کو ترجیح دی ہے جو ان کی فکر ونظر کے پاکیزہ اور صالح عناصر کی نشاندہی کرتی ہیں۔انہوں نے اپنی غزلوں میں زمانے میں رونما ہونے والی تبدیلیوں کا خیال کرتے ہوئے اس کی فکری اصالت اور معنوی طہارت کو اردو تہذیب کا ایک ناگزیر حصہ قرار دینے کی بھرپور کوشش کی ہے۔ان کی غزلوں میں سماجی حالات کی عکاسی کے ساتھ رومانی، اصلاحی اور نصیحت آموز باتیں بھی ہیں۔''

دربھنگہ کے ادبی منظر نامے پر محمود احمد کریمی کا نام ترجمہ نگار کی حیثیت سے معروف ہے۔اردو ادب کو انگریزی میں منتقل کرنا محمود احمد کریمی کا شوق ہے۔اس شوق کی تکمیل میں انہوں نے بعض اہم چیزوں کا

انگریزی ترجمہ پیش کیا ہے۔ان کی یہ شعوری کوشش رہتی ہے کہ ترجمے میں تخلیق کی معنویت متاثر نہ ہو۔ان کی ترجمہ نگاری کا تجزیہ کرنے سے قبل وہ حسب معمول ان کی حیات کے خاص خاص واقعات پر روشنی ڈالتے ہیں۔منصور خوشتر جانتے ہیں کہ افسانہ حقیقت کے بیان کا ایک رومانی، فنی اور خوبصورت اظہار ہوتا ہے۔اس لئے وہ کسی بھی افسانہ نگار کے افسانوی فن پر جداگانہ طرز میں روشنی ڈالتے ہیں۔منصور خوشتر نے حسن رہبر کی افسانہ نگاری کا مختصر لیکن گہرائی سے جائزہ لیا ہے۔ان کا خیال ہے:

> ''اپنے اردگرد ہونے والے حادثات و واقعات کے مشاہدے کی قوت جس شخص کے اندر ہوتی ہے، وہی افسانہ نگاری میں کامیاب ہوسکتا ہے۔افسانہ ایک شعور، ایک احساس ہے جو کسی فرد میں پیدا نہیں کیا جاسکتا ہے۔اسے محنت سے حاصل کیا جاسکتا ہے لیکن اس کے لئے یہ ضروری ہے کہ وہ حساس ذہن وفکر کا مالک ہو۔''

کسی انسان کی ذہن سازی میں اس کی زندگی کے حالات و واقعات کا اہم رول ہوتا ہے۔یہی وجہ ہے کہ منصور خوشتر کسی ادیب کے فن پارے پر نگاہ ڈالنے سے پہلے اس کے پس منظر پر روشنی ڈالتے ہیں۔وہ شین مظفر پوری کی شخصیت اور ان کی افسانہ نگاری کا جائزہ لینے کے دوران ان کے خاندانی پس منظر اور ان کے فکروفن سے بحث کرتے ہیں۔مجیر احمد آزاد کی افسانہ نگاری کے توانا پہلوؤں کا جائزہ لینے کے دوران ان کے تعارف پر توجہ دیتے ہیں۔مجیر آزاد کا نام اردو افسانے کی دنیا میں ایک اہم اور شناسا نام ہے۔ان کے افسانے اردو کے اہم رسائل و جرائد میں شائع ہوتے رہتے ہیں۔ان کے سات افسانوی مجموعے منظر عام پر آچکے ہیں۔کئی کتابوں کی تدوین وتالیف بھی کی ہے۔''دربھنگہ میں اردو افسانہ نگاری'' کے عنوان سے ایک اہم تدوین قبول عام کا مرتبہ حاصل کر چکی ہے۔دوسو سے زائد کتابوں پر تبصراتی مضامین تحریر کر چکے ہیں۔منصور خوشتر نے مجیر آزاد کے افسانوی فن اور تکنیک پر تفصیلی روشنی ڈالی ہے۔

دربھنگہ کی سرزمین سے تعلق رکھنے والے ڈاکٹر احسان عالم طویل عرصے سے اردو زبان وادب کی خدمات انجام دے رہے ہیں۔ان کے اندر ادبی توانائی بدرجہ وافر موجود ہے۔ان کی تصنیفات وتالیفات کی تعداد دس کے ہندسے تک پہنچ چکی ہے اور اب بھی ان کا تحریری سفر شدومد سے جاری ہے۔منصور خوشتر نے ان کی تمام تصنیفات وتالیفات پر مفصل روشنی ڈالی ہے اور ایک طویل مقالہ تحریر کیا ہے۔احسان عالم کی ادبی سپردگی کا جائزہ لیتے ہوئے وہ لکھتے ہیں:

> ''ان کے اندر توانائی ہے۔کچھ کرنے کا جذبہ کوٹ کوٹ کر بھرا ہوا ہے۔اپنی ضرورتِ زندگی کو پورا کرتے ہوئے تصنیف وتالیف کا کام پابندی کے

ساتھ کرتے رہے ہیں۔اگر میری بات پر آپ کو یقین نہ ہو تو رات کو انہیں کتاب
دے دیجئے اور صبح سویرے تبصرہ یا تاثراتی مضمون آپ کی خدمت میں حاضر ہوگا۔''

بلاشبہ کم لوگوں میں اتنی تن دہی اور شوق کے تئیں اس قدر پاسداری پائی جاتی ہے۔ایسی ہی پاسداری سے اردو ادب کی خاموش خدمات انجام دینے والے شاعر و ادیب اظہر نیر ہیں۔کسی بھی ناموری سے اوپر اٹھ کر گزشتہ چالیس پینتالیس سالوں سے وہ اردو ادب کی خدمات انجام دے رہے ہیں۔ان کی شاعری اور ادبی مقالے ملک کے اہم رسائل میں شائع ہوتے رہے ہیں۔ان کے دو شعری مجموعے ''سائے ببول کے'' اور ''سائے سائے دھوپ'' منظر عام پر آ چکی ہیں۔منصور خوشتر نے ان کے کارناموں پر بالغ نظری سے نگاہ ڈالی ہے۔قیام نیر کا شمار بھی پرانے لکھنے والوں میں ہوتا ہے۔وہ عرصہ دراز سے افسانے،ناول،انشائیہ،تنقیدی و تحقیقی مضامین تحریر کرتے رہے ہیں۔کسی بھی ستائش یا صلے کی پرواہ کئے بغیر ان کا تخلیقی سفر جاری و ساری ہے۔اب تک ان کی چودہ اہم اور وقیع تصنیفات شائع ہو چکی ہیں۔منصور خوشتر نے ان کے بھرپور تعارف کے ساتھ ان کے کارناموں پر روشنی ڈالی ہے۔ڈاکٹر ایم صلاح الدین بھی اردو کے ایسے ہی بے لوث خادم ہیں۔نہایت خاموشی لیکن تواتر سے اردو کے مختلف پہلوؤں پر تحریریں قلمبند کرتے رہتے ہیں۔منصور خوشتر نے ایسی خاموش خدمات کو روز روشن کی طرح عیاں کرنے کی کوشش کی ہے۔

''ادب کے ستارہ گر'' ایک ضخیم اور قدر و قیمت کی حامل کتاب ہے۔اس میں کثیر تعداد میں مختلف اور متنوع موضوعات پر خامہ فرسائی کی گئی ہے۔اس مختصر مقالے میں تمام موضوعات کو سمیٹنا ممکن نہیں۔مذکورہ بالا مضامین کے علاوہ منصور خوشتر نے کئی تاثراتی خاکے بھی پیش کئے ہیں۔ڈاکٹر عبدالوہاب،شمیم فاروقی ،اسرار جامعی ،اجمل فرید اور شاکر خلیق کا تاثراتی خاکہ پیش کرتے ہوئے منصور خوشتر کا خلوص،محبت و عقیدت اور دردمندی عیاں ہوتی ہے۔مولانا ابواختر قاسمی کی دینی و ملی خدمات کا بھی احاطہ کیا ہے۔اویس احمد دوراں،مناظر عاشق ہرگانوی،غلام قدوس فہمی،شہناز فاطمی،ڈاکٹر مشتاق احمد،ظفر حبیب،مشتاق احمد نوری،،قاسم خورشید،انوار الحسن وسطوی،آفتاب اشرف،مبین صدیقی وغیرہ متعدد ادیبوں اور شاعروں پر منصور خوشتر کی سنجیدہ تحریریں ان کی ادبی مہارت کی دلیل ہیں۔منصور خوشتر ادبی توانائی سے بھرپور ہیں اور اردو ادب کی خدمات پر کمربستہ۔مختلف النوع محاذ پر پوری ثابت قدمی سے کھڑے ہو کر اردو ادب کے سرمایے کو اپنی سنجیدہ،متین اور مبسوط تحریروں سے وقیع کرتے رہتے ہیں۔ان کا ادبی سفر جاری ہے۔آئندہ بھی بیش از پیش تحریروں کی توقع ہے۔

● ڈاکٹر قسیم اختر

حقانی القاسمی: ایک تخلیقی نقاد

موجودہ دور میں حقانی القاسمی ایک ایسے تنقید نگار بن کر ابھرے ہیں جن کی مثال پیش نہیں کی جاسکتی۔ وہ ایک منفرد نقاد ہیں اور الگ نہج سے سوچنے کا انداز رکھتے ہیں۔ ان کی تنقید بصیرت افروز ہوتی ہے اور علمی بھی۔ حقانی ایک ایسے ناقد ہیں جنہوں نے بہت کم وقت میں بلکہ کم عمری میں برصغیر ہندو پاک میں اپنی ادبی حیثیت مستحکم کرلی ہے۔ اوران کا ذکر حوالوں میں آنے لگا ہے۔ شمس الرحمان فاروقی، گوپی چند نارنگ اور وہاب اشرفی کے بعد اردو تنقید کے منظرنامے پر ابھرنے والے ناقدین میں حقانی القاسمی یقیناً ایک آفتاب کی طرح ہیں۔ ہماری نظر جب آسمان تنقید کی طرف اٹھتی ہے تو حقانی کی ادبی شخصیت سے پھوٹنے والی کرنیں ہمارے ذہن کے دریچوں سے چھن کر دل ودماغ کو روشن کرتی ہوئی محسوس ہوتی ہیں۔ حقانی کی تحریروں کو دیکھ کر اندازہ ہوتا ہے کہ وہ ایک فطری نقاد ہیں۔ یہی وجہ ہے کہ ان کی تنقید نگاری ان کی بہترین صحافتی صلاحیت پر غالب اور حاوی نظر آتی ہے۔

حقانی القاسمی کی تنقید میں کئی خوبیاں نظر آتی ہیں۔ ان کی تنقید ایک تخلیق تنقید ہے اوران کی یہ تخلیقی جودت ہر تحریر میں نظر آتی ہے۔ اس پر ان کا انداز واسلوب اور لہجہ مستزاد ہے۔ اور یہ باتیں ان کی تحریروں میں شروع سے نظر آتی ہیں۔ ان کے ایم فل کا مقالہ 'فلسطین کے چار ممتاز شعرا' ہی اپنے عنوان کے باعث پہلی نظر میں قاری کو چونکاتا ہے۔ اسی طرح 'طواف دشت جنوں'، 'لاتخف' اور 'بدن کی جمالیات' جیسی کتابیں ان کی سوچ اور فکر کا نہج متعین کرتی ہوئی نظر آتی ہیں۔ ادب میں جمالیات کے حوالے سے ایک بڑا اور منفرد کام شکیل الرحمان نے انجام دیا ہے۔ دوسرا بڑا کام شکیل الرحمان کے جمالیاتی وجدان کا پتہ لگا کر حقانی القاسمی نے کیا ہے۔ حقانی کی کتاب ''شکیل الرحمان کا جمالیاتی وجدان' ان کے وجد آفریں تخلیقی ذہن کا علامیہ ہے۔ ادب میں جمالیات کی بحث شروع سے رہی ہے لیکن اب تک حتمی طور پر یہ متعین نہیں کیا جاسکا ہے کہ جمالیات کس پرندے کا نام ہے۔ البتہ یہ ضرور ہے کہ اس تنازع سے آگے بڑھ کر شکیل الرحمان نے ادب پاروں میں جمالیات کی تلاش وتفہیم کی اور حقانی القاسمی نے اس تلاش وتفہیم کے حوالے سے شکیل الرحمان کی جمالیاتی حس کو ٹٹولنے اور پرکھنے کی کوشش کی ہے۔ میں سمجھتا ہوں یہ بات جتنی آسانی سے کہی جاسکتی ہے اس کا عمل اتنا ہی مشکل ہے۔ یہ کام ایک تخلیقی ذہن ہی کرسکتا ہے۔ ایسے

میں حقانی کی تحریریں اس بات کا ثبوت ہیں کہ ان کا ذہن تخلیقی ہے اور یہ تخلیقی ذہن ہی انہیں تخلیقی نقاد بناتا ہے۔

جیسا کہ میں نے عرض کیا کہ حقانی القاسمی نے بہت کم وقتوں میں اپنی شناخت بنائی ہے۔ان کی تنقیدی بصیرت کا ثبوت یہ بھی ہے کہ وہ ناقدین کے لئے بھی مرکز کشش بن گئے ہیں۔ان کی تحریروں کے حوالے سے گفتگو بار بار ہورہی ہے اوران کی تنقید کی تہہ میں اترنے والے انہیں تخلیقی نقاد قرار دے رہے ہیں۔میں نے حقانی کو پڑھتے ہوئے یہ محسوس کیا کہ ان کی تحریروں میں تخلیقیت ہے۔اوراسی مطالعے کے دوران انور سدید کی رائے میری نظر سے گزری جس سے میری ناقص رائے کی تصدیق ہوتی ہے۔انور سدید لکھتے ہیں:

''حقانی القاسمی نے اپنی تنقید کو تخلیقی قرار دیا ہے جو اس حقیقت کا اظہار ہے کہ وہ فن پارے کا صرف تفریحی مطالعہ نہیں کرتے بلکہ مصنف کے باطن میں اتر کر اس کرب کو بھی محسوس کرتے ہیں جو تخلیق کے لمحے میں اس نے محسوس کیا تھا اور پھر حقانی القاسمی تخلیق مکرر کے عمل سے گزرتے ہیں اور مصنف کے تخلیقی عمل کا حصہ بن جاتے ہیں۔حقانی القاسمی کی نکتہ آفرینی خلیل الرحمان اعظمی جیسا،نوک خار سے لکھنے کا انداز فضیل جعفری جیسا اور دوٹوک بات کرنے کا طریقہ وارث علوی جیسا ہے لیکن مجموعی فضا گوپی چند نارنگ کی طرح استوار ہوتی نظر آتی ہے۔وہ اپنے گمبھیر مطالعہ کی اساس پر اپنی انفرادیت منواتے اوراپنی ٹکسال کا سکہ جاری کردیتے ہیں۔......''

حقانی القاسمی کے کئی ایسے مضامین ہیں جن میں شہروں کو موضوع بنایا گیا ہے۔ایسے موضوعات عام طور پر محض تاریخی ہوا کرتے ہیں لیکن حقانی کا کمال یہ ہے کہ وہ مطلوب شہروں کے تاریخی پس منظر کے ساتھ وہاں کی تہذیب وتمدن اورادبی سرگرمیوں اور ثقافتی روایتوں کو مثالوں کے ساتھ اس طرح واضح کرتے جاتے ہیں کہ شہر کی اہمیت دوچند ہونے کے ساتھ ہمارے علم میں اضافہ بھی ہوتا جاتا ہے۔ان کے تخلیقی ذہن سے ہوکر گزرنے والا بظاہر عام ورایک غیرادبی نظر آنے والا مضمون ادبی صورت اختیار کرلیتا ہے۔ان کے ایسے ہی مضامین میں ایک 'اناؤ کا تخلیقی الاؤ' بھی ہے۔اس مضمون کی ابتداان جملوں سے ہوتی ہے۔ملاحظہ فرمائیں:

''مادیت صارفیت نے شہروں کے مزاج بدل دیے ہیں۔اب شہروں میں شعور نہیں شور ہے۔حدنگاہ تک ہجوم اوراس میں گم ہوتی تہذیبی ثقافتی قدریں۔ یہ ہے شہر کا نیا شناخت نامہ۔

شہر کی بدلتی ہوئی سائیکی میں اب صبحوں کا جمال،شاموں کی ملاحت کون تلاش کرے، جاں نثار اختر کی طرح اپنے شہر کے عہد بہاراں، شاداب تمنا

کے مہکتے ہوئے خواب، محفل کا فسانہ، خلوت کا فسوں، نغموں کی پکار، گیتوں کا سنگھار کون یاد رکھتا ہے۔ اس مصروف ترین عہد میں گل کدہ پارینہ کے بارے میں سوچنے کی فرصت کس کے پاس ہے؟ اختر شیرانی کی طرح یہ پوچھنے والے بھی تو نہیں رہے۔

کیا شام پڑے گلیوں میں وہی دلچسپ اندھیرا ہوتا ہے
اور سڑکوں کی دھندلی راہوں پر سایوں کا ڈیرا ہوتا ہے
باغوں کی گھنیری شاخوں میں جس طرح سویرا ہوتا ہے
کیا آم کے اونچے پیڑوں پر اب بھی وہ پپیہے بولتے ہیں
شاخوں کے گھنیرے پردوں میں نغموں کے خزانے کھولتے ہیں
ساون کے رسیلے گیتوں سے تالاب میں امرت گھولتے ہیں

اپنے شہر کی پرخواب فضاؤں، بہاروں کے شبستاں کو اب کون یاد کرتا ہے۔ یادیں ذہن سے رشتہ توڑتی جارہی ہیں اور شہر کی خاک سے خلوص، مہر وفا غائب ہوتے جارہے ہیں کہ وقت اور حالات نے لوگوں کی دنیائے آرزو بدل دی ہے۔

آج کے مصروف انسان کو فرصت نظارگی بھی نصیب نہیں ہے اس لئے شہر کی صباحتیں، ملاحتیں سبھی کچھ کھوگئی ہیں۔ شہر کے ماضی کی تلاش اب آسان نہیں رہی کہ یادوں کے نگر بھی آباد نہیں رہے۔ وقت بدلتا ہے تو کیفیتیں بھی بدل جاتی ہیں۔

اب عشق یار کے وہ عجائب نہیں رہے
اب حسن کی وہ عشوہ طرازی نہیں رہی''

یہ شہر 'اناؤ' کے تمہیدی جملے ہیں، جس کے بعد وہ اناؤ کی مٹی کی بھینی بھینی خوشبو، چشم یار کی جادو نگاہی اور شیرینی نسیم کا ذکر کرتے ہیں۔ ان جملوں سے قاری کا ذہن کھنچ کر اناؤ میں منتقل ہوجاتا ہے۔ اور قاری یہ جاننے کے لئے ہمہ تن گوش ہوجاتا ہے کہ اناؤ کی کون سی ایسی باتیں اور کون سی خصوصیتیں ہیں جو مضمون نگار کو نوحہ خوانی پر مجبور کرتی ہیں؟ ان جملوں میں حقانی قدروں کی پامالی اور بدلتے عہد و ماحول پر نوحہ کرتے ہوئے نظر آتے ہیں۔ حقانی کا یہ وہ انداز تحریر ہے جو دامن دل کو کھینچتا ہے۔

قدریں تو بہر حال بدلتی رہتی ہیں لیکن ان کا ملال بھی ہمیں ہوتا ہے۔ حقانی القاسمی کے یہاں یہ احساس شدید ہے۔ وہ شہروں کے شور سے اکتائے اکتائے نظر آتے ہیں اور گاؤں کی مٹی کی خوشبو انہیں اپنے دیس لوٹ آنے کی بات کہتی ہے لیکن شہر کا یہ شور انہیں آنے بھی نہیں دیتا۔ ایسے میں یادیں اور شدت اختیار کرلیتی ہیں اور

بار بار ذہن کے پردے پر ابھرتی ہیں۔ حقانی کے یہاں یہ کیفیت بار بار دیکھنے کو ملتی ہے۔ یہ الگ بات ہے کہ اس کی نوعیت بدلتی جاتی ہے۔ لیکن بہر صورت قدروں کی پامالی اور روایتوں کے مٹنے کا احساس موجود ہوتا ہے۔ حقانی القاسمی کے انہی احساسات کی تکمیل ان کے مضمون ''چشم و چراغ عالم اعظم گڑھ'' میں ہوتی ہوئی محسوس ہوتی ہے۔ وہ اعظم گڑھ کے حوالے سے اندلس کو یاد کرتے ہیں لیکن انہیں اس بات کا احساس ہے کہ عظمتیں ہجرت کرتی ہیں اس یقین کے ساتھ کہ دہلی اجڑتی ہے تو پھر لکھنؤ آباد ہوتا ہے۔ ان کے یہ جملے نوٹ کئے بغیر نہیں رہا جا سکتا کہ:

> ''عظمتیں بھی ہجرت کرتی ہیں۔ اس لیے اگر مغرب کا اندلس اجڑ گیا، مشرق کا اعظم گڑھ آباد ہو گیا تو اس میں حیرت کی کوئی بات نہیں۔ دلی نہ اجڑتی تو لکھنؤ آباد نہ ہوتا۔ علوم وفنون، تہذیب وتمدن کو بھی نئے مکانوں، نئے زمانوں اور نئے قدردانوں کی تلاش رہتی ہے اور اسی تلاش کے نتیجے میں یہ اپنا مستقر بدلتے رہتے ہیں۔ کبھی مغرب تو کبھی مشرق کبھی شمال کبھی جنوب، علوم وفنون کی محافظت نہ ہو تو مہاجرت مجبوری بن جاتی ہے۔ یہ ایک فطری عمل ہے۔ علوم وفنون کا ارتقائی سفر ٹھہر جائے تو کائنات ایک تاریک خلا میں تبدیل ہو جائے گی۔ اعظم گڑھ کو یہ اعزاز حاصل ہے کہ اس کا ہر قصبہ مانک مول ہے۔ اگر علم سونا ہے تو اعظم گڑھ یقیناً سونا اگلنے والی زمین ہے جسے راجہ بکرماجیت سنگھ کے بیٹے راجہ اعظم خان نے ۱۶۶۵ میں آباد کیا تھا۔''

ان جملوں سے تاریخی معلومات فراہم ہونے کے ساتھ ساتھ حقانی القاسمی کی تحقیق وتدقیق کا کارنامہ بھی اجاگر ہوتا ہے۔ یہ حقانی کا کمال ہے کہ وہ اپنے موئے قلم سے معمولی بات کو غیر معمولی بنا دیتے ہیں۔ مثلاً اسی مضمون میں انہوں نے ایک قصبہ بندول کا ذکر کیا ہے۔ بندول ایک چھوٹا سا قصبہ ہے لیکن حقانی القاسمی اسے اس طرح بیان کرتے ہیں کہ بندول قاری کے ذہن پر ہمیشہ کے لئے رقم ہو جاتا ہے دوسری طرف ہمیں ایک شخصیت کی عظمت کا اندازہ بھی چند جملوں میں ہو جاتا ہے۔ یقیناً یہ اقتباس دیکھنے کے قابل ہے۔ حقانی لکھتے ہیں۔

> ''بندول چھوٹا سا قصبہ ہے مگر اس نے ایک ایسی شخصیت کو جنم دیا جس کی فکر نے پورے عالم اسلام میں انقلاب برپا کیا ہے، وہ شخصیت شبلی نعمانی کی ہے جو اردو کے عناصر خمسہ میں سے ایک ہیں۔ باقی چار سرسید، ڈپٹی نذیر احمد، مولانا حالی اور مولوی محمد حسین آزاد ہیں۔ دنیا انہیں مورخ، سیرت نگار، نقاد اور مورخ کی حیثیت سے جانتی ہے۔ جن کے بارے میں پروفیسر خورشید الاسلام نے لکھا تھا کہ شبلی پہلا یونانی ہے جس نے ہندوستان میں جنم لیا۔''

حقانی کی یہ تحریر ان کے انداز بیان کے سبب بالکل نیا معلوم ہوتی ہے، ورنہ حقیقت یہ ہے کہ نہ تو ہم شبلی سے ناواقف ہیں اور نہ ہی سر سید اور حالی سے۔ لیکن حقانی جس انداز سے ان کا ذکر کرتے ہیں وہ انہی کا حصہ ہے۔

ہم اسی حقیقت سے ان کے مضمون 'بنارس کی تخلیقی صبح' میں بھی واقف ہوتے ہیں۔ میں یہ بات ایک بار پھر کہنا چاہتا ہوں کہ حقانی کی تحریروں میں بڑی چیز تخلیقی ہنر مندی ہے۔ اور اس کا اظہار ان کے مضامین کے عناوین سے بھی ہوتا ہے۔ وہ مضمون جو شہر بنارس پر مبنی ہے اس میں بنارس کا تعارف ان الفاظ میں کراتے ہیں:

''شیو کا بسایا ہوا پانچ ہزار سال پرانا یہ وہ شہر ہے جس کا ذکر ہندوؤں کے مقدس صحیفوں رگ وید، اسکند پران، رامائن اور مہابھارت میں بھی ہے۔ شاد عباسی نے نبی احمد سندیلوی کی کتاب مرقع بنارس کے حوالے سے لکھا ہے کہ ایک انگریز کا خیال ہے کہ اگر یہ معلوم ہو جائے کہ بنارس کب آباد ہوا تھا تو ہمالیہ پہاڑ کے عالم وجود میں آنے کا زمانہ معلوم کرنا آسان ہوگا اور یہ بھی کہ ہندوؤں کا عقیدہ ہے کہ طوفان نوح میں اس شہر کو وشوناتھ نے اپنے ترشول پر اٹھا لیا تھا اور جب قیامت آئے گی تو یہ شہر محفوظ رہے گا۔''

عقیدے سے پرے یہ بات محسوس کی جاسکتی ہے کہ حقانی القاسمی بنارس کا تعارف کس انداز سے کراتے ہیں۔ حقانی القاسمی کو داد دینی ہوگی کہ وہ شہروں کی تاریخ بیان کرتے ہوئے اس کے ادبی پہلو کو ملحوظ رکھتے ہیں۔ جس کی بدولت ان کا مضمون تاریخی ہونے کے ساتھ ساتھ ادبی ہو جاتا ہے۔ اور مجھے یہ بھی کہنے دیجئے کہ اس کے ساتھ ساتھ تہذیب و ثقافت کی گلکاریاں بھی کرتے جاتے ہیں۔ 'بنار کی تخلیقی صبح میں' پریم چند پر گفتگو کرتے ہوئے وہ یہ بھی لکھتے ہیں کہ

''اردو فکشن کے بنیاد گزار یہ وہی پریم چند تھے جنھوں نے نبی کا نیتی نرواہ جیسا افسانہ اور اسلامی تہذیب جیسا مضمون لکھا۔ اور بانگ دہل یہ بھی لکھا کہ ''یہ بالکل غلط ہے کہ اسلام تلوار کی طاقت سے پھیلا۔ تلوار کی طاقت سے کوئی مذہب نہیں پھیلتا۔ بھارت میں اسلام پھیلنے کی وجہ اونچی جاتیوں کے ہندوؤں کا نیچی جاتی کے ہندوؤں پر مظالم تھے۔''!

اسی مضمون میں حقانی القاسمی کی تخلیقی کاوش کا اندازہ اس بات سے بھی لگایا جاسکتا ہے کہ وہ اپنی بات کتابوں سے حاصل معلومات پر ختم نہیں کرتے اگر چہ یہ بھی ایک ادق مرحلہ ہے، لیکن حقانی اس سے آگے بڑھ کر موجودہ عہد تک اس کا سرا ملا دیتے ہیں اور نتیجہ بھی اخذ کرتے ہیں کہ موجودہ صورت حال امید افزا ہے۔ وہ لکھتے ہیں:

''نئی صدی نے عارف ہندی کی ادارت میں جہاں نئی بلندیاں طے کی ہیں وہیں جاوید انور نے تحریک ادب کو اپنی مسلسل محنت سے نیا تحرک بخشا ہے۔ دانش الہ آبادی نے 'سبق اردو' کو نئی شناخت عطا کی ہے۔ پہلے یہ رسالہ جدیدیت کے زیر سایہ تھا مگر اب تحویل قبلہ کر کے مابعد جدیدیت کی آغوش میں چلا گیا ہے۔ یہ تمام رسالے ادب کے نئے مسائل وموضوعات کے ذریعہ قاری کے دلوں میں اپنا مقام بنا چکے ہیں۔ بنارس جیسی سرزمین میں جو ادبی جمود وتعطل تھا ان رسالوں کی وجہ سے وہ ٹوٹا ہے اور بنارس صحافتی منظر نامے پر اپنی تخلیقی رعنائیاں بکھیرنے میں اب کامیاب نظر آتا ہے۔''

حقانی القاسمی کا تخلیقی ذہن ان کے مضمون ''فتح پور کا تخلیقی طور'' میں بھی پوری طرح بیدار اور کار فرما نظر آتا ہے۔ اس مضمون میں وہ ایک طرف فتح پور کی تاریخی اہمیت وعظمت واضح کرتے ہیں تو دوسری طرف اس سرزمین سے اٹھنے والے ادیبوں اور شاعروں کا ذکر کر کے اس شہر کو وقار بخشتے ہیں۔ یہ اقتباس دیکھیں:

''نیاز فتح پوری کا یہی وہ شہر ہے جس سے علوم وادبیات کے روشن ستاروں کا رشتہ ہے۔ اردو ڈرامے کے اولین معمار عبداللہ فتح پوری، ہندی ڈرامے کی ممتاز شخصیت اصغر وجاہت، تحقیق وتنقید کے معتبر نام نیاز فتح پوری، فرمان فتح پوری، ابومحمد سحر، مظفر حنفی، یعقوب یاور فکشن میں امراؤ طارق، شاعری کے باب میں مولانا ابوسعید ایرایانی (فاضل دیوبند)، عطا علی خاک فتح پوری، نشتر، سحر، علی اوسط رشک، زیبا کوٹی، غلام مرتضی راہی، فاروق ارگلی، ظفر اقبال، حباب ہاشمی جیسی شخصیتوں کا تعلق اسی شہر سے ہے۔ آزادی کے لئے اپنی جان کی قربانی دینے والے حکمت اللہ خاں بھی اسی شہر کے ہیں اور فتح پور کی عظمت کو ایک نئی جہت اور اس طور پر بھی مل جاتی ہے کہ ندوۃ العلما لکھنؤ کا تاسیسی تعلق بھی اسی شہر سے جڑا ہوا ہے کہ مولانا سید شاہ ظہور الاسلام اسی شہر کے تھے اور بقول فرمان فتح پوری بعض تاریخی حقائق سے پتہ چلتا ہے کہ مولانا فی الواقع ندوۃ العلما کے محرک اور بانی تھے۔''

حقانی القاسمی کی یہ ایک بڑی خوبی ہے کہ وہ نظم ونثر دونوں کی تنقید پر یکساں قدرت رکھتے ہیں۔ حقانی کا مطالعہ وسیع ہی نہیں عمیق بھی ہے اس لئے ان کی تحریروں میں وسعت ہے اس پر ان کا انداز بیاں اسے خوب تر بنا دیتا ہے۔ یہی وجہ ہے کہ ابرار احمد اجراوی ان کی تنقیدی کاوش کا جائزہ لیتے ہوئے لکھتے ہیں:

''حقانی القاسمی کے علم وآگہی کا ہر گوشہ روشن اور منور ہے۔ اور ذہن کی ساری کھڑکیاں کھلی ہوئی ہیں۔ وہ ادب وصحافت کے ساتھ سیاست وسماج کا بھی درک رکھتے ہیں۔ وہ عربی، فارسی، انگریزی اور اردو ہندی کے تخلیقی اور تنقیدی سرمایے پر گہری اور عمیق نگاہ رکھتے ہیں۔ انہوں نے نثر ونظم کی تقریباً تمام اصناف پر تنقیدی مضامین لکھے ہیں، وہ فکشن اور شعر کسی بھی موضوع پر قلم اٹھائیں، پہلے متون کی گہرائی میں اترتے ہیں اور پھر اپنا رخش قلم کاغذ کے سینے پر دوڑاتے ہیں۔ وہ زود نویس بھی ہیں اور بسیار نویس بھی۔ ان کا تنقیدی اعمال نامہ اس کم عمری میں ہی بہت طویل ہوگیا ہے۔ لاتخف، فلسطین کے چار ممتاز شعرا، طواف دشت جنوں، دارالعلوم دیوبند: ادبی شناخت نامہ، رینو کے شہر میں، خوشبو، روشنی اور رنگ، شکیل الرحمان کا جمالیاتی وجدان، تنقیدی اسمبلاژ، ادب کولاژ ان کے تنقیدی سفر کے سنگ میل ہیں۔ یہ کتابیں مضامین کا مجموعہ ہیں۔ مگر ہر مضمون ایک متن کی حیثیت رکھتا ہے جس سے کئی تنقیدی متون تیار کئے جاسکتے ہیں۔''

ہمارے قلم کاروں میں ایک اہم نام فاروق ارگلی کا ہے۔ انہوں نے حقانی القاسمی کی تحریروں کو پرکھنے کے بعد جو نتیجہ اخذ کیا ہے وہ ہماری توجہ کا مستحق ہے۔ اس سے حقانی کی تفہیم میں آسانی ملتی ہے۔ وہ لکھتے ہیں:

''نئی نسل کے نامور قلم کار، منفرد نقاد، صحافی ومبصر حقانی القاسمی کو بیس بائیس برسوں سے جانتا ہوں مگر سچے دل سے اعتراف کرتا ہوں کہ انہیں آج تک پہچان نہیں سکا۔ راقم تو خیر اردو کا ایک ادنیٰ سا تذکرہ نگار ہے، خبر نویس کہہ لیجئے لیکن عہد حاضر کے اس عبقری کو پوری طرح پہچان سکنے کا دعویٰ تو اسناد ومناصب کی زرکار خلعتوں میں ملبوس دانشوری کے لئے بھی آسان نہیں۔ اس دور صارفیت میں علم وفضل کی سیلز مین شپ، برانڈنگ اور مارکیٹنگ کی فضاؤں میں حقانی شاید اردو دنیا کی واحد شخصیت ہیں جو ڈاکٹری اور پروفیسری کے طرہ ہائے امتیاز کے بغیر علم وآگہی کی عصری خانقاہ کے ایسے بوریہ نشین درویش ہیں جن کے علمی، فنی اور فکری تصرفات وتخلیقی کمالات کے سامنے اقلیم ادب کی دنیا ساز سلطانی وتاجداری سر نیاز خم کرنے پر مجبور ہے۔'' (مضمون: حقانی القاسمی۔ فاروق ارگلی)

● ڈاکٹر صالحہ صدیقی

ڈاکٹر اجے مالوی: شخصیت اور فکروفن کی روشنی میں

اتر پردیش (المعروف یو پی) بلحاظ آبادی بھارت کی سب سے بڑی اور رقبے کے اعتبار سے پانچویں بڑی ریاست ہے۔اتر پردیش دریائے گنگا کے انتہائی زرخیز اور گنجان آباد میدانوں پر پھیلی ہوئی ریاست ہے۔اتر پردیش علمی وادبی اعتبار سے بہت زرخیز رہا ہے، یہاں اردو اور ہندی دونوں ہی زبانوں کے تخلیق کاروں نے آبیاری کی ہے۔ادب ایک ایسا وسیلہ ہے جس کے ذریعے انسان اپنے خواب وخیال ،احساسات وجذبات،مسرت وغم ،اپنی خواہشوں اور محرومیوں کے ساتھ اپنی زندگی کے حقیقی تجربات کی عکاسی وترجمانی کرتا ہے۔سنگم نگری کی شان اجئے مالوی کا شمار بھی اردو کے ممتاز شاعروادیب اور ناقدو محقق میں ہوتا ہے۔یہ ہندی اور اردو دونوں ہی زبانوں میں شاعری کرنے کے ساتھ ساتھ تحقیقی وتنقیدی مضامین وکتابیں لکھتے رہتے ہیں۔یہ ۶ نومبر ۱۹۶۸ءکو الہ آباد میں پیدا ہوئے۔ان کی ابتدائی تعلیم وثانوی تعلیم بھی اسی شہر میں مکمل ہوئی،فی الحال یہ درس وتدریس کے کام سے وابستہ ہے۔ان کی مختلف موضوعات پر اب تک 12 سے زائد کتابیں منظر عام پر آچکی ہیں۔جن میں اردو میں ہندو دھرم ،اردو سیکھیں ،پریم چند سوانح با تصویر،شری مد بھگوت گیتا ،ویدک ادب اور اردو ،ہے رام کے وجود پہ ہندوستاں کو ناز ،نئی فکریاتی جہات ،نند کشور وکرم شخصیت اور فکروفن ،سیتارام ،اردو میں رام کتھا،اکشو گندھا غبارِ فکر وغیرہ خصوصیت سے قابل ذکر ہیں۔انھوں نے بہت کم وقت میں اپنی قابلیت اور فنی بصیرت ،اپنے انوکھے انداز ،تکنیک ،ہیئت اور موضوعات وتلازمات اور اپنی تخلیقی صلاحیتوں کی بنا پر اردو شاعری وتحقیق کی دنیا میں اپنا منفرد مقام پیدا کیا۔اجے مالوی جن کی ادبی خدمات کا اعتراف مشاہیر اہل قلم نے کیا ہے۔جن میں ڈاکٹر شکیل الرحمن لکھتے ہیں:

> ”ڈاکٹر اجے مالوی اس دور کے ایک صاحب نظر محقق ہیں۔ان کی گہری دلچسپی ہندوستان کی کلاسیکی فکر ونظر سے ہے۔قدیم اور قدیم ترین تحریروں مثلاً رامائن ،مہابھارت ،وید اور اپنشدوں کو اپنے مطالعے کا موضوع بناتے رہے

ہیں اوران کا ہر ایسا کام مقبول ہوا ہے۔ بہت پسند کیا گیا ہے۔''

(ہے رام کے وجود پہ ہندوستاں کو ناز۔صفحہ-9-مصنف: ڈاکٹر اجے مالوی)

اس وقت پوری دنیا کرونا وائرس کے قہر میں مبتلا ہیں، ایسے میں سوشل میڈیا، نیوز چینلس اور اخبارات کی سرخیاں اسی وائرس سے متعلق خبروں سے بھری پڑی ہیں۔ کرونا نے جس طرح پوری دنیا کو اپنی چپیٹ میں لے لیا اور زندگی کی تصویر بدل ڈالی اس سے ادیب وشعرأ کا حساس دل بھی لکھنے سے خود کو روک نہ سکا۔ کرونا نے اردو ادب پر گہرے نقوش مرتب کیے، بقول شخصے ''ادب تنقید حیات'' ہے اس تعریف کو مشرق ومغرب میں ادب کی مقبول ومعقول تعریف کہا جائے تو ہم شعروادب میں تاریخی سانحات کا عکس بھی دیکھ سکتے ہیں۔ کرونا کی صورت حال نے جس طرح پوری دنیا کو خوف وہراس کی سیاہ بندگلی کی طرف ڈھکیل دیا ہے۔ شاعروں نے اپنے کلام سے اس میں روشنی پیدا کرنے کی کوشش کی ہے، یہ ایسا عالمہ سانحہ ہے جسے ادب وصحافت نے اپنے مزاج سے دیکھا اور اپنے منظر ناموں کا حصہ بنایا۔ خصوصاً سوشل میڈیا نے اس میں اہم رول ادا کیا ہے۔ سوشل میڈیا پر کرونا نے وبائے عام کو ادب کے تخلیقی رویے کے طور پر دیکھنے کا رجحان پیدا کیا۔ غرضکہ اس وبائی منظر نامے میں ہندستان اور دیگر ممالک کے اعلیٰ وارفع ادیبوں وشاعروں نے بہترین نگارشات کا غذ پر بکھیرا۔ الیٹرانک میڈیا کے ساتھ پرنٹ میڈیا، سوشل میڈیا ہر جگہ اس کو موضوع سخن بنایا گیا۔ اس حالات نے زندگی کے ہر گوشے کو متاثر کیا۔ بے شمار کام رک گئے۔ لیکن اس وقت سے لڑتے ہوئے باہمت لوگ آگے بھی بڑھے اور ادب کی خدمت کرتے رہے۔ اس وقت میں بھی کئی اہم کتابیں منظر عام پر آئیں جن میں زیر نظر کتاب ''جدیدیت کے علمبردار شمس الرحمن فاروقی'' جسے اجئے مالوی نے بڑی عرق ریزی سے مرتب کی ہے یہ بھی شامل ہیں۔

اجے مالوی کی جدید تصنیف 'نئی فکریاتی جہات' بھی بہت اہم ہے۔ اجے مالوی قدیم ہندوستانی فکریات سے تو دلچسپی رکھتے ہی ہیں ساتھ ہی جدید فکریات ونظریات اور ادبیات وشعریات کا بھی گہرا شعور اور شغف رکھتے ہیں۔ اس کتاب میں سات تنقیدی اور دو تحقیقی مقالات شامل ہیں۔ جن کی فہرست یہ ہے۔ مابعد جدیدیت اور گوپی چند نارنگ، اردو زبان وادب کا خدمت گزار اور تاجدار گوپی چند نارنگ، معاصر اردو غزل کے امتیازات، دلت نظمیہ تخلیقیت کے آتش فشاں کا پھول جینت پرمار، نظمیہ شاعری کا آفتاب چندر بھان خیالؔ، سیفی سرونجی کا نظمیہ رنگ وآہنگ، عذرا پروین کی تانیثی شاعری کا فکری اور فنی انفراد، اور تحقیقی مقالات ہیں۔ اس کتاب میں بے شمار ایسے گوشے بیان کیے گئے ہیں جو فاروقی صاحب کے فکر وفن کی تفہیم میں ایک نیا اضافہ ہے۔ وباء کے مشکل ترین دور میں مضامین جمع کرنا لکھوانا یقیناً ایک مشکل عمل رہا، جس سے اجئے مالوی گزرے اور انھوں نے ایک اہم تاریخی کام انجام دیا، اس کتاب میں فاروقی صاحب کی حیات وشخصیت ان کے فکر وفن پر مشتمل

مضامین میں فاروقی صاحب کوالگ الگ زاویوں سے سمجھنے کی کوشش کی گئی ہے۔اجے مالوی مابعد جدیدیت کے خیال اور فکر وفن کو آگے بڑھانے والوں کی فہرست میں شامل ہیں،اس حوالے سے وہ ایک مقام پر لکھتے ہیں:

> ''ترقی پسندی کا خاتمہ لگ بھگ پچاس کی دہائی اور جدیدیت بھی ستر کی دہائی کے آس پاس دم توڑ رہی تھی اور ادب کش غیر ضروری بحثوں کا شکار ہو گئی۔1980 تک آتے آتے اس کی تازگی بھی ختم ہوگئی۔ مابعد جدیدیت کوئی تحریک نہیں اور نہ ہی اس کا کوئی امام ہے بلکہ اس میں آزاد تخلیقیت کی راہیں کھلی ہیں یا منصوبہ بندی نظریوں کی مابعد جدیدیت میں کوئی جگہ نہیں ہے۔ مابعد جدیدیت کوئی منصوبہ بندی نظریہ نہیں ہے بلکہ نظریوں کا رد ہے۔'' (نئی فکریاتی جہات،ص 21)

اجے مالوی کی ایک اور اہم کتاب ''ویدک ادب اور اردو'' بہت اہم ہے۔اس کتاب میں شامل ہر ایک مضمون پر اظہار خیال تو کیا جا سکتا ہے لیکن اس مختصر مضمون میں یہ ممکن نہیں۔اس کتاب میں اجے مالوی نے لفظ اردو کی اصطلاح پر روشنی ڈالی ہے۔جو فکر انگیز اور چونکانے والا ہے۔اس ضمن میں وہ لکھتے ہیں:

> ''اردو زبان کی زندہ اور دھڑکتی ہوئی جڑ ویدک ثقافت میں موجود ہے۔ اس کی حقیقی جڑ کی تلاش میں ہم کو ویدک تہذیب کی گہرائیوں میں مستغرق ہونا پڑے گا۔لفظ 'اردو' مسلسل سفر کرتا ہوا جو کبھی ہندوی، ریختہ، ہندوستانی اور ہندی وغیرہ ناموں سے جانی جاتی تھیاور آخر میں اپنی اوریجنل شکل اردو میں موجود ہے۔ انگریزوں نے اس خوبصورت اور حسین زبان کو کیمپ (Camp) کی زبان کہا۔ دراصل اردو کے معنی لشکر،فوج یا بازار کے نہیں ہیں اور نہ ہی یہ ترکی نژاد لفظ ہے بلکہ 'اردو' خالص ویدک لفظ ہے۔'اردو' دو الفاظ 'اُر' اور 'دو' کا مجموعہ ہے۔'اُر' معنی دل اور 'دو' کے معنی جاننا ہے۔ عارف لوگ تمثیلاً دل کو روح اور جان کے لیے استعمال کرتے تھے۔دراصل 'اردو' کے معنی یہ ہے کہ روح اور جان کو جاننا یعنی خدا کو جاننا ہے۔اس طرح یہ کہا جا سکتا ہے کہ خود شناسیخدا شناسی ہے۔اس کے ایک معنی دل دینا اور دل لینا بھی ہے۔Love begets loveدل دو دل لو یا محبت دو محبت لو وغیرہ مراد لیے جا سکتے ہیں۔'' (ویدک ادب اور اردو،ص:55)

اپنی اس کتاب کی اہمیت کے حوالے سے وہ آگے لکھتے ہیں:

> ''میں نے اُردو کی وسیع تر عوامی تاریخ کو ویدک ادب کے پس منظر میں تلاش

کیا ہے اور وہاں سے اُردو اور امن (بمعنی ماورائے دماغ،شانتی،ایمان اور اسلام کے معنوں میں)ویدک رچاؤں (آیتوں) کے حوالوں کی الوہی اور قدسی روشنی میں پیش کیا ہے اور آج بھی اُردو اور امن انھیں مبارک معنوں میں پوری دُنیا کے اُردو ادب میں مستعمل ہے۔فاروقی کا استعمال شدہ جملہ ''جدید ہندوستان میں (ہندوستانی =ہندو) تشخص کا'' مساوات انتہائی گمراہ کن فرقہ پرستانہ رجحان کا ترجمان ہے۔ ذرا آپ غور فرمائیں ''ہندوستانی'' کا تصوّر مہاتما گاندھی، پنڈت سندر لال اور وشمبھر ناتھ پانڈے کا انتہائی غیر متعصّبانہ انسانی تصوّر رہے۔اُس کا بھارتیہ جنتا پارٹی یا جن سنگھ کا سرے سے کوئی تعلق ہی نہیں ہے۔ غالبًا فاروقی کی نظر سے پنڈت سندر لال کا تاریخ ساز جریدہ ''ہندوستانی'' نہیں گزرا ہے۔ جو نہایت ذہنی دیانت داری اور قلبی کشادہ دلی کے ساتھ بیک وقت اُردو رسم الخط اور ہندی رسم الخط میں شائع ہوتا تھا۔اُردو اور ہندی میں یکساں عبارت ہی پیش کی جاتی تھی۔اُردو والے اُردو میں پڑھتے تھے اور ہندی والے ہندی میں یکساں عبارت سے لطف اندوز ہوتے تھے اور آہستہ آہستہ دونوں زبانوں سے آشنا ہو جاتے تھے۔فاروقی صاحب یہ شر انگیز اور فرقہ پرست مساوات نہایت شعوری طور پر قائم کر رہے ہیں اور اُس سے بھی ایک قدم آگے بڑھ کر نہایت ہی فرقہ وارانہ انداز میں ہندی اور اُردو کے اتحاد کو شدید ضرب پہنچا رہے ہیں کہ ہندی والے اُردو کو ہندی کی شیلی کہتے ہیں لہٰذا اُردو والوں کو اعلانیہ طور پر ہندی کو اُردو کی شیلی کہنا چاہئے۔ فاروقی جیسے ناقد کا یہ ایبنارمل مجاہدانہ اور مفسدانہ زاویۂ نگاہ اور پروپیگنڈائی عمل ''اُردو کیمپس'' کی پروردہ نئی نسل پر کتنے مذموم اثرات مرتب کرے گا۔میری کتاب ''ویدک ادب اور اُردو'' سے تو یہ انکشاف ہوتا ہے کہ اُردو خالص ہندوستانی شناخت کا ستارۂ امتیاز ہے۔البتہ فاروقی تاریخ کی فرقہ پرور تعبیر کی ازسرِ نو تدوین کر غیر ذمہ دارانہ مرحلۂ تحقیق کو سر کرنے کے خبط میں مبتلا ہیں۔''

(ویدک ادب اور اردو،ص:100)

اجے مالوی کا ایک اور اہم کام ترجمے کا سامنے آیا ہے ''اکشو گندھا'' کے عنوان سے جسے ساہتیہ اکادمی ،نئی دہلی نے شائع کیا ہے۔ یہ کتاب سنسکرت سے اردو ترجمہ کیا گیا ہے۔ سنسکرت سے اردو ترجمے کی مثالیں خدو خال ہی نظر آتی ہے۔''اکشو گندھا'' کے علاوہ اجے مالوی نے ''شری مد بھگوت گیتا'' کا بھی ترجمہ سنسکرت سے اردو میں پندرہ برس قبل کر چکے ہیں۔اس کے علاوہ نند کشور وکرم کی شخصیت اور فن پر مشتمل ''نند کشور وکرام شخصیت وفکر

وفن'' بھی انتہائی اہم ہے۔اس کتاب کی اہمیت پر روشنی ڈالتے ہوئے نورالحسنین رقم طراز ہیں:

''ڈاکٹر اجے مالوی کا تعلق ایک نہایت ہی ودوان گھرانے سے ہے۔جس پر سرسوتی دیوی کا ہمیشہ ہی دستِ شفقت رہا ہے۔یہ خاندان جہاں ایک طرف اپنے مذہبی عقائد کی کسوٹی پر کندن ثابت ہوا ہے وہیں علمی وادبی اعتبار سے بھی اپنا ایک وقار رکھتا ہے۔ مالوی جی نے جہاں بہت ساری کتابیں ہندومت کے عقائد،اوتاروں اور مذہبی شخصیات پر اُردو زبان میں تحریر کیں ہیں وہیں ان کے بے شمار مضامین اصناف ادب اور ادبی شخصیات پر بھی موجود ہیں۔وہ دوست دار انسان ہیں اور دوستوں کی قدر بھی کرتے ہیں بلکہ اگر میں یہ کہوں تو غلط نہ ہوگا کہ وہ اپنے دوستوں سے دل کی گہرائیوں سے محبت کرتے ہیں ۔ مذکورہ کتاب اسی دوست داری کا ایک ثبوت ہے جو اُن کے دیرینہ رفیق نند کشور وکرم (مرحوم) کی یاد میں ایک خراج محبت ہے۔

نند کشور وکرم اُردو زبان کے ایک ایسے ہی مجاہد تھے جنھوں نے اپنی ساری زندگی اُردو کی خدمت میں گزار دی۔قلندر مزاج یہ انسان ستائش اور صلے سے بے نیاز ، ذات پات کی بندشوں سے آزاد ، تعصب اور تنگ نظری سے دور، ساری زندگی عمل اور جدو جہد کا پیکر رہا ہے۔ یہ صفات اُسی شخصیت کو ورثے میں ملتے ہیں جس کے پیچھے تہذیب کی ایک بہت مستحکم دیوار کھڑی ہوتی ہے۔حسینی برہمن قبیلے میں پیدا ہونے والا یہ شخص اپنی ذات میں ایک انجمن تھا۔عموماً دنیا کے تلخ تجربات اور حادثات انسان کو محتاط اور اپنے آپ کا قیدی بنا دیتے ہیں یا وہ ٹوٹ پھوٹ جاتا ہے بکھر جاتا ہے لیکن نند کشور وکرم کو ان تجربات نے وہ کشادہ دلی عطا کی کہ انسانیت کا علمبردار بنا دیا تھا۔اسی انسانیت نے اُن کے ہاتھوں میں صحافت کا قلم تھمایا تو حساس ذہن نے اُنھیں فکشن نگار بھی بنا دیا تھا۔اُن کے افسانوں میں کسی ہندوستانی اور پاکستانی فرد کا دل نہیں دھڑکتا بلکہ انسان کا وہ کرب وہ دکھ ہے جسے سیاست دانوں اور مذہبی تنگ نظروں نے سرحدوں کے اُدھر اور ادھر بانٹ دیا تھا۔''

(نند کشور وکرام شخصیت وفکر وفن' ص: 7اور8)

اس کتاب کے مطالعہ سے اندازہ ہوتا ہے کہ اجے مالوی بھی نند کشور وکرم کی تخلیقیت کے قائل نظر آتے ہیں۔کتاب کے آخر میں ڈاکٹر اجے مالوی نے نند کشور وکرم کے چند افسانے بھی شامل کردیے ہیں تا کہ قاری ان کو پڑھ

کران کی افسانہ نگاری سے متعلق خود رائے قائم کر سکے۔اس کتاب میں اجے مالوی نے ان کی روشن دماغی کے کئی شیڈز دریافت کیے ہیں۔ اجے مالوی جی نے اُن کی افسانہ نگاری کا بالکل صحیح تجزیہ کیا ہے۔وہ لکھتے ہیں:

’’ نند کشور وکرم کے افسانوی مجموعے’’ آدھا سچ‘‘ کے چار افسانے ’’ آدھا سچ ،ایک پاکستانی کی موت ، زمین میں دفن سچائی ،اور’ کا گا سب تن کھائیو‘ کا کینوس بہت وسیع ہے اور ہندوستان سے لے کر پاکستان تک پھیلا ہوا ہے ۔نند کشور وکرم کی یہ کتاب’’ آدھا سچ‘‘ ایک ایسے مکمل اور پورے سچ کو اپنے باطن میں سمیٹے ہوئے ہے جس کی تحسین زندہ ضمیر حضرات ہی کر سکتے ہیں ۔۔۔۔نند کشور وکرم نے اپنے تمام افسانوں میں تقسیم ہند کے بعد ہندوستان اور پاکستان میں ہونے والے فسادات اور لاکھوں ہندوؤں اور مسلمانوں کے ہجرت کے درد و کرب اور رنج وغم کی حقیقی تصویر بڑی سنجیدگی اور متانت کے ساتھ بہت ہی سیدھے سادے اور عام فہم الفاظ میں بیان کیے ہیں۔ ان کے یہاں بناوٹی پن نظر نہیں آتا ہے ۔وہ اپنی ننگی آنکھوں سے جو دیکھتے ہیں اور محسوس کرتے ہیں ،اس کو اپنے افسانوں میں بڑی سادگی کے ساتھ قلم بند کر دیتے ہیں۔وہ اس بات پر زور دیتے ہیں کہ ان کے افسانے حقیقی ماحول کی فضا میں تخلیق ہوں اور اس کا انداز اور اسلوب ایسا دلچسپ اور پُرکشش ہو کہ قاری اس کے سحر میں گُم ہو جائے اور افسانے کی آخری سطر تک پڑھے۔‘‘ (نند کشور وکرم شخصیت اور فکر وفن، ص:50)

شاعری صرف لفظوں کو پرونے کا نام نہیں بلکہ اس کے فکر وفن کی آگہی کا نام بھی ہے،شاعری کے لیے جتنا اہم تخیل کی پرواز ہے اتنا ہی اہم اس فن کا علم ہونا بھی ہے۔اجے مالوی غزل گوئی کے میدان سے بخوبی واقفیت رکھتے ہے،جس کا علم ان کے مضمون ’معاصر اردو غزل کے امتیازات‘ کے مطالعہ سے بخوبی ہو جاتا ہے۔جس میں انھوں نے بہت تفصیلی انداز میں معاصر اردو غزل کے امتیازات ،اوصاف اور بدلتے ہوئے شعری منظرنامے ورجحانات ومیلانات پر بھرپور روشنی ڈالی ہے اور معاصر اردو غزل کے نمائندہ شعراء کی شعری خصوصیات وامتیازات کا جائزہ بھی پیش کیا ہے۔معاصر اردو غزل کے امتیازات وندرت بیانی پر اظہار خیال کرتے ہوئے ڈاکٹر اجے مالوی رقم طراز ہیں:

’’معاصر اردو غزل کے مابعد جدید تناظر میں نئی غزلیہ شاعری ، نئے عہد کی اضافی تخلیقیت ،نئی اضافی عصریت ،نئی اضافی معنویت اور نئی اضافی فنیت سے

روشن ہے۔ ان میں نئے عالمی، قومی، مقامی، زندگی اور ثقافت کے تصوّرِ حقیقت (Reality Principle) اور تصور خواب (Dream Principle) کا زندہ وتوانا خون جاری وساری ہے۔ معاصر اردو ادب کے غزل گوشعرا کے یہاں ہمیں تیزی سے بدلتا ہوا شعری وادبی تخلیقیت افروز منظر نامہ، عالمی، قومی اور مقامی وعلاقائی تہذیب وثقافت کا شدید احساس، جاگیردارانہ عہد کے وضع کردہ ادبی اور جمالیاتی پیمانوں سے انکار، ہندوستانی ثقافت کے مشترکہ عناصر واقدار، غیر مشروط روحانیت، بے مرکزیت، تکثیریت، رنگا رنگی، کثیر المعنویت اور حقیقی آزادئی فکر ونظر ملتی ہے۔ معاصر اردو غزل کے ان امتیازات نے اردو غزلیہ شاعری میں ایک بہت بڑی تبدیلی کا سیلاب برپا کر دیا۔'' (نئی فکریاتی جہات، ص 81)

اس مضمون میں انھوں نے معاصر غزل گوئی کے ممتاز شعراً مثلاً ڈاکٹر بشیر بدر، پروین کمار اشک، چندر بھان خیال، ندا فاضلی، عالم خورشید، خورشید اکبر، شہریار، گلزار، رؤف خیر، خالد عبادی، سیفی سرونجی، عذرا پروین، مظہر امام، شکیل اعظمی، نذیر فتح پوری، جینت پرمار، عزیز پریہار، عنبر بہرائچی، شین کاف نظام، بلراج بخشی، پرتپال سنگھ بیتاب، افتخار امام صدیقی اور مشتاق صدف وغیرہ کے صرف اشعار ہی پیش نہیں کئے بلکہ ان نمائندہ شعراء کی شعری وفنی اوصاف پر بھی بھرپور اظہار خیال بھی کیا ہے۔

خیال کے مؤثر اظہار کا بہترین وسیلہ شاعری ہے۔ لیکن اس میں کامیابی کا دارومدار اس بات پر ہے کہ شاعر کتنا باشعور ہے۔ اس کی نگاہ کتنی تیز ہے اور سماج میں رونما ہونے والے تلخ وترش واقعات اور سنگین حادثات اس کے دل ودماغ اور حساس طبیعت پر کسی طرح اثر انداز ہوتے ہیں۔ انسانیت کو ہدفِ ذلت بنتے دیکھ کر کیا اس کا دل درد سے تڑپ نہیں اٹھتا ہے۔ کیا وہ مظلوموں کی حمایت کو اپنے ذاتی مفاد سے اوپر رکھتا ہے۔؟ اجے مالوی اِن سوالات کی کسوٹی پر پوری طرح کھرے اُترتے ہیں۔ ان کی غزلوں میں زندگی کے آلام ومصائب، مسائلِ حیات اور ارضی واقعیت وحقیقت نمایاں طور پر جلوہ گر ہے۔ شاعری میں حلاوت تازگی اور سادگی کا بھرپور عنصر ملتا ہے جہاں گنگا جمنی تہذیب کے اقدار کی بحالی، اردو دوستی کی پیش رفت اور پیغام ہے وہیں ایک بہتر معاشرے کی آرزو اور تڑپ بھی ہے۔ ان کی شاعری محض زبان دانی، محاورہ بندی اور قافیہ ردیف نہیں ہے۔ ان کے دل کی آواز ہے۔ اجے مالوی کا نرالا بیان، انوکھا تخیل جذبات کے اظہار میں انہیں غیر معمولی قدرت دیتا ہے۔ جس ہمہ گیرانہ انداز میں انہوں نے کہا ہے وہ بے مثال اور لافانی ہے۔ ان کی غزلوں کا یہ انداز دیکھیے:

کہو تو وقت ہے کتنا تمہارے آنے میں　　اندھیرا پھیلتا جاتا ہے اب زمانے میں

خدا ہی جانتا ہے ناخدا ہے ناواقف کہ میں تو ڈوب گیا کشتیاں بچانے میں
مرے مکان کی تعمیر میں شریک تھا جو جو وقت آیا تو شامل ہوا گرانے میں
لہو کی سرخی میں ہم نے قلم ڈبویا ہے گذر رہی ہے صدی داستاں سجانے میں
بہار تم سے تو اس زندگی میں رونق تھی تمہیں بھلا نہ سکے گا کوئی زمانے میں

اجے مالوی کی شعری کائنات کے مطالعہ سے یہ بات بخوبی واضح ہو جاتی ہے کہ ان کی شاعری اپنے منفرد لب و لہجے کے سبب اپنا منفرد مقام رکھتی ہے۔ وہ سوچتے ہُوئے ذہن کے مقصدِ ابلاغ سے آشنا کراتی ہے۔ جس سے قدم قدم پر فکر ونظر کی شمعیں فروزاں نظر آتی ہے۔ دروں بینی سے کام لیتے ہُوئے زِندگی کی حقیقتوں اور عصری مسائل کو سمجھنے میں غور وفکر سے کام لیتی ہے اور فکر وآگہی کی ہدایتیں نقطۂ نگاہ کو جامعیت عطا کرتی ہے۔ نازُک بیانی کو سادہ طریقہ سے اپنی شاعری میں بیان کرتی ہے۔ اردو کے ساتھ ہندی لفظوں کے استعمال سے ان کی شاعری کا حسن اور بھی دوبالا ہو جاتا ہے اور یہ رنگ ان کی تمام شاعری کا خاصہ ہے پھر وہ نظم ہو یا غزل۔۔ بہترین لفظوں کو بہترین ترتیب کے ساتھ اپنی شاعری کو ایک مالا میں اس طرح گوندھا ہے کہ قاری بنار کے پڑھتا ہی چلا جاتا ہے۔ زبان صاف ستھری اور سہل استعمال کرتے ہیں۔ خیال، فکر، اور پیغام بالکل عیاں ہوتے ہیں۔ اس طرح انھوں نے نثر کی طرح شاعری میں بھی اپنا علٰحیدہ مقام پیدا کیا ہے۔ اجے مالوی غزل کے فن پر بھی کماحقہ قادر نظر آتے ہیں۔ ان کی زبان سلاست وفصاحت اور نزاکت ونفاست سے آراستہ ہے ۔ روایت اور جدّت کے خوشگوار امتزاج کی حامل ان کی غزلیات کو علامات واستعارات اور خوشنما امیجری کے روپ رنگ سے آراستہ سنگھار نے دلہنوں والی خوبصورتی اور دلکشی عطا کی ہے یہی وجہ ہے کہ ان کا غزلیہ کلام دل کو چھولیتا ہے۔ عصرِ حاضر میں وباء کی تصویر کو اجے مالوی نے بڑے ہی فنی بصیرت اور فنی لطافت کے ساتھ پیش کیا ہے۔۔ ان کی شاعری کا یہ انداز بھی ملاحظہ فرمائیں:

کورونا ہندو اور مسلمان ہو گیا نفرت کی آندھیوں میں گلستان ہو گیا
تصویر ہی بدل دی ہے یارب وبا نے آج اب ڈاکٹر ہی دیکھئے بھگوان ہو گیا
بیٹا گیا کمانے کو شہروں کی اور اَور گھر لوٹنے کو وہ ہی پریشان ہو گیا
میدانِ زندگی میں تھیں رعنائیاں جہاں قہرِ خدا سے اب وہاں شمشان ہو گیا
ہر شخص قید ہو گیا ہے خوف کے سبب مجبور گھر میں رہنے کو انسان ہو گیا
منڈلا رہی ہے موت سبھی کے سروں پہ آج شمشان دیکھ کر یہ پریشان ہو گیا
کیسی بہار تھی جو خزاں میں بدل گئی ہر شخص دیکھ کر کے یہ حیران ہو گیا

اجے مالوی کی غزلیہ شاعری دھنک رنگوں سے عبارت ہے۔اردوغزل کے آسمان میں چاندتاروں کے ساتھ کہکشاں کی سجاوٹ اس بات کی دلیل ہے کہ اس کا دامن وسعت افلاق سے کم نہیں۔اجے مالوی کی غزلیہ شاعری رنگ تغزل سے آراستہ ہے۔ان کے یہاں روایت کے ساتھ عصر سے بھرپور استفادہ ملتا ہے۔ان کی غزل میں تغزل بہت ہے، جتنا نکھرا ہوارنگِ تغزل ان کے اکثر اشعار میں پایا جاتا ہے ان کے معاصرین میں بہت کم شعراء کو میسّر ہے کہ غزل کہنے کا واقعی بالکل نیا و منفرد لب ولہجہ ہے۔ایسا لب ولہجہ جس میں رومانیت بھی ہوتی ہے۔عصری حسیت بھی ہوتی ہے۔جمالیاتی وژن بھی ہوتا ہے۔نفسیاتی رویے بھی ہوتے ہیں۔اقتصادی،معاشرتی،صنعتی اور سماجی عناصر بھی رہتے ہیں۔نیز وہ موضوعات ومسائل وہ چھوٹی بحروں میں بھی بیان کرتے ہیں اور بڑی بحروں میں بھی،اور سب سے خاص بات یہ کہ وہ جہاں لفظوں کا انتخاب کرتے ہیں، نیز ان محاوروں اور کہاوتوں کو اشعار میں ایسے وصل کر دیتے ہیں جیسے سنگ مرمر میں یاقوت و زمرد کی پچکاری،گو شعری سانچے میں چار چاند لگ جاتے ہیں۔ان کی غزل کے یہ اشعار ملاحظہ فرمائیں:

زخموں کو چھیڑیئے گا تو وہ مسکرائیں گے　　اور حال آپ کو مرے دل کا سنائیں گے
تاریکیاں ہوں شہر میں،بستی میں خوف ہو　　ہم ایسے شہر میں کوئی دیپک جلائیں گے
جو لٹ گئے ہیں راہ میں ان کو ہے فکر آج　　اب کے سفر میں ہم کسے ساتھی بنائیں گے
معلوم ہے ہمیں وہ نہ دے گا ہمارا ساتھ　　ہم پھول پھر بھی راہ میں اس کی بچھائیں گے
فصلِ خزاں میں باغِ تمنّا اداس ہے　　اب کے بہار پھول کہاں مسکرائیں گے

بہر حال اب تک کے مطالعہ سے یہ بات بخوبی واقف ہو جاتی ہے کہ وہ عہد حاضر کے ممتاز شاعر و ادیب و ناقد و محقق و دانشور ہیں۔جنھوں نے اپنے گرد و پیش کے مسائل درد و کرب کو اپنی نثر کی طرح شاعری میں بھی پیش کیا۔ بلا شبہ اجے مالوی ایک متحرک و فعال تخلیق کار ہیں جو دن رات ادب کی خدمت کے لیے سر گرم عمل رہتے ہیں۔امید ہے وہ اسی طرح اپنی خدمات جاری و ساری رکھیں گے اور اپنی تخلیقات سے قاری کو مستفیض کرتے رہیں گے۔

● **شعیب نظام**

اودھ کی چند معروف خواتین قلم کار

داراب بانو وفا نہ صرف بہت اچھی شاعرہ بلکہ بہت عمدہ اور محبت کرنے والی شخصیت کی مالک تھیں۔ان کا تعلق ایک نواب خاندان سے تھا، ہم لوگ انہیں بانو باجی کہتے تھے۔ان کے گھر زعفران کی بریانی ایسی لذیذ بنتی تھی کہ اب تک اس کے ذائقہ کا احساس باقی ہے۔تب موبائل کا زمانہ نہیں تھا۔لینڈ لائن بھی کمیاب تھے۔ میں پریس انفارمیشن بیورو میں عرفان بھائی (عرفان صدیقی) کے ساتھ اردو سکشن میں ملازمت کرتا تھا۔کبھی کبھی بانو باجی کا فون آتا کہ شعیب رات کا کھانا، گھر پر کھانا بریانی پکوارہی ہوں۔چوک کے علاقہ میں شرفاء ہوٹل پر کچھ کھانا معیوب سمجھتے تھے،مگر ٹنڈے کے کباب دسترخوان پر عام طور پر موجود ہوتے تھے،سو بانو باجی کے یہاں بھی یہ اہتمام کیا جاتا تھا مگر بریانی کی خوشبو اور ذائقہ لاجواب ہوتا تھا۔کئی بار ان کے ساتھ دوردرشن کی شعری نشستوں میں بھی شرکت کا اتفاق ہوا۔ایک بار خواتین کے ادب پر ایک مذاکرے میں ان کے ساتھ میں بھی شریک تھا۔کامپیرنگ بھی مجھے ہی کرنی تھی۔خیر ریکارڈنگ ہوگئی۔ ہم لوگ اپنے اپنے چیک لینے جانے ہی والے تھے کہ مظہر محمود صاحب جو پروگرام انچارج تھے وہ بھاگے بھاگے آئے اور بتایا کہ کچھ تکنیکی گڑبڑی ہوگئی ہے یعنی Visual تو ریکارڈ ہو گئے ہیں مگر درمیان میں آواز غائب ہوگئی ہے اس لئے ریکارڈنگ دوبارہ ہوگی۔خیر مرتا کیا نہ کرتا ہم لوگوں نے کہا چلئے صاحب دوبارہ کر لیتے ہیں مگر کیمرہ مین اور لائٹنگ اسٹاف والوں نے کہا صاحب لنچ کا ٹائم ہوگیا ہے۔اب ایک گھنٹے بعد ہی ریکارڈنگ ہو پائے گی۔یہ اسٹاف شعبہ انجینئرنگ سے متعلق ہے اس لئے پروگرام افسر کا ان پر اتنا زور نہیں چلتا۔ میں نے بانو باجی سے کہا چلئے حضرت گنج چلتے ہیں۔ایک ایک عمدہ کافی پی جاتی ہے اس طرح ایک گھنٹہ بھی گزر ہی جائے گا۔ہم لوگ حضرت گنج کے مشہور رسٹوراں رائل کیفے آگئے اور دو کافی کا آرڈر دے دیا مگر تھوڑی دیر میں کافی کے بجائے دو بڑے باول میں آئس کریم لئے ہوئے ویٹر آیا۔میں نے بتایا کہ یہ میرا آرڈر نہیں ہے میں نے کافی طلب کی تھی۔اس نے جواب دیا، یہ منیجر صاحب کی طرف سے ہے۔اتنے میں ہدیٰ صاحب جو اس رسٹوراں کے منیجر تھے وہ بھی آگئے اور بولے جناب کبھی کبھی مجھے بھی خدمت کا موقع ملنا چاہئے۔ میں نے ان کا شکریہ ادا کیا اور کر بھی کیا سکتا تھا۔بعد میں بانو باجی برابر مجھے نصیحت کرتی رہیں کہ ایسے مخلص دوستوں سے آپ کو برابر ملتے رہنا چاہئے

وغیرہ۔ باتوں باتوں میں بانو باجی سے میں نے کہا آپ نئے سوالات کے لئے تیار رہئے گا۔ اب پچھلے سوالوں کو دہرانے سے گفتگو کا فطری بہاؤ ختم ہوجائے گا۔ باجی نے پوچھا آپ کیا سوال کریں گے۔ میں نے عرض کیا جو بھی اس وقت ذہن میں آجائیں گے۔ ابھی تک تو کچھ سوچا نہیں ہے۔ بانو باجی بولیں آپ کو شاید پتہ نہیں ہے میں نے ڈراموں میں خاصے کردار کامیابی کے ساتھ ادا کئے ہیں اس لئے آپ زیادہ تر وہی سوالات پوچھئے۔ یہ میرا وعدہ رہا کہ پروگرام کے فطری پن میں کوئی فرق نہیں آئے گا۔ خیر نئے پرانے سوالات کر کے پروگرام ریکارڈ ہو گیا اور مظہر محمود صاحب بھی مطمئن ہو گئے۔ واقعی بانو باجی نے شاندار پرفارم کیا تھا۔

قرۃ العین حیدر صاحبہ آئی ٹی کالج میں بانو باجی کی کلاس فیلو تھیں۔ وہ جب بھی لکھنؤ آتیں بانو باجی سے ضرور ملتیں۔ ایک دن بانو باجی کا فون آیا کہ کل شام عینی آ رہی ہیں تم بھی آجاؤ۔ ظاہر ہے قرۃ العین حیدر جیسی ادیبہ اور دانش ور سے ملنے بلکہ انہیں قریب سے دیکھنے کی شدید خواہش تھی۔ میں وقت سے پہلے ہی حاضر ہو گیا۔ عینی صاحبہ تشریف تو ضرور لائیں مگر اپنے ساتھ ایک عدد شاعر کو بھی لیتی آئیں اور بولیں یہ بہت عمدہ شاعر ہیں۔ آپ لوگ ان سے کلام سنئے میں ذرا آرام کروں گی۔ وہ صاحب اوسط سے بھی کم درجے کی شاعری سناتے رہے اور ہم سب ناچار سنتے رہے۔ ہاں کھانے کے وقت عینی صاحبہ کو قریب سے دیکھنے کا اشتیاق ضرور پورا ہو گیا۔ وہ کھانے کے دوران اُس کی تعریف ضرور کرتی رہیں۔ ادب پر کوئی گفتگو نہ ہونی تھی سو نہیں ہوئی بقول شاعر

''تیرا ہی جی نہ چاہے تو باتیں ہزار ہیں''

اس واقعہ سے غالباً کچھ ماہ پہلے مشہور افسانہ نگار رام لعل نے اپنے نئے گھر واقع اندرا نگر میں گرہ پرویش کی تقریب کا اہتمام کیا تھا جس میں وہ قرۃ العین حیدر صاحبہ کو جو ان دنوں لکھنؤ آئی ہوئی تھیں کو بھی دیگر مہمانوں کے ساتھ بلانے میں کامیاب ہو گئے تھے۔ میں نے کامیاب اس لئے لکھا ہے کہ عام طور پر مشہور تھا کہ اس طرح کی تقریبات میں محترمہ عموماً شریک ہونا پسند نہیں کرتی تھیں۔ رام لعل صاحب نے عینی صاحبہ کو سب سے آگے دیگر مہمانوں سے الگ ایک مخصوص کرسی پر ضد کر کے بٹھالا تھا۔ کھانے سے پہلے رام لعل صاحب نے محترمہ سے گزارش کی کہ آپ کو پانچ چھ منٹ کی زحمت ہوگی آپ کو کچھ نہیں کرنا ہے۔ بس پانچ سات منٹ کے لیے آپ کے برابر ایک کرسی ڈال دی جائے گی۔ یہاں کے ادیبوں کی بہت خواہش ہے کہ آپ کے ساتھ ان کی ایک یادگار تصویر ہو جائے، صرف چند منٹ کی اجازت دے دیجئے۔ محترمہ کی خاموشی کو انہوں نے اجازت تصور کر لیا اور ایک کرسی عینی صاحبہ کے برابر ڈال دی گئی۔ رام لعل صاحب نے ادیبوں کی تقریباً لائن سی لگوا دی کہ وقت ضائع نہ ہو اور ایک منٹ میں کئی تصویریں کھنچ جائیں۔ میری بھی تصویر کھنچانے کی بہت خواہش ہو رہی تھی مگر میرے ساتھ عرفان بھائی (عرفان صدیقی) بھی تشریف لائے تھے۔ وہ یہ سب دیکھ کر مستقل بڑبڑا رہے تھے، حد ہو گئی صاحب! لیجئے

اب فوٹو سیشن شروع ہو گیا۔ لاحول ولا قوۃ بدمذاقی کی بھی حد ہوتی ہے۔ ان کی لاحول کی گردان سے گھبرا کر میں دل مسوس کر بیٹھا رہا۔ تصویر کھنچانے کی شدید خواہش کے باوجود ہمت نہیں پڑی جس کا آج تک افسوس ہے۔

ایک دن ریڈیو کے اسٹیشن ڈائرکٹر جناب کے کے نیر صاحب کا فون آیا کہ آپ کو ایک انٹرویو کرنا ہے، عنوان ہے "میرا ادبی سفر" میں نے پوچھا گفتگو کس سے کرنی ہے؟ بولے قرۃ العین حیدر صاحبہ سے۔ میں نے معذرت کر لی کہ میں ان سے گفتگو کا اہل نہیں ہوں۔ اس کے بعد پینل کے دوسرے شخص قطب اللہ سے انہوں نے رجوع کیا ہوگا انہوں نے اپنی رضا مندی دے دی اور میرے آفس آ گئے۔ خیر جو بھی ڈسکشن انہیں کرنا تھا وہ ہو گیا اور وہ مطمئن واپس لوٹ گئے۔ اس دوران عینی صاحبہ نے کسی سے دریافت کیا کہ یہ قطب اللہ صاحب کون ہیں اس نے شرارتاً بتا دیا کہ موصوف قومی آواز میں کاتب ہیں۔ جبکہ قطب اللہ صاحب اسی اخبار میں سب اڈیٹر تھے۔

دوسرے دن مدعو سامعین کی موجودگی میں پروگرام کی ریکارڈنگ شروع ہوئی۔ قطب اللہ صاحب جو برابر انٹرویو کیا کرتے تھے پہلا سوال کیا کہ محترمہ آپ نے طویل افسانے زیادہ لکھے ہیں اس کی نسبت مختصر افسانے کم اس کی کوئی خاص وجہ؟ محترمہ نے جواب دیا آپ لوگ ہوم ورک بھی ٹھیک سے نہیں کرتے، میں نے مختصر افسانہ خاصے لکھے ہیں آپ انہیں پڑھئے۔

قطب اللہ نے دوسرا سوال کرنے کی کوشش کرتے ہوئے ابھی صرف اتنا ہی کہا تھا کہ آپ کے مشہور زمانہ ناول آگ کا دریا میں......سوال کو درمیان میں روکتے ہوئے محترمہ بولیں ہندوستان سے پاکستان تک اس کی بال کی کھال نکالی جا چکی ہے میں اس پر کوئی بات نہیں کرنا چاہتی اس کے علاوہ بھی میں نے بہت کچھ لکھا ہے۔ اب کے کے نیر صاحب کو اندازہ ہو گیا تھا کہ پروگرام ہاتھ سے جا رہا ہے۔

انہوں نے مجھے اشارہ کیا میں نے نفی میں گردن ہلا دی۔ پھر انہوں نے انیس اشفاق صاحب سے پروگرام آگے بڑھانے کی درخواست کی۔ انہوں نے دوسرا مائک سنبھال کر ابھی صرف اتنا ہی کہا تھا کہ عینی صاحبہ اچانک محترمہ بھڑک گئیں بولیں میرے دوست اور ہم عمر ادیب مجھے عینی کہہ سکتے ہیں آپ مجھے عینی نہیں کہہ سکتے۔

اب کے کے نیر صاحب مائک لے کر خود میدان میں کود آئے اور بہت ادب اور احترام کے ساتھ کسی طرح ایک گھنٹے کی ریکارڈنگ پوری کی۔ ریکارڈنگ یا جنگ وہ جو کچھ بھی تھا اس کے بعد مجھے خیال آیا کہ میں نیر صاحب سے مل لوں کیونکہ میں نے ان کے حکم کی تعمیل نہیں کی تھی میں ان کے کمرے سے آٹھ دس قدم دور ہی تھا کہ محترمہ کے چیخنے کی آواز سنائی دی کہ آپ نے میرے ساتھ سازش کی ہے۔ اب میرا انٹرویو ایک کاتب کرے گا بیچارے کے کے نیر صاحب برابر صفائی دے رہے تھے کہ محترمہ آپ کو کوئی غلط فہمی ہوئی ہے وہ قومی آواز میں سب اڈیٹر ہیں اور ریڈیو اور ٹی وی کے پینل میں شامل ہیں۔ مجھے چائے سے زیادہ واپسی میں عافیت نظر آئی۔

ایسے موقع پر میں کے کے نیر صاحب کے پاس جا کر انہیں مزید شرمندہ نہیں کرنا چاہتا تھا۔

خاصے دنوں بلکہ سالوں بعد میں رام پور اپنے دوست انتظام محمد شیر صاحب کے یہاں گیا ہوا تھا۔ محمد علی موج انتظام بھائی کے کلاس فیلو تھے اس لیے میں بھی ان سے بے تکلف تھا وہ رام پور ریڈیو پر اسٹیشن ڈائرکٹر تھے۔ دوسرے یا تیسرے دن صبح وہ انتظام بھائی کے گھر آئے اور مجھ سے بولے یار ایک انٹرویو کرلو۔ میں نے کہا ٹھیک ہے مگر گفتگو کس سے کرنی ہے؟ بولے کسی ریسرچ کے سلسلے میں قرۃ العین حیدر صاحبہ رضا لائبریری میں کچھ کام کررہی ہیں۔ موقع غنیمت ہے۔ میں نے لکھنؤ کی پوری روداد انہیں سنادی۔ موج صاحب بہت دیر تک خاموشی سے چائے پیتے رہے پھر بولے۔ فقیر کو اگر کوئی بھیک نہ دے تو مارنے تھوڑی لگتا ہے۔ آپ میرے ساتھ چلیے۔ میں بہت ڈرتے ڈرتے کسی طرح اپنے آپ کو تیار کرسکا۔ ہم لوگ موج صاحب کی کار سے اس کمرے تک گئے جہاں محترمہ رکی ہوئی تھیں۔ ایک نوکر کو بلا کر کہلایا گیا کہ دو حضرات آپ سے دو منٹ کے لیے ملنا چاہتے ہیں۔ وہاں کاغذ دستیاب نہیں تھا ورنہ پرچی بھیجی جاتی۔ محترمہ نے اندر بلالیا۔ موج صاحب ان کے پیروں کے پاس قالین پر بیٹھ گئے۔ میں کھڑا سوچ رہا تھا کہ مجھے کیا کرنا چاہیے۔ محترمہ نے کہا، یہ آپ کیا کررہے ہیں؟ آخر آپ ہیں کون؟ میں نے عرض کیا کہ یہ محمد علی موج صاحب ہیں۔ ریڈیو پر اسٹیشن ڈائرکٹر ہیں اور خادم آپ سے بانو باجی کے یہاں ایک بار مل چکا ہے اور یگانہ پر تحقیق کی ہے۔ انہوں نے موج صاحب سے کہا آپ براہ کرم کرسی پر بیٹھ جائیے۔ پھر ہم دونوں نے باری باری ان سے عرض کی کہ محترمہ ہم لوگوں نے آپ کی تمام تخلیقات پڑھ رکھی ہیں مگر اپنے آپ کو آپ کے فن پاروں کو سمجھنے کا اہل نہیں پاتا مگر سامعین کے لیے اور ہم لوگوں کے لیے اعزاز کی بات ہوگی اگر آپ کا انٹرویو ہوسکے۔ آپ خود بتادیں کہ آپ سے کس موضوع پر کیا سوالات کیے جائیں؟ محترمہ پہلی بار مسکرائیں اور بولیں دیکھیے آگ کے دریا کو چھوڑ کر آپ کسی موضوع پر گفتگو کرسکتے ہیں۔ اس ناول کے ساتھ میری بہت تلخ یادیں وابستہ ہیں اس لیے میں اس پر کوئی بات نہیں کرنا چاہوں گی۔ دوسرے دن دوپہر کا وقت خود محترمہ نے دیا اور جناب ایک گھنٹے کا شیڈول تھا مگر گفتگو اتنے مزے میں ہوئی کہ تقریباً ڈیڑھ گھنٹے تک چلتی رہی۔ درمیان میں ایک بار عبداللہ حسین کے ناول اداس نسلیں پر محترمہ تھوڑا بھڑکیں ضرور کہ "آخرِ شب کے ہمسفر" کے پورے پورے پیراگراف انہوں نے شامل کرلیے۔ اسے چوری نہیں تو آپ کیا کہیں گے۔ مگر جلد ہی موضوع بدل گیا۔ میں نے ان کی ایک کتاب "کارِ جہاں دراز ہے" کی پہلی جلد انتظام بھائی سے مستعار لے لی تھی۔ انٹرویو کے بعد وہ بہت خوشگوار موڈ میں تھیں۔ میں نے گزارش کی کہ اگر آپ اس کتاب پر میرا نام لکھ کر دستخط کردیں کی تو میرے لیے یہ کسی خزانے سے کم نہیں ہوگی۔ محترمہ ہنس کر بولیں میرے پاس کتاب موجود نہیں ہے ورنہ میں خود پیش کرتی اور انہوں نے کتاب مجھ سے لے کر میرا نام لکھ کر دستخط کردیے۔ خدا کرے وہ ریکارڈنگ ابھی رام پور ریڈیو کی

لائبریری میں محفوظ ہو۔ میں نے آج ہی اظہر عنایتی صاحب سے گزارش کی ہے جو انتظام بھائی اور موج مرحوم کے بھی دوست ہیں کہ معلوم کریں۔ کاش وہ ریکارڈنگ ضائع نہ ہوئی ہو۔ بانو باجی سے جب رام پور سے لوٹ کر پورا قصہ سنایا تو وہ دیر تک ہنستی رہیں اور بولیں لوگ سمجھتے نہیں ہیں۔ عینی دل کی بری نہیں ہے۔

بانو باجی ہندوستان میں عمدہ شاعری کی معتبر آواز تھیں۔ وہ آواز ضرور گم ہوگئی ہے مگر ان کے اشعار بھیڑ میں گم ہونے والے نہیں ہیں اس لیے ادب کے سنجیدہ قارئین کے لیے یہ آواز آئندہ بھی زندہ رہنے کی امید ہے چند شعر حاضر ہیں ۔

طلوعِ صبح کی منزل قریب ہے شاید ۔۔۔ نہ فکر کر جو دئے جھلملائے جاتے ہیں
امید و یاس کے عالموں سے گزرے ہیں ۔۔۔ جہاں چراغ جلا کر بجھائے جاتے ہیں

☆☆

ترے فراق میں ایسے بھی چار دن گزرے ۔۔۔ کہ دور رہ نہ سکے اور پاس آ نہ سکے
تمہیں گماں ہے کہ ہم نے بھلا دیا تم کو ۔۔۔ ہمیں گلہ ہے کہ ہم کیوں تمہیں بھلا نہ سکے

اور بانو باجی کی ایک مرصع غزل کے مطلع نے مجھے حیرت میں ڈال دیا۔ یہی مطلع ساحر لدھیانوی کے نام سے مشہور ہے ۔

کبھی خود پہ کبھی حالات پہ رونا آیا ۔۔۔ بات نکلی تو ہر اک بات پہ رونا آیا

اس غزل کے دو ایک شعر اور دیکھ لیجئے۔ بہر حال اسے توارد تو نہیں کہہ سکتے ۔

گونج سی چھوڑ گئے ہیں جو مری دنیا میں ۔۔۔ انہیں کھوئے ہوئے نغمات پہ رونا آیا
کبھی اس صبح پہ جو کھو گئی تاریکی میں ۔۔۔ کبھی بدلے ہوئے دن رات پہ رونا آیا
کبھی امید کبھی یاس کبھی کچھ بھی نہیں ۔۔۔ بہکے بہکے سے خیالات پہ رونا آیا
چھڑ گیا ذکرِ وفا جب بھی کسی محفل میں ۔۔۔ ہم کو کیا جانئے کس بات پہ رونا آیا

مشہور افسانہ نگار صبیحہ انور اور اس کے شوہر انور بھائی انتہائی محبت کرنے والے اور لکھنؤ کی تہذیب اور شرافت کو اپنے اندر سمیٹے ہوئے ہمیشہ بہت کھلے دل سے ملے۔ صبیحہ باجی کی چھت پر ہم لوگوں نے کئی افسانوں کی نشستیں کیں۔ جن میں سے ایک نشست میں سید محمد اشرف، عابد سہیل، عائشہ صدیقی اور محسن خاں نے اپنے اپنے افسانے سنائے تھے اور ان پر خوب خوب بحثیں ہوئی تھیں۔ غالباً اشرف صاحب نے اپنا افسانہ "منظر" سنایا تھا۔

میں نے 1983 میں یگانہ چنگیزی کا ایک انتخاب کیا تھا۔ رضی صاحب نیا دور میں کتابت کرتے تھے اور لکھنؤ کے سب سے اچھے کاتبوں میں انکا شمار ہوتا ہے۔ میں عرفان صدیقی صاحب کے حوالے سے کوچہ میر انیس واقع ان کے مکان پر حاضر ہوا اور ان سے کتابت کی درخواست کی جسے عرفان بھائی کا نام سن کر انہوں نے

منظور کرلیا۔ کتابت مکمل ہونے کے بعد میں نے اجرت پوچھی تو انہوں نے سوال کیا کہ کیا آپ کو پیسے مل گئے ہیں۔ میں نے نفی میں جواب دیا بولے جایئے میاں جب مل جائیں گے تو دے دیجئے گا۔ میں نے لاکھ اصرار کیا مگر وہ رضا مند نہیں ہوئے۔ کتاب کا ٹائٹل نیر مسعود صاحب نے ڈیزائن کیا تھا۔ اشاعت کے لیے میں انور بھائی کے پاس آیا کتاب اور کور چھپ گیا اور جلد بندی بھی ہوگئی۔ میں نے انور بھائی سے بھی یہی گزارش کی کہ کیا پیش کروں؟ وہ ہنستے رہے پھر بولے جب آپ کو مل جائیں گے تب بتادوں گا۔ مجھے اس وقت بڑی حیرت ہوئی جب ایک ڈیڑھ مہینے میں تقریباً 300 کاپیاں بک گئیں۔ عابد سہیل صاحب نے پچاس کاپیاں اور طلب کیں۔ میں نے ایک شرط رکھی کہ مجھے پیسے نہیں چاہئے جو کتابیں مجھے پسند آئیں گی میں لے لوں گا۔ اس کے بعد حساب کر لیجئے گا۔ وہ راضی ہوگئے۔ اور میں نے اپنی پسند کی ساری کتابیں نکال لیں تو عابد بھائی بولے۔ آپ نے دکان میں چھوڑا کیا ہے۔ خیر لے جایئے کچھ روپیہ میرے نکلتے تھے جو انہوں نے مجھے دے دئے۔ اس طرح سب کا حساب بھی ہوگیا۔ 38 سال پہلے کا یہ لکھنؤ مجھے بہت یاد آتا ہے۔ بعد میں نیر بھائی نے مجھے بتایا کہ اگر آپ ایک ہزار کاپیاں بھی چھپوالیتے تب بھی کم پڑ جاتیں کیونکہ ہندوستان سے پاکستان تک یگانہ کا کلام ناپید ہے۔ بات صبیحہ باجی کی ہورہی تھی۔ ابھی چند دنوں پہلے سید محمد اشرف صاحب سے گفتگو ہورہی تھی۔ بات صبیحہ باجی کی نکل آئی اشرف صاحب نے کہا صبیحہ باجی جب بولتی ہیں تو ایسا لگتا ہے کہ لکھنؤ بول رہا ہے۔ مجھے غالب کا مصرعہ یاد آگیا۔

''میں نے یہ جانا کہ گویا یہ بھی میرے دل میں ہے''

آج بھی جب میں باجی کے گھر جاتا ہوں تو وہی اپنا پن محسوس ہوتا ہے جو پہلے دن محسوس ہوا تھا۔ انور بھائی کے انتقال سے کچھ دن پہلے میں اور میرے کچھ دوست صبیحہ باجی کے یہاں گئے تھے۔ انور بھائی اسٹک لے کر چل رہے تھے مگر وہی مسکراہٹ وہی مزاح۔ ہم لوگوں کے ساتھ انہوں نے بھی کئی تصویریں کھنچائی تھیں جواب ان کی یادگار کے طور پر میرے موبائل میں محفوظ ہیں۔

صبیحہ باجی کے والد مشہور مزاح نگار وجاہت علی سندیلوی بھی بہت نفیس انسان تھے۔ بہت پر تکلف گفتگو کرتے تھے اور ہمیشہ زندگی سے بھرپور نظر آتے تھے۔ ان کے ساتھ ٹی وی پر اردو میں طنز و مزاح کے موضوع پر تین مذاکروں میں مجھے شرکت کا موقع ملا اور ہر بار نظامت مجھے ہی کرنی تھی۔ رشید احمد صدیقی، پطرس بخاری، مشتاق احمد یوسفی، کرنل محمد خاں، شفیق الرحمان اور مجتبیٰ حسین تک بات آتے آتے وقت ختم ہوجاتا۔ مگر ہر بار انہوں نے شکایت کے بجائے میری تعریف ہی کی۔ ایک بار ایک بارات میں شریک ہوکر میں سندیلہ بھی گیا جس کی اطلاع میں انہیں پیشگی دے چکا تھا۔ بارات تقریباً ڈیڑھ گھنٹے تاخیر سے پہنچی۔ وہ سڑک پر ہاتھ میں چھڑی لیے ٹہل رہے تھے۔ میں بہت شرمندہ ہوا وہ مجھے اپنے گھر لے گئے اور اصرار کر کے مٹھائی کھلائی اور اپنی تقریباً

سب کتابیں مجھے عنایت کیں۔ان کے انتقال کی خبر سننے کے بعد مجھے خود سے بہت شرمندگی ہوئی کہ ایک عمدہ مزاح نگار سے ذاتی سوالات بھی پوچھے جاسکتے تھے مگر ہر پروگرام میں پتہ نہیں مجھے یہ خیال کیوں نہیں آیا۔ضمیر پر اک بوجھ سا تھا میں نے کانپور میں ان کی یاد میں ایک سیمینار کا انعقاد کیا جس میں عشرت علی صدیقی، عابد سہیل اور صبیحہ باجی کا پورا گھر یعنی ان کے سارے بھائی بہن شریک ہوئے۔اس کے بعد ان پر میرے دوست ظفر غازی نے ایک عمدہ کتاب بھی مرتب کی جس میں مجتبیٰ حسین اور شفیقہ فرحت وغیرہ کے مضامین کے ساتھ وجاہت صاحب کے کئی مضمون اور پانچواں سوار کے عنوان سے ان کا خود پر لکھا بہت دلچسپ مضمون شامل ہے۔

جب جنون فلم کی شوٹنگ ملیح آباد کے آس پاس ہو رہی تھی انہیں دنوں عصمت چغتائی صاحبہ مستقل صبیحہ باجی کے گھر ہی رہتی تھیں میری عصمت آپا سے پہلی ملاقات کچھ عجیب طرح سے ہوئی۔ میں ان کے افسانوں پر باتیں کر رہا تھا اور سگریٹ بھی پی رہا تھا۔ چائے کے بعد میں نے دوسرا سگریٹ سلگایا تو آپا نے مجھے گھور کر دیکھا اور بولیں تم نے دوسرا سگریٹ سلگایا ہے۔ میں ہڑبڑا گیا۔ میں نے کہا بجھائے دیتا ہوں۔ آپا بولیں نہیں بھائی ایک سگریٹ مجھے بھی دو۔ میں نے حکم کی تعمیل کی سگریٹ جلانے کے بعد وہ سکون سے باتیں کرنے لگیں۔

ایک دن میں نے عصمت آپا سے پوچھا کہ آپ سے عینی صاحبہ اتنا ناراض کیوں رہتی ہیں؟ ہنستے ہوئے انہوں نے بتایا کہ ایک زمانہ پہلے ہم عینی اور خواجہ احمد عباس ریل سے سفر کر رہے تھے۔رات کے ڈیڑھ دو بجے ہوں گے۔ مجھے نیند نہیں آرہی تھی۔ مجھے محسوس ہوا عینی بھی جاگ رہی ہیں۔میں نے دھیرے سے آواز دی تو وہ بولیں پتہ نہیں کیوں نیند نہیں آرہی ہے۔تھوڑی دیر بعد میں نے کہا میرے ذہن میں ایک آئیڈیا آرہا ہے تم برا نہ مانو تو کہہ دوں؟ انہوں نے کہا جی کہئے۔ میں نے کہا خواجہ احمد عباس سے شادی کیوں نہیں کر لیتیں۔ وہ اس بات پر اتنا ناراض ہوگئیں جس کا مجھے اندازہ بھی نہیں تھا۔یا ہوسکتا ہے پوم پوم ڈارلنگ سے زیادہ ناراض ہوئی ہونگی۔ چھوڑو بھائی یہ سب بڑے لوگوں کے چونچلے ہیں۔ میں نے کہا تم آپا بڑی رائٹر تو آپ بھی ہیں۔وہ چپ رہیں۔پھر بولیں تم کو پتہ نہیں ہے۔انگور کے خوشے ان کے کھانے کے لیے نہیں کھیلنے کے لئے آتے تھے اور گورنس انہیں بچپن میں چھری کانٹے کا استعمال سکھاتی تھی۔ ہم سات بھائی بہن ایک پلنگ کے کنارے کنارے اکڑو بیٹھ جاتے تھے اور پیالے میں سالن اور ہاتھ میں روٹی دے دی جاتی تھی۔کسی کی شرارت سے اگر کسی کا پیالہ الٹ گیا تو اماں دو تھپڑ دھر دیتی تھیں اور سب کے پیالے سے تھوڑا تھوڑا سالن الٹنے والے پیالے میں ڈال دیا جاتا تھا۔عظیم بھائی کے پاس بہت اچھے قلم ہوتے تھے۔ میں لالچ بھری نظروں سے بس انہیں دیکھتی رہتی تھی کیونکہ وہ اپنے قلم کسی کو دیتے نہیں تھے۔

عصمت آپا ایسا گھل مل کے باتیں کرتی تھیں کہ بس وقت کے گزرنے کا احساس ہی نہیں ہوتا تھا۔

منٹو سے ان کے جھگڑے اور فلمی دنیا کی ڈھیروں باتیں وہ خوب مزے لے لے کر بتاتی تھیں۔ ہاں روزخی کا ذکر آنے پر وہ چپ ہو جاتی تھیں۔ صبیحہ باجی کو وہ بہت چاہتی تھیں اور لکھنؤ آنے کے بعد بہانے بنا کر رک جاتی تھیں یہاں تک کہ ان کی بیٹی صبیحہ باجی سے فون پر ناراض ہوتی تھی کہ آپ نے میری ماں کو اغوا کر لیا ہے۔ باجی روز عصمت آپا سے پوچھ کر کھانا تیار کرواتی تھیں کہ آپا آج رات کھانے میں کیا بنے گا۔ آم کے باغات میں انہوں نے محسن خاں کی کئی کہانیاں سنیں اور خوب حوصلہ افزائی کی۔

عصمت آپا کے ذہن میں جو بھی بات آجاتی تھی وہ کہے بغیر نہیں رہ پاتی تھیں۔ ایک دن منٹو پر بات کرتے کرتے انہوں نے کہا میں نے منٹو سے کہا تھا تم جھوٹے ہو تم طوائف کے یہاں جا ہی نہیں سکتے۔ افسانوں میں صرف لفاظی کرتے ہو اور خود کو لفنگا ظاہر کرتے ہو۔ میں نے پوچھا آپا آپ اتنے یقین سے کیسے کہہ سکتی ہیں۔ بولیں وہ شراب ضرور بہت پیتا تھا مگر اندر سے بہت نیک اور معصوم آدمی تھا، اپنی بہن اور بیوی سے بہت پیار کرتا تھا۔ اشوک کمار اور شیام سے اس کی پکی دوستی تھی۔ وہ جھوٹ بولتا تھا۔ ایسا معصوم آدمی طوائف کے یہاں نہیں جا سکتا اسی لیے میں نے کہا تھا کہ تم اول درجے کے جھوٹے ہو۔

بیدی کو بھی میں نے ایک بار ڈانٹا تھا کہ تم عورتوں کی مظلومیت اور ان کے احساس کے بارے میں کتنا جانتے ہو۔ وہ بھی چپ ہو گیا اور کہنے لگا آپا آپ شاید ٹھیک کہتی ہیں۔ مگر بھائی یہ دونوں بڑے قلم کار ہیں۔

میں نے ایک دن پوچھا عسکری صاحب نے آپ پر جو خاکہ لکھا ہے اس میں بھی اس کا ذکر ہے کہ آپ ان کو بھی ڈانٹتی تھیں۔ آپا نے جواب دیا ہاں بھائی وہ اردو کے ادیبوں پر لکھتا تھا اور دنیا بھر کے زبانوں کے فلسفیوں اور قلم کاروں کو زبردستی گھسیٹ لاتا تھا اسی لیے ایک دو بار میں اس کے گھر گئی اور اس سے کہا یہ تم کیا گھپلا کرتے ہو، ان کے غیر ضروری، غیر ملکی ناموں کی بھرمار کی کیا ضرورت پڑ جاتی ہے؟ تم تخلیق پر سیدھی سیدھی بات کیوں نہیں کرتے متاثر کرنے کے بجائے مرعوب کرنے کی کوشش کیوں کرتے ہو؟ میں اس کا جواب سننا چاہتی تھی۔ مگر وہ جی ہاں جی ہاں کہتا رہتا تھا۔ جواب نہیں دیتا تھا پتہ نہیں اس کے پاس کوئی جواب تھا بھی یا نہیں۔ مگر مجھے جو محسوس ہوتا تھا وہی میں نے کہا تھا۔ تم کیا سوچتے ہو میں خاموش رہ گیا۔ شاید جواب میرے پاس بھی نہیں تھا۔ میں بھی آپا سے کچھ ڈرنے لگا تھا جب وہ اتنے بڑے بڑے ادیبوں کو ڈانٹ سکتی تھیں تو میں تو نہ پدی نہ پدی کا شوربہ۔

رام لعل صاحب ہر بڑے ادیب کو اپنے گھر بلا لیتے تھے۔ اس میں فراق، قرۃ العین حیدر اور عصمت آپا کو بھی انہوں نے اپنے گھر بلایا تھا اور سامعین بھی مدعو کیے گئے تھے۔ آپا سے ہم سب ادب اور ان کے ناول اور افسانوں پر باتیں کرنا چاہتے تھے مگر انہیں پتہ نہیں کیا سوجھی انہوں نے رام لعل کو مخاطب کر کے گویا سامعین کے سامنے ایک عجیب سا سوال اچھال دیا کہ صاحب ہر رسالے اور اخبار میں مردوں کی جنسی

کمزوری اور اس کے علاج کے اشتہار خوب خوب چھپتے ہیں مگر آپ لوگوں نے کبھی سوچا ہے کہ عورت کی جنسی کمزوری کا کوئی اشتہار میری نظر سے ابھی تک نہیں گزرا۔ یہ ہے آپ لوگوں کا مرد اساس معاشرہ مگر آپ لوگ کیوں احتجاج کریں گے۔ سب مرد اندر سے ایک طرح کے ہوتے ہیں اوپر سے دانشوری اور انسانی ہمدردی کے پھٹے ڈھول خوب پیٹتے رہتے ہیں مگر اندر سے وہی بے رحم مرد سامنے آ جاتا ہے۔

سامعین میں نیر مسعود اور عرفان صدیقی صاحب اور دیگر بہت اہم حضرات موجود تھے مگر ہر طرف ایک خاموشی۔ ہاں عرفان بھائی نے دھیرے سے نیر بھائی سے اتنا ضرور کہا کہ محترمہ اپنا علاج کروالیں انہیں کس نے روکا ہے اور نیر بھائی مسکرا دئے۔

اپنے شوہر شاہد لطیف کے بارے میں آپا بہت کم بات کرتی تھیں۔ ہاں صبیحہ باجی کے گھر سے چند قدم دور نخاس کے بازار سے وہ ڈھیروں کپڑے اور پتہ نہیں کیا الابلا خرید لاتی تھیں اور سب کو ایک فاتح کی طرح دکھاتی تھیں دیکھنا صبیحہ کوڑیوں کے دام خرید لائی ہوں۔ آپا اس طرح بتا رہی ہوتی تھیں گویا وہ دکان دار کو لوٹ لائی ہوں جبکہ اصل میں وہ خود لٹ کے آتی تھیں مگر ان کی خوشی کے لیے سب یہی کہتے تھے ہاں آپا کپڑہ تو بہت عمدہ ہے آپ کو بہت کم قیمت پر مل گیا۔ ارے بھائی مل کہاں رہا تھا، میں نے اتنے ہی پیسے لگائے اور کہہ دیا ایک روپیہ بھی زیادہ نہیں دوں گی۔ اس نے پتہ نہیں کیا سوچ کر دے دیا۔ ایک موقع پر میں بھی موجود تھا میں نے کہا شاید آپ کو پہچان گیا ہوگا۔ آپ خفا ہوتے ہوتے بولیں اور کیا میرے سر پر سینگ ہے نا اسے کیا پتہ میں صرف ایک خریدار تھی اور بس۔ مجھے کئی بار یہ خیال آیا کہ آپا اوپر سے چاہے جتنی تیز بننے کی کوشش کریں مگر وہ اندر سے بہت بھولی تھیں۔ عصمت آپا کے جانے کے بعد خدا کرے صبیحہ باجی کا سایہ ہم لوگوں کے سر پر بہت دنوں تک قائم رہے۔ ان سے مل کر واقعی ایسا ہی لگتا ہے کہ ہم لکھنؤ سے مل لیے ہیں۔ اب شاید وہ سانچے ٹوٹ گئے ہیں جن سے اللہ میاں ایسے پیارے لوگ بناتے تھے۔

نیر بھائی (نیر مسعود) کے جانے کے بعد اب اس علاقہ میں صبیحہ باجی ہی ہیں جن سے ملنے کے لیے لکھنؤ جانے کی خواہش ہوتی ہے ورنہ یہ علاقہ تو ادبی طور پر ویران ہی ہوگیا ہے۔ ایسے موقع پر غالب کا شعر یاد آنے لگتا ہے۔

مقدور ہو تو خاک سے پوچھوں کہ اے لئیم   تو نے وہ گنج ہائے گراں مایہ کیا کئے

◄◄ ● ►►

● ڈاکٹر احسان عالم

مظہر امام شخصیت اور شاعری

دربھنگہ صدیوں سے علم وادب کا گہوارہ رہا ہے۔ اسلاف نے ایسے نقوش چھوڑے ہیں کہ اس سے متاثر ہوئے بغیر نہیں رہا جا سکتا۔ دربھنگہ ضلع کی سب سے اہم خصوصیت یہ ہے کہ یہاں کے علمی ادارے اور دربھنگا میڈیکل ہسپتال ہے۔ بیتا، الل پٹی اور لہیر یا سرائے میں ڈاکٹروں، مریضوں اور دواخانوں کی بھیڑ بھار نظر آتی ہے۔ میڈیکل کالج ہونے کے سبب شمالی بہار میں سب سے زیادہ ڈاکٹر دربھنگہ شہر میں موجود ہیں۔

دربھنگہ کو ولیوں کا گہوارہ بھی کہا جاتا ہے۔ یہاں بے شمار ے خانقاہیں اور غیر مسلموں کے مٹھ ہیں۔ یہاں کا کلچر گنگا جمنی ہے۔ عام طور پر لوگ نرم اور میٹھی زبان بولتے ہیں۔ یہاں کے باشندے چورا، دہی اور اچار زیادہ پسند کرتے ہیں۔ اس علاقے کی سب سے بڑی خوبی یہ ہے یہاں ہر مذہب اور ذات برادری کے لوگ آپس میں بڑے میل محبت سے رہتے ہیں۔ ایک دوسرے کے تہواروں، شادی بیاہ اور دکھ درد میں شریک ہوتے ہیں اور ایک ایسی فضا قائم کرتے ہیں جس کی بنیاد انسانیت اور بھائی چارگی پر ہے۔

دربھنگہ میں ادب و دانشوری کی تاریخ بہت قدیم ہے۔ یہ صدیوں سے مفکروں اور دانشوروں، ادیبوں، صوفیوں، سنتوں اور شاعروں کی سرزمین رہی ہے۔ عہد قدیم کے بعد بھی عہد وسطیٰ میں بھی مسلمانوں کی علمی وادبی ثقافتی اور تہذیبی کاوشوں نے دربھنگہ کی تاریخ کو روشن کیا ہے۔ ایسے ہی دانشوروں میں مظہر امام کا نام بہت نمایاں ہے۔

مظہر امام ۱۲؍ مارچ ۱۹۲۸ء کو ریاست بہار کے مونگیر شہر میں پیدا ہوئے۔ ایام طفولیت میں شفقت پدری سے محروم ہو گئے۔ مظہر امام کی ابتدائی تعلیم مدرسہ حمیدیہ، قلعہ گھاٹ، دربھنگا میں ہوئی۔ موضع چھتون کے مولوی محمد یوسف با قاعدہ گھر پر رہا کرتے تھے اور گھر کے تمام بچوں کو پڑھاتے تھے۔ قرآن شریف، اردو کی چوتھی اور فارسی میں گلستاں بوستاں تک تعلیم ختم کرنے کے بعد مظہر امام کو انگریزی کی تعلیم دی جانے لگی۔ اس کے لیے ایک ٹیچر باضابطہ رکھے گئے لیکن زیادہ اہل ثابت نہ ہوئے۔ لہذا مظہر امام کا داخلہ مارواڑی ہائی اسکول دربھنگا کے آٹھویں درجہ میں کرادیا گیا۔ یہاں دوسال پڑھ کر دسویں اور گیارہویں درجے کی تعلیم نارتھ بروک ضلع ہائی اسکول دربھنگا میں حاصل کی۔ یہیں

سے ۱۹۴۲ء میں سیکنڈ ڈویژن سے میٹریکولیشن کیا اور مقامی سی۔ایم کالج سے ۱۹۵۱ء میں امتیازی حیثیت سے بی اے کیا۔ ۱۹۶۹ء میں پرائیوٹ امیدوار کی حیثیت سے بہار یونیورسیٹی سے ایم اے فارسی میں کیا اور یونیورسیٹی میں اول آئے۔ ۱۹۷۱ء میں مگدھ یونیورسٹی سے ایم اے کیا اور وہاں بھی یونیورسٹی میں اول آئے۔ اور دونوں جگہ سے طلائی تمغے حاصل کیے۔ انہوں نے حکومت ہند کی وزارت داخلہ کا ہندی امتحان ''پراگیا'' بھی امتیاز کے ساتھ پاس کیا۔ انہوں نے فلم اینڈ ٹیلی ویژن انسٹی ٹیوٹ، پونے سے ٹی وی پروگراموں کی پیشکش اور تکنیکی امور پر ڈپلومہ حاصل کیا۔

پروفیسر ظفر احمد نظامی نے ان کی شخصیت پر روشنی ڈالتے ہوئے لکھا ہے:

''کتابی چہرہ، بدن اکہرا، لمبی ناک، انداز پرتپاک، ہردم نغمہ سنج، مرنجا مرنج۔ بڑے بڑے کان، خوش بختی کی پہچان، وسیع پیشانی، ذہانت کی نشانی، سر پر خفیف بال، ذہن غرقِ فکر و خیال، یہ ہیں شاعرِ باکمال، ادیب بے مثال، شریعت سخن مجتہد، آزاد غزل کے موجد۔ انفرادیت کے حامل، اپنے اصولوں پر عامل۔ مقبول خواص و عام یعنی مظہر امام۔'' (پروفیسر ظفر احمد نظامی، ششماہی ''رابطہ'' مظہر امام۔فن اور شخصیت نمبر، جنوری تا جون ۱۹۹۹ء، ص:۵)

مظہر امام اپنے عہد کے ایسے تخلیق کار تھے جن پر ہر مکتبہ فکر کے نقاد نے تفصیلی روشنی ڈالی ہے۔ احتشام حسین، آل احمد سرور، غلام ربانی تاباں، فراق گورکھپوری، محمد حسن، وہاب اشرفی، مسعود حسین خاں، شمس الرحمٰن فاروقی، اعجاز حسین، شاہ تمکنت، حامدی کاشمیری، کرامت علی کرامت اور نہ ان کے علاوہ بہت سی نامور شخصیتوں نے ان کے فن اور شخصیت پر لکھا ہے۔ چند شخصیتوں کے خیالات سے مختصر اقتباسات ملاحظہ کریں:

☆ آل احمد سرور:

''مظہر امام ترقی پسندی سے چلے تھے، وہ جدیدیت کی طرف مائل ہوئے، مگر ان کا شمار جدیدوں میں بھی نہیں کیا جا سکتا۔ ہاں، ان دونوں میلانات سے انہوں نے اپنے ذہنی سفر میں اثر قبول کیا۔ ان کے پاس حساس ذہن ہے اور وہ زندگی کے اس آشوب سے جو آج کے دور سے عبارت ہے، آشنا ہیں۔

☆ احتشام حسین:

''میں مظہر امام کی نظمیں اور غزلیں بڑے شوق سے پڑھتا ہوں۔ اظہار بیان کی تازگی کی وجہ سے وہ فوراً اپنی جانب متوجہ کر لیتی ہیں۔ مظہر امام نے اشاریت اور سپاٹ اظہار کے درمیان ایک راستہ نکالا ہے جو نہ تو ابہام کی طرف جاتا ہے، نہ فرسودگی کی طرف بلکہ تازگی اور تنوع کا احساس دلاتا ہے۔''

☆شمس الرحمٰن فاروقی:

''جدید فن شعر کا جو اظہار مظہر امام کے کلام میں ہے اسے جدید شعری فکر کا اظہار کہہ سکتے ہیں۔ انہیں اپنے لہجے کی انفرادیت ثابت کرنے کے لئے کسی خارجی سہارے کی ضرورت نہیں ہے، بلکہ حیات وکائنات سے ان کا رشتہ ایسا ہے کہ اس کا تصور کسی روایتی فکر سے وابستہ نہیں کیا جا سکتا۔''

☆وہاب اشرفی:

''آج کی شاعری میں کئی طرح کی آوازیں ملتی ہیں جنہیں ہم مابعد جدیدیت کے زمرے میں رکھ سکتے ہیں مثلاً متعنہ قدروں اور متعنہ اصولوں سے انکار کی کتنی ہی صورت اردو شاعری میں بھری پڑی ہے۔ مظہر امام کا یہ شعر ہماری معاونت کرتا ہے:

نئے مکان میں قیدے کی کوئی جا ہی نہیں خدا تو ہے یہ کہیں بندۂ خدا ہی نہیں

☆فراق گورکھپوری:

''مظہر امام کی شاعری لطافت احساس اور طہارت فکر کی خوبصورت مثال ہے، ان کے یہاں ایک چٹیلا پن اور نشاط آمیز دل گرفتگی ہے جو ان کے کلام کو انفرادیت بھی عطا کرتی ہے اور دل نوازی بھی۔''

اسکول چھوڑنے سے قبل ہی اردو ادب اور شاعری کا ذوق پیدا ہوا۔ یہ ذوق وشوق ایسا پڑوان چڑھتا گیا کہ مظہر مام نے اپنا لڑکپن، جوانی اور ادھیر عمری یہاں تک کہ بڑھاپا بھی شعروادب کے نام کر دیا۔ انہوں نے اپنے کیریئر کا آغاز صحافت سے کیا۔ ۱۹۵۱ء میں وہ کلکتہ چلے گئے جہاں انہوں نے اردو روزنامہ ''کارواں'' کے سب ایڈیٹر کے طور پر کام کیا۔ اس وقت ان کی عمر غالباً ۲۱ رسال رہی ہوگی۔ مگر زیادہ دنوں تک صحافت سے وابستہ نہیں رہے۔ اسی دوران انہوں نے ٹیوشن پڑھانا شروع کیا۔

مظہر امام کی شخصیت کئی رنگوں کے امتزاج سے بنی۔ لیکن یہ لحہ لحہ بدلتے رنگوں میں ظاہر ہوتی رہی اور ہر باران کی قوت کا احساس دلاتی رہی۔ کبھی وہ صبر وتحمل کے پیکر نظر آئے اور کبھی متلون مزاج اور سیماب فطرت کبھی وہ بچوں کی معصومیت اور حیرت کے مظہر ہیں اور کبھی ایک جہاں شناس شخص کی طرح طنز کے تیر برساتے نظر آتے ہیں۔ وہ قاری کو لمحہ بہ لمحہ تغیر پذیر دنیا کا سفر کراتے ہیں اور کہتے ہیں:

چھپی تھی موج کی بانہوں میں روح تشنہ لبی چمکتی ریت میں ڈوبا ہوا سفینہ تھا

ان کے شعری مجموعہ ''زخم تمنا'' میں شامل بیشتر غزلوں میں ان کا لب ولہجہ ان کے دوسرے مجموعہ

''رشتہ گونگے سفر کا'' اور تیسرے مجموعہ ''پچھلے موسم کا پھول'' سے مختلف ہے۔لیکن خاص تغزل کے اشعار غزلیہ لوازم کے ساتھ اس میں بھی موجود ہیں:

کاکل وقت میں سلجھاؤ نظر آتا ہے
آپ نے زلف پریشان کو سنوارا تو نہیں؟

خواب دیکھے تو بہت میں نے شبستانوں میں
تو مرے خوابوں کی تعبیر ہے، معلوم نہ تھا

ان کو دے آئے ہیں خود اپنی محبت کے خطوط
غم گساروں کی ذرا نامہ بری تو دیکھو

کیا ہوا مجھ پہ اگر عقل کا الزام آیا
آپ کا راز کسی طرح چھپایا تو سہی

عشق کو بے نیاز پایا ہے
حسن کی بے بسی بھی دیکھی ہے

آج کی رات خیال لب لعلیں ہی سہی
کس کو معلوم کہ کل رنگ سحر کیا ہوگا

محو ہوتی ہی نہیں یاد تری
کوئی بچپن کا سبق ہو جیسے

تارے تو چمک اپنی دکھاتے ہیں سحر تک
دل ڈوبنے لگتا ہے مگر پچھلے پہر سے

دشمنی احتیاط سے کیجئے
دوستی کی ادا نہ آ جائے

صنعتی شہروں میں بڑھتی ہوئی بے چہرگی اور فریب شکستگی کی آگہی نے مظہر امام کو عشق اور انسانی رشتوں کے ان رومانی تصورات کی بے ضابطگی سے آگاہ کیا۔ جو شباب کی معصومیت کے عہد میں ان کا اوڑھنا بچھونا تھا اور جن کی بنا پر وہ عہد حاضر میں سانس لینے کے باوجود ہمارے لئے اجنبی تھے۔''رشتہ گونگے سفر کا'' ان کی ذہنی سفر ایک نئے موڑ کا پتہ دیتا ہے۔اس میں شامل نظمیں استعاراتی پیرائے اور غزلوں کے اشعار علامتی انداز میں اس دکھ اور کرب کا احساس دلاتے ہیں جو رومانیت سے عصری حسیت تک کہ تکلیف دہ سفر کو طے کرنے میں انہیں جھیلنا پڑا ہے۔پیش ہے ایک نظم ''دھوپ'' کے چند اشعار:

تم کہاں جاؤ گے؟
آج کے دن کہاں جاؤ گے؟ رصبح سے ہی ہوا گرم ہے۔
آفتاب اپنے خیمے سے پگھلا ہوا شیشہ برسا رہا ہے (دھوپ میں ایک مشورہ)

مظہر امام کی ایک پُر اثر نظم ''انتظار'' کے عنوان سے ہے۔اس نظم میں انہوں نے ایک مشرقی تہذیب کی پروردہ لڑکی کے عشق میں مبتلا ہونے پر دل میں اٹھنے والے جذبات کا نقشہ بڑے خوبصورت انداز میں کھینچا ہے۔نظم کا صرف ایک بند ملاحظہ کریں:

تو مرے انتظار میں ہوگی رمیری یادوں کے نرم و نازک لب
تیرے خوابوں کو چومتے ہوں گے رمیری باتوں کے میگھ دوت اکثر

دل کی وادی میں گھومتے ہوں گے/تو خیالوں میں ڈھونڈتی ہوگی
میرے ہونٹوں کی گم شدہ لذت/تکیے آنسو سے بھیگتے ہوں گے
بھیجتی ہوگی دل پہ تو لعنت

مظہر امام نئی نسل کے ان شاعروں میں ہیں جن کی آواز اور لہجہ جانا پہچانا ہے۔ ان کا مجموعہ ''زخم تمنا'' ان کی ۱۸، ۱۹ برس کی کاوشوں کا انتخاب ہے۔ مظہر امام کا پہلا شعری مجموعہ ''زخم تمنا'' کے نام سے شائع ہوا تھا۔ جس میں ۵۲ غزلیں شامل ہیں۔ اس کتاب کی ابتدا اس شعر سے ہوئی ہے:

ڈھونڈا ہے اگر زخم تمنا نے مداوا　　اک نرگس بیمار کی بات آ ہی گئی ہے

پیش نظر شعر مظہر امام کی ذہنی کیفیت کی عکاس ہے۔ بہت سارے حادثات زندگی میں آتے رہتے ہیں اور انسان کی ہر خواہش کا مکمل ہونا ممکن نہیں مگر کچھ ایسی خواہشیں ہیں جو کبھی کبھی زخم کی صورت اختیار کر لیتی ہیں اور ان کا مداوا یا علاج بہت مشکل ہو جاتا ہے۔ ان ہی الجھنوں سے دو چار مظہر امام کی شاعری نظر آتی ہے جس میں غم دوراں بھی ہے اور غم جاناں بھی۔ ان کے یہاں ترقی پسند عہد کی وہ خصوصیات موجود ہیں جن کی بنا پر انہیں زندگی کی مثبت قدروں کا شعور عطا ہوا ہے۔ لیکن اس شعور کے اظہار میں وہ کبھی بلند آہنگی کا شکار نہیں ہوتے۔ مظہر امام کی شگفتہ بیانی اسلوب کی تازگی، لب ولہجہ کی نرمی، برتے ہوئے الفاظ کی خوش سلیقگی اور فکر محسوس کی رعنائی ان کی شاعری کو فن کے اعلیٰ منصب سے نیچے نہیں گرنے دیتی۔

۱۹۴۳ء تک ان کی شاعری تجرباتی دور سے گزرتی رہی۔ اس دوران انہوں نے ہیئت اور اسلوب میں کوئی خاص تجربہ نہیں کیا لیکن اپنی بات کہنے کے ہنر کو قارئین کے سامنے دلچسپ انداز میں پیش کیا۔ شاعری شخصیت کی آئینہ ہوتی ہے اور مظہر امام کا یہ مجموعہ اس لحاظ سے ان کی شخصیت کو سمجھنے میں معاون ہے۔ انہوں نے پوری ایمانداری کے ساتھ اپنی شخصیت کے ہر پہلو، مزاج کے ہر رنگ اور فکر واحساس کے اتار چڑھاؤ کی ترجمانی کی ہے۔ یہ شاعری موجودہ دور کے متوسط طبقے سے تعلق رکھنے والے ایک ایسے نوجوان کی کہانی ہے جس نے نامساعد حالات، خراب صحت، مایوسی ومحرومی کا مقابلہ جسمانی اور ذہنی طور پر کیا۔ اس جدوجہد میں ان کی آواز میں یاسیت کا گہرا عکس نظر آتا ہے۔

مظہر امام کی غزلیں متاثر کرتی ہیں۔ ساتھ ہی ان کی نظمیں ''سیاست دوراں'' کو سمجھنے کی کوششوں سے بھی عبارت ہیں جو غم ذات اور غم جاناں کی آئینہ دار ہیں۔ نظمیں ہوں یا غزلیں، دونوں ایک ہی دل ودماغ کی پیداوار ہیں، اس لیے یہ کہنا مناسب نہیں معلوم پڑتا کہ ان کو کس صنف سے طبعی مناسبت ہے۔ شاعری اصناف میں بٹی ہوئی نہیں ہے بلکہ شاعروں کے جذبات اور خیالات اپنی مناسبت سے اصناف کا انتخاب کر لیتے ہیں۔ اسی لئے مظہر امام غزلوں اور نظموں میں اپنے انکشاف ذات میں یکساں کامیاب نظر آتے ہیں۔

مظہر امام کے اندر تجربہ کرنے کا جذبہ موجود تھا۔ اس تجربہ کی دلچسپی کے تحت انہوں نے اوائل عمری (۱۹۴۵ء) میں آزاد غزل کا تجربہ بھی کیا جس کے لئے اکثر انہیں ہدف ملامت بنایا گیا۔ حالانکہ آزاد غزلیں آج تک مقبولیت حاصل نہیں کر سکی ہیں لیکن انہوں نے آخری دم تک اس کو استحکام بخشنے کی کوشش میں لگے رہے۔ ۱۹۸۸ء میں انہوں نے ''آزاد غزل کا منظر نامہ'' تحقیقی مقالہ لکھ کر یہ ثابت کرنے کی کوشش کی کہ آزاد غزل بطور صنف قبولیت کا درجہ حاصل کرنے لگی ہے۔

مظہر امام کی پہلی آزاد غزل ملاحظہ فرمائیں اور غور کریں کہ یہ کس قدر معنویت سے بھرپور ہیں:

ڈوبنے والے کو تنکے کا سہارا آپ ہیں   عشق طوفاں ہے، سفینہ آپ ہیں
آرزوؤں کی اندھیری رات میں   میرے خوابوں کے افق پر جگمگایا جو ستارا آپ ہیں
کیوں نگاہوں نے کیا ہے آپ ہی کا انتخاب   کیا زمانے بھر میں یکتا آپ ہیں

ان کی ایک اور آزاد غزل کے چند اشعار ملاحظہ ہو:

مکیں ہیں نئے ان کی قدریں نئی ہیں   ستم آزمودہ گلی میں ابھی تک ہمارا پرانا مکاں ہے
نشے میں خوش گماں صبح تھے اتنے   کسی نے زخمِ شب پر آج تک پھاہا نہیں رکھا

سری نگر میں مظہر امام کا قیام تقریباً ۱۴ر سال رہا۔ یہاں انہوں نے جو غزلیں کہیں وہ ''کشمیری غزل'' کے نام سے مشہور ہوئیں۔ انہیں کے حوالے سے آل احمد سرور، مسعود حسین خاں، شمس الرحمٰن فاروقی، اسلوب احمد انصاری، ڈاکٹر عالم خوند میری اور حامدی کاشمیری جیسے علم ذوق صاحبان نے اپنے تنقیدی محاکموں کے ذریعہ عصری غزل میں ان کی حیثیت کو مستحکم کر دیا۔ انہیں غزلوں کے مجموعے ''پچھلے موسم کا پھول'' کو ۱۹۹۴ء میں ساہتیہ اکاڈمی ایوارڈ ملا۔

ظہر امام صاحب کی ادبی خدمات کے بارے میں یہ کہا جا سکتا ہے کہ ان کی شاعری ان کی جدت فکر، انفرادیت اور سادگی و پرکاری کی مظہر ہیں۔ ان کے دو اشعار پر اپنی تحریر ختم کرتا ہوں:

وقت کا شور سدا روح کے ہمراہ رہا   ہم اکیلے بھی رہے، پر کبھی تنہا نہ ہوئے
خود غرض ہیں انجمن آرائیاں، تنہائیاں   آدمی کا آدمی سے اب کوئی رشتہ نہیں

◄◄ ● ►►

• ڈاکٹر جگ موہن سنگھ

ادبی مجلّہ ''ثالث'' کے اداریے

اخبار ہو یا رسالہ اداریہ اس کی حکمت عملی اور اخبار یا رسالہ نکالنے کے غرض و غائیت کا اشاریہ ہوتا ہے۔ اداریہ سے یہ اندازہ ہوتا ہے کہ اخبار یا رسالے کا مدیر یا ادارتی بورڈ کس طرح کی صحافت یا ادب کو ترویج دینا چاہتا ہے۔ کسی اخبار یا رسالہ میں اداریہ کی اہمیت و افادیت پر بحث کرتے ہوئے سید اقبال قادری یوں رقمطراز ہیں:

> ''اداریوں کے ذریعہ واقعات کی تفسیر بیان ہوتی ہے، کئی معاملات کی توضیح ہوتی ہے، کسی بھی فیصلہ کی اہمیت کا اعادہ کیا جاتا ہے، عام طور سے سمجھ نہ آنے والی باتوں کا مفہوم سمجھایا جاتا ہے۔ جدید اداریہ حالاتِ حاضرہ کا آئینہ ہوتا ہے۔''[1]

اس اعتبار سے جب ہم اقبال حسن آزاد کی ادارت میں نکلنے والے سہ ماہی اردو رسالہ ''ثالث'' کے اداریوں کا تنقیدی جائزہ لیتے ہیں تو سب سے پہلی بات یہ سمجھ میں آتی ہے کہ ''ثالث'' کے اداریوں میں عصری ادب کی صورتِ حال اور سماجی و ثقافتی اور ادبی مسائل کو نمایاں کرنے کا رُجحان ملتا ہے۔ ''ثالث'' کا اجراء سن 2013ء میں ہوا اور پہلے شمارے کے اداریہ سے ہی اندازہ ہو گیا کہ اقبال حسن آزاد شعر و ادب کے حوالے سے اپنی ایک رائے رکھتے ہیں لیکن ''ثالث'' میں مدیر کے اداریہ کے ساتھ ساتھ کسی نہ کسی مہمان مدیر ادیب کا اداریہ بھی شامل کیا جاتا ہے۔ جس میں مہمان مدیر آزادانہ طور پر شعر و ادب کی صورت حال کے بارے میں اپنے خیالات کا اظہار کرتا ہے۔ ثالث کے پہلے شمارے (اکتوبر، نومبر، دسمبر 2013ء) کے اداریہ میں مشہور ادیب اور دانشور مرحوم پروفیسر لطف الرحمٰن 31 اگست 2013 کو خراج عقیدت پیش کیا گیا۔ اس کے ساتھ ہی اس شمارے میں مہمان اداریہ کے طور پر ''قصہ ہے کہانی ہے پہلی ہے'' کے عنوان سے مشرف عالم ذوقی نے ادب اور خصوصاً اردو کہانی کے بارے میں اظہار خیال کیا ہے۔ مشرف ذوقی اردو کے افسانوی ادب کا اہم ترین نام ہے۔ عصرِ حاضر کے فکشن نگاروں میں ان کا نام پہلی صف کے قلمکاروں کے ساتھ لیا جاتا ہے۔ انھوں نے اپنے اداریہ میں اکیسویں صدی میں ادب کی معنویت پر سوال اُٹھایا ہے۔ یہ

سوال 2021ء تک آتے آتے اور زیادہ سنگین ہوگیا۔ ذوقی نے لکھا ہے کہ:

''زندگی کی ریس میں بھاگتے ہوئے عام آدمی کو ادب کی ضرورت نہیں ہے۔ نئی تکنالوجی کا خیر مقدم کرتے ہوئے اس نے اپنی زندگی سے ہی ادب کو خارج کر دیا ہے۔''۲

یہ ایسی حقیقت ہے جس سے ادب کا کوئی قلم کار یا قاری انکار نہیں کر سکتا۔ البتہ بعض دوسرے پہلوؤں سے اس سوال پر بحث کی گنجائش نکالی جا سکتی ہے۔ اسی طرح شمارہ 2 (جنوری 2014 تا مارچ 2014) کے اداریہ میں رسالہ ثالث کی پالیسی کی وضاحت کی گئی ہے اور واضح طور پر کہا گیا ہے:

''ہر رسالے کی ایک پالیسی ہوتی ہے اور اسی پر کاربند رہ کر وہ رسالہ زندہ رہ سکتا ہے۔ ''ثالث'' کی بھی ایک پالیسی ہے اور وہ یہ کہ ہندوستانی رسائل اور اخبارات میں شائع شدہ تخلیقات اس میں شائع نہیں ہوں گی......ایک اور غلط فہمی ''ثالث'' کے بارے میں پھیلائی جا رہی ہے کہ یہ (ثالث) خالص افسانوی ادب کا رسالہ ہے لیکن درحقیقت ایسا نہیں ہے ہم افسانوں کے ساتھ ساتھ بہترین غزلیں، نظمیں اور مضامین بھی شائع کر رہے ہیں۔''۳

ثالث اپنی اسی پالیسی پر سختی سے کاربند ہے۔

''ثالث'' کے اس شمارہ میں مہمان اداریہ کے طور پر شامل شفیق احمد شفیق کا اداریہ بھی بے حد اہم ثابت ہوتا ہے۔ شفیق احمد نے ''ادب اور عصر نو کے تقاضے'' کے عنوان سے زندگی اور ادب کی بدلتی ہوئی قدروں اور ضرورتوں کے حوالے سے ایک عمدہ اداریہ پیش کیا ہے۔ ادب میں عصر نو کے تقاضوں کو پیش کرنے کی ضرورت پر روشنی ڈالتے ہوئے اُنھوں نے لکھا ہے کہ ''جو ادب زندگی نامیاتی قدروں کا امین، زندگی افروز رجحان کا علمبردار اور مثبت اوصاف کا حامل ہوتا ہے۔ وہ ادب عصر نو کا ادب کہلاتا ہے۔ دراصل شفیق احمد شفیق ایک جانے پہچانے ناقد ہیں اور انھوں نے ''ثالث کے مہمان اداریہ میں اپنے موضوع کو دلائل کے ساتھ پیش کیا ہے۔ شفیق احمد نے ادب کے تخلیقی عمل کے حوالے سے ادیب کے خارجی مشاہدات اور اس کی داخلی کیفیات کے عمل و دخل سے بھی بحث کی ہے۔ ادبی تخلیق کے وجود میں آنے میں مشاہدہ اور کیفیت پر روشنی ڈالتے ہوئے انھوں نے لکھا ہے۔ ''ذاتی مشاہدہ ایک خارجی عمل ہے لیکن جب یہ عمل خارج سے ادب کے داخل میں اُتر جاتا ہے تو اس کے شعور کا حصہ بننے کے عمل سے گزرتا ہے جسے ہم ادیب کی داخلی دُنیا بھی کہہ سکتے ہیں''۔ دراصل ادب کی تخلیق کے خارجی اور داخلی عوامل پر شفیق احمد شفیق نے مختصر لیکن جامع انداز میں بے حد کام کی باتیں لکھی ہیں۔

''ثالث'' کے شمارہ نمبر 3 (اپریل تا جون 2014ء) کے اداریہ میں ادبی سیمناروں کے انعقاد کا خیر مقدم کیا گیا ہے۔ لیکن ادبی سیمناروں کی بعض خامیوں کی بھی نشاندہی کی گئی ہے۔ مثلاً: سیمناروں میں مقالہ نگاروں کی کثرت ہوتی ہے۔ کئی مقالہ نگار طویل مقالے لکھ کر لاتے ہیں جس کی وجہ سے سامعین میں اکتاہٹ پیدا ہو جاتی ہے اور بعد میں آنے والے مقالہ نگاروں کو پورا مقالہ پڑھنے کا وقت نہیں ملتا ہے۔ تیسری بات بعض ریسرچ اسکالرس بجائے خود سے کچھ لکھنے کے مختلف مضامین سے نقل کر کے اپنا مضمون تیار کر لیتے ہیں۔ اس کے علاوہ مضامین میں اشعار اور اقتباسات کی تکرار کی وجہ سے سیمنار میں مضحکہ خیز صورتِ حال پیدا ہو جاتی ہے۔ اداریہ میں اُمید ظاہر کی گئی ہے کہ سیمنار منعقد کرنے والے ادارے ان خامیوں کو دور کرنے کی کوشش کریں گے تا کہ سیمنار کی معنویت اور افادیت میں زیادہ سے زیادہ اضافہ ہو سکے۔ اس شمارہ کے اداریہ میں اقبال حسن آزاد نے اختصار کے ساتھ اپنے خیالات کا اظہار کرتے ہوئے اردو ادیبوں کی جدید تکنالوجی سے عدم واقفیت کا شکوہ کیا ہے۔ ان کے مطابق:

> ''وہ کمپیوٹر کے استعمال سے واقف ہیں نہ انٹرنیٹ کے۔ ان کا طریقۂ کار ابھی بھی بیسویں صدی والا ہے۔ یعنی وہ ابھی تک قلم اور کاغذ کا ہی استعمال کر رہے ہیں۔ افسانے لکھتے ہیں، مضامین تحریر کرتے ہیں، غزلیں اور نظمیں تخلیق کرتے ہیں۔ اسے صفحۂ قرطاس پر اُتارتے ہیں۔ پھر اس کو صاف کرتے ہیں۔ اس کے بعد لفافے میں ڈال کر سپرد ڈاک کر دیتے ہیں۔ کبھی کبھی گم ہو جانے کی صورت میں یہ لفافہ سپرد خاک بھی ہو جاتا ہے۔ اور اگر خوبی قسمت سے وہ چیز رسالے کے مدیر کے پاس پہنچ بھی گئی تو مدیر کو اس کی کتابت رکمپوزنگ اور پروف ریڈنگ کے صبر آزما مرحلوں سے گذرنا پڑتا ہے۔ لہذا سارے کام دیر سے انجام پاتے ہیں۔ اگر ہم اردو والے زندگی کی دوڑ میں پچھڑ رہے ہیں تو اس میں خود ہماری غفلت اور کوتاہی کا دخل ہے۔ اب جب کہ اردو ان پیج کی سہولت ہمارے پاس موجود ہے تو کیوں نہ ہم اس سے زیادہ سے زیادہ استفادہ کریں اور زمانے کے شانہ بشانہ چلنے کی کوشش کریں۔''[۴]

''ثالث'' کے اس اداریے میں یہ بات درست ہے لیکن اب 2021ء تک آکر صورتِ حال بہت بدل گئی ہے اور اردو کے اکثر و بیشتر ادیب اور شاعر اپنی تخلیقات کمپیوٹر پر خود کمپوز کر کے مدیر کو ای میل کرتے ہیں۔ جس کی وجہ سے مدیر کا وقت بھی بچتا ہے اور پیسہ بھی اس کے علاوہ کتابت یا کمپوزنگ کی غلطیاں بھی کم از کم ہوتی ہیں۔ یہی نہیں آج کا ادیب تو سوشل میڈیا یعنی فیس بک اور وٹس ایپ کے ذریعے

بھی اپنی تخلیقات کو قارئین تک با آسانی پہنچا تا ہے۔

مہمان اداریہ کے طور پر اس شمارہ میں مشہور فکشن نگار مرحوم پیغام آفاقی نے ''پختہ اور ناپختہ ناول میں فرق'' کے عنوان سے معیاری اور غیر معیاری ناولوں کے درمیان خطِ امتیاز کھینچتے ہوئے کئی باتوں کی نشاندہی کی ہے۔ اس سلسلے میں اُنہوں نے ناول میں پیش کی جانے والی دانشوری ، خیال آفرینی اور Ideology کے بارے میں اظہارِ خیال کیا ہے۔ پیغام آفاقی لکھتے ہیں:

> ''دانشوری اور خیال آفرینی دو مختلف چیزیں ہیں۔ سوال یہ پیدا ہوتا ہے کہ تخلیق کار کو نئے آئیڈیاز کو پیش کرنے تک محدود رہنا چاہیے یا ان نئے آئیڈیاز کو دانشوری کے ترازو میں تولنا اور دیکھنا چاہیے۔ دراصل تولنے کے عمل میں ہی ناول کی دانشوری کا عمل پنہاں ہوتا ہے۔ ناول کے اندر تولنے کا عمل ناول کے عمل میں دکھائی دیتا ہے نہ کہ لفظی موازنہ میں .... دانشوری کا تقاضا یہ ہے کہ ہر نئے خیال کو دُنیا اور زندگی کی مکمل ساخت کی روشنی میں جانچا جائے۔ ناول کی عظمت دانشوری میں پنہاں ہوتی ہے نہ کہ محض خیالس آفرینی میں۔ زندگی کی مجموعی صورتحال میں تبدیلی کے جائزے میں پنہاں ہوتی ہے نہ کہ محض زندگی اور دُنیا میں ہونے والے نئے نئے تجربات کی عکاسی اور پیشکش میں''۔۵

اسی طرح کے نظریہ کی پیشکش میں لکھتے ہیں کہ ناول کے جمالیاتی اور فنی تقاضوں کو نظر انداز کرنے کی وجہ سے ناول میں صحافت کا رنگ پیدا ہو جاتا ہے۔ پیغام آفاقی یہ بھی مانتے ہیں کہ ناول نگار ناول لکھتے ہوئے معاشرے کو اس کے کُل میں دیکھتا ہے اور معاشرے کے اجزاء کو تناسب اور تناظر کے ساتھ پیش کرتا ہے۔ پیغام آفاقی کے مطابق بعض ناول ایسے بھی ہوتے ہیں جن میں دلچسپی اور تفریح کے عناصر زیادہ ہوتے ہیں اِسی وجہ سے ایسے ناول ناپُختہ ہوتے ہیں۔ اور یہ اچھے اور عمدہ ناول کے منصب پر فائز نہیں ہو پاتے۔ اسی طرح پیغام آفاقی دلائل کے ساتھ پختہ اور ناپختہ یعنی معیاری اور غیر معیاری ناولوں کے فرق کو نمایاں کرتے ہیں۔ پیغام آفاقی کا یہ اداریہ ناول کے فن کے حوالے سے ایک عمدہ اداریہ ہے جس سے ناول نگار حضرات ناول کی تخلیق کرتے ہوئے اس سے استفادہ کر سکتے ہیں۔

''ثالث'' کا شمارہ 4 (جولائی تا ستمبر 2014ء) کے اداریہ میں اردو کی لسانی ساخت پر روشنی ڈالتے ہوئے اردو شعر و ادب میں معیاری اور مروجہ عربی، فارسی، ہندی اور انگریزی الفاظ کے استعمال کی نشاندہی کی گئی ہے اور میر تقی میرؔ کے اس شعر:

سرہانے میرؔ کے آہستہ بولو
ابھی ٹک روتے روتے سو گیا ہے

کے حوالے سے اس حقیقت کا اظہار کیا گیا ہے کہ امتدادِ زمانہ سے بہت سارے الفاظ کے معنی، لہجے اور تلفظ بھی بدل جاتے ہیں۔ اداریے میں یہ بھی کہا گیا ہے کہ آج ٹی وی اور انٹرنیٹ نے زبان کے میدان میں ایک انقلاب برپا کر دیا ہے۔ نئے نئے الفاظ اور نئی اصطلاحات سامنے آ رہی ہیں۔ اس اداریہ میں مشورہ دیا گیا ہے کہ اردو زبان وادب کی ترقی اور جدید کاری کے لیے قابل قبول نئے الفاظ اور اصطلاحات کو بے تکلفی سے استعمال کرنا چاہیے۔ اس کے ساتھ ہی اس اداریہ میں تخلیق کاروں کو یہ مشورہ بھی دیا گیا کہ تخلیقات بہتر پروف ریڈنگ کے بعد ان پیج فارمٹ میں بھیجی جائیں ساتھ ہی ''انشاء'' کے تکنیکی تقاضوں کا بھی خیال رکھا جائے۔

اس اداریہ کی اہمیت اس لیے بھی بڑھ جاتی ہے کہ نئی نسل اردو زبان کی لسانی ساخت سے بے بہرہ ہو چکی ہے اور کتابت کا رواج ختم ہو چکا ہے۔ اس لیے تخلیق کاروں کو اپنی تخلیقات اشاعت کے لیے بھیجنے سے پہلے زبان و بیان، املا اور اعراب وغیرہ کا لازمی طور پر خیال رکھنا چاہیے۔

''ثالث'' کے اس شمارے میں ''متن، تناظر اور لسانی ساختیں'' کے عنوان سے فرح ندیم کا مہمان اداریہ شامل اشاعت ہے۔ اس اداریے میں اُنھوں نے عمدہ خیال اور جدید ترین لسانی وادبی نظریات پر اظہار کیا ہے۔ اداریہ سے اندازہ ہوتا ہے کہ فرح ندیم مابعد جدید لسانی، ادبی تھیوریز (Theories) کی عمدہ آگہی رکھتے ہیں۔ فرح ندیم نے اپنے اداریہ میں متن کے حوالے سے ادبی تخلیقات کی لسانی ساختوں کا حوالہ دیا ہے۔ اگر غور کیا جائے تو فرح ندیم کا یہ اداریہ ساختیاتی نظریہ کے ادب کے حوالے سے ایک عمدہ اداریہ ثابت ہوتا ہے۔

رسالہ ''ثالث'' کا پانچواں شمارہ (اکتوبر تا دسمبر 2014) اس رسالہ کی اشاعت کے پہلے سال کا آخری شمارہ ہے۔ اس کے اداریہ میں ایک طرف جہاں ''ثالث'' کے ایک سال مکمل ہونے پر خوشی کا اظہار کیا گیا ہے۔ وہاں ہی بعض تلخ و شیریں تجربات کے جانب اشارہ کرتے ہوئے یہ دعوا کیا گیا ہے کہ ''ثالث'' کسی گروپ بندی کا شکار نہیں۔ ''ثالث'' کا دروازہ ہر پرانے اور نئے لکھنے والوں کے لیے کھلا رہتا ہے۔ اس اداریہ میں ان لوگوں کی مزاحمت کی گئی ہے جو یہ کہتے ہیں کہ اردو زبان قریب المرگ ہے اور بہت جلد ختم ہونے والی ہے۔ ثالث کے اداریہ میں یہ کہا گیا ہے کہ اردو زبان ختم ہونے کے بجائے تیزی سے پھلتی پھولتی جا رہی ہے۔ البتہ اس کی ترقی رومن سکرپٹ اور دیوناگری لپی میں ہو رہی ہے۔ لیکن اس سے اردو رسم الخط خطرے میں پڑ گیا ہے۔ اس پر اردو والوں کو توجہ دینی چاہیے۔ ''ثالث'' کے شمارہ پانچ کے اداریہ

میں بجا طور پر کہا گیا ہے کہ ایک قلیل عرصے میں ''ثالث'' نے اردو دنیا میں اپنی ایک پہچان قائم کر لی ہے اور اس کے ویب سائٹ کو اب تک ایک لاکھ کے قریب لوگ وزٹ کر چکے ہیں اور یہ قارئین کے لیے بڑے فائدے کی بھی بات ہے کہ ''ثالث'' کے پرانے تمام شمارے ویب سائٹ پر دستیاب ہیں۔

''ثالث'' کے شمارہ 5 کا مہمان اداریہ نورالعین ساحرہ کا لکھا ہوا ہے۔''اُردو افسانے کا مستقبل عالمی تناظر میں'' کے عنوان سے اُنھوں نے افسانے کے بارے میں عمومی خیالات کا اظہار کیا ہے۔ یہ اداریہ بہت عمدہ اداریہ نہیں ہے اور اس اداریے میں اُنہوں نے اُردو افسانے کے حوالے سے روایتی باتیں ہی کہی ہیں جن کا ذکر بار بار کیا جاتا رہا ہے لیکن اس اداریے کا عنوان یہ سوال قائم کرتا ہے کہ عالمی تناظر میں اُردو افسانے کا حال کیسا ہے اور مستقبل کیسے ہونا چاہیے؟

''ثالث'' کا شمارہ 6 (جنوری 2015 تا مارچ 2015) کے اداریہ میں شعر و ادب کی عصری معنویت کے حوالے سے کہا گیا ہے کہ شعر و ادب کا مطالعہ ایک تہذیبی عمل ہے جو انسان کو انسان بناتا ہے۔ اس اداریہ میں اردو میں ادبِ اطفال کے زوال کا شکوہ کرتے ہوئے اس کے نقصانات کی نشاندہی کی گئی ہے۔ اسی طرح انٹرنیٹ کے بڑھتے اثرات کی وجہ سے اردو زبان میں رونما ہونے والی تبدیلیوں کا بھی ذکر کیا ہے۔ یہ تبدیلیاں کچھ فائدہ مند ہیں تو کچھ نقصان دہ بھی۔ بدلتے ہوئے وقت میں اردو زبان میں فارسی اور عربی الفاظ کا استعمال کم ہوا ہے اور اس کی جگہ انگریزی آمیز زبان سامنے آ رہی ہے۔ اداریہ میں یہ مشورہ دیا گیا ہے کہ ہمیں اس جدید اردو کو قبول کرنا ہوگا لیکن اس احتیاط کے ساتھ کہ اس سے اردو زبان کی بنیادی ساخت کو کوئی نقصان نہ پہنچے۔ اسی سلسلے میں اس بات کا ذکر بھی کیا گیا ہے کہ اردو میں نئے لکھنے والے کم نظر آتے ہیں جب کہ اردو کا مستقبل نئے لکھنے والوں سے ہی وابستہ ہے اور یہ بات صحیح بھی ہے کہ کیوں کہ پرانے اور معتبر قلم کار رفتہ رفتہ منظر نامے سے غائب ہوتے جا رہے ہیں اور نئے لوگوں میں ایسے لکھنے والے سامنے نہیں آ پا رہے ہیں جو ان کی خالی جگہوں کو پُر کر سکیں اور یہ ایک تشویشناک صورتِ حال ہے۔ اداریہ میں اردو رسالوں کے مدیران کو مشورہ دیا گیا ہے کہ معتبر اور مستند ادیبوں کے ساتھ ساتھ نئے لکھنے والوں کو بھی اپنے اپنے رسالوں میں جگہ دی جائے۔ چنانچہ ''ثالث'' کے شماروں میں قدیم و جدید لکھنے والوں کی ایک کہکشاں نظر آتی ہے۔

اکیسویں صدی زبان و ادب سے متعلق مختلف اور متضاد افکار و نظریات کی یورش کی صدی ہے۔ اس صدی کے اوّل سے ہی جدیدیت سے آگے مابعد جدیدیت اور اس کی مختلف صورتوں مثلاً تانیثیت، بین المتونیت وغیرہ پر بحث و مباحثہ کا سلسلہ اپنے عروج پر پہنچا۔ خاص طور پر کلیم الدین احمد اور احتشام حسین وغیرہ کے بعد گوپی چند نارنگ، شمس الرحمٰن فاروقی، حامدی کاشمیری اور وہاب اشرفی وغیرہ کی تنقیدی تحریروں سے

یہ تاثر عام ہوا کہ تنقید تخلیق سے برتر ہے لیکن یہ بات درست نہیں ہر حالت میں تنقید کی بنیاد تخلیق پر ہی رکھی جاتی ہے۔ اس دوران اردو تنقید کے حوالے سے جو مختلف نظریات سامنے آئے انھیں ذہن میں رکھتے ہوئے ''ثالث'' کے شمارہ 7 (اپریل تا جون 2015ء) کے اداریہ میں اقبال حسن آزاد نے بجا طور پر لکھا ہے:

> ''نظریات، خرد کے مضمرات وممکنات پر مشتمل ہوتے ہیں اور عقل وخرد کوئی جامد شے نہیں، یہ بھی ایک نامی وجود ہے جو ہر لمحہ متحرک اور متغیر رہتا ہے۔ اس تحرک اور تغیر کے مرحلے میں کبھی نمایاں اور کبھی معدوم بھی ہو جاتا ہے۔ اب اگر نظریات کو اصطلاحی اور تاریخی تناظر میں دیکھا جائے تو ہمیں زوال ہی کی صورت نظر آئے گی۔''۶

اس اداریہ میں ہندوستان کے مختلف دوروں یعنی مغل دور اور برطانوی دور کے ادبی نظریات کی جانب اشارہ کرتے ہوئے حالی اور محمد حسین آزاد کی تخلیقات سے اردو میں نمایاں ہونے والے جدید دور کا ذکر کیا گیا ہے جس کی تفصیل سے ہر شخص واقف ہے۔ اور پھر اس کے آگے تنقید کی مختلف قسموں کا ذکر کرتے ہوئے مشہور نقاد ڈاکٹر منظر اعجاز کی کتاب ''اعجازِ نظر'' کے دیباچے کی چند سطریں نذر کرتے ہوئے کہا گیا ہے کہ کسی مخصوص نظریے کے تحت فن کے کسی خاص پہلو کا مطالعہ اور تجزیہ تنقید کی ذمہ داریوں سے پورے طور پر عہدہ برآ نہیں ہوسکتا۔ یہ مطالعہ جزوی قرار دیا جائے گا۔ اس اعتبار سے ''ثالث'' کے اس اداریہ میں کسی بھی تنقیدی تحریر کا پورے تخلیقی ادب پر اطلاق کے تصور کو رد کیا گیا ہے۔ دراصل اس اداریے میں اقبال حسن آزاد نے کسی کہنہ مشق نقاد کی طرح نظریاتی تنقید کو ادبی تنقید کا انتشار اور بحران قرار دیا۔ جس سے ادب اتفاق کی کوئی گنجائش نہیں نکالی جاسکتی۔

''ثالث'' شمارہ 8 (جولائی تا ستمبر 2015ء) کے اداریہ میں اقبال حسن آزاد نے صنف افسانہ کی مختلف قسموں پر روشنی ڈالی ہے اور یہ بتایا ہے کہ افسانہ کسی بھی طرح کا ہو (رومانی، حقیقت پسند، جدید یا ترقی پسند) بحیثیت مجموعی قاری کے ذوق اور اخلاقیات پر اثر انداز ہوتا ہے۔ اقبال حسن آزاد کے مطابق افسانہ کی تشکیل الفاظ کے ذریعے ہی ہوتی ہے اور چوں کہ اقبال حسن آزاد خود بھی اچھے افسانہ نگار ہیں اسی لیے انھوں نے افسانہ کے لیے الفاظ کے برتاؤ کے حوالے سے درست لکھا ہے کہ:

> ''الفاظ میں بھی بڑی طاقت ہوتی ہے۔ یہ کسی قاری کو ہنسا سکتے ہیں، رلا بھی سکتے ہیں، ان کے جذبات کو برانگیختہ بھی کرسکتے ہیں اور ان کے ذہن کو غلط راستے پر موڑ کر قاری کی اخلاقیات کو تباہ بھی کرسکتے ہیں ٹھیک اسی طرح جس طرح آندھی اور سیلاب بستیوں کو تباہ و برباد کردیتے ہیں۔ لہٰذا افسانہ نگار کو اپنے الفاظ پر

بار بار غور کرنا چاہیے۔ آپ کسی موضوع پر لکھیں اس کے ڈکشن پر دھیان دیں اور دیکھیں کہ دلچسپی کہاں کہاں اور کیسے پیدا کی جا سکتی ہے۔'' ۷

چوں کہ اردو میں علامتی اور تجریدی افسانے لکھنے کا بھی رواج رہا ہے لیکن اکثر و بیشتر افسانہ نگار انتہائی ذاتی علامتوں کا اس طرح استعمال کرتے ہیں کہ انھیں سمجھنا عام قاری کے لیے دشوار ہوتا ہے۔ اسی لیے اقبال حسن آزاد نے لکھا ہے کہ افسانہ نگار ایسی علامتیں استعمال کرے جو روشن ہوں اور افسانے کے حسن کو بڑھانے میں مددگار ہوں۔ ایسا نہ ہو کہ افسانہ پر ایسی گہری دھند چھا جائے کہ کچھ دیکھائی ہی نہ دے۔ اداریہ نگار اس بات کا قائل ہے کہ افسانہ خواہ کسی بھی اسلوب میں کیوں نہ لکھا جائے یہ ضروری ہے کہ افسانہ نگار کے مافی الضمیر کی ترسیل قاری تک ہو جائے۔ اس ضمن میں زیرِ بحث اداریہ میں اقبال حسن آزاد نے اردو زبان کی ساخت پر روشنی ڈالتے ہوئے مقامی زبانوں کے الفاظ اور محاورات کے استعمال کی حمایت کی ہے کیوں کہ اس سے افسانہ کے فطری حسن میں اضافہ ہوتا ہے۔

اس شمارے میں ڈاکٹر منظر اعجاز نے بھی مہمان اداریہ کے طور پر ''متن سے مکالمہ'' کے عنوان سے اداریہ لکھا ہے، جس میں تنقید اور تخلیق کے معنی و مفہوم اور مقام و مرتبہ سے متعلق بحث کرتے ہوئے یہ تاثر دینے کی کوشش کی ہے کہ تخلیق کو کم تر سمجھنا تخلیق کار کے احساس کم تری کی دلیل ہے۔ اس ضمن میں منظر اعجاز نے متن کی قرات کی اہمیت کو نمایاں کرتے ہوئے لکھا ہے کہ قرأت ہی متن کو بے معنی یا بامعنی بناتی ہے۔ دراصل منظر اعجاز نے یہاں قاری کی مختلف قسموں یعنی عام قائل قاری آزاد یا تخلیقی قاری وغیرہ کی طرف اشارہ کیا ہے کیوں کہ کسی بھی تخلیق سے معنی مفہوم اخذ کرنے کا تعلق قاری کے مطالعہ اور شوق پر بھی ہوتا ہے اسی لیے متن کی معیاری قرات کے لیے قاری کے باذوق ہونے کی شرط عائد کی جاتی ہے۔ گوپی چند نارنگ، شمس الرحمٰن فاروقی، وزیر آغا، حامدی کاشمیری اور وہاب اشرفی وغیرہ سبھی ناقدین نے متن سے اخذ معنی کے لیے ''باذوق قاری''، ''سہردئے پاٹھک'' (Ecrivian Reader) کے وجود کو شعر و ادب کی تفہیم و تعبیر کے لیے لازمی قرار دیا ہے۔ اس اعتبار سے ثالث کے اس شمارہ کا یہ اداریہ بے حد اہم ہو جاتا ہے۔

''ثالث'' کا شمارہ 9 اور 10 (اکتوبر 2016) مشترکہ شمارہ ہے۔ اس کے اداریے میں اردو میں استعمال ہونے والی انگریزی اصطلاح ''فکشن'' (Fiction) کے معنی و مفہوم اور امکانات کا جائزہ لیا گیا ہے۔ اقبال حسن آزاد کے مطابق:

''فکشن (Fiction) ایک ہمہ گیر لفظ ہے۔ اس میں حکایت، داستان، ناول، قصہ، کہانی، افسانہ سبھی کچھ سما جاتے ہے۔ امتداد زمانہ سے قصے کہانیوں کی شکلیں

تبدیل ہوتی رہی ہیں۔ کہتے ہیں کہ ادب سماج کا آئینہ ہوتا ہے۔ لہذا جیسے جیسے ہمارا سماج بدلتا گیا ویسے ویسے ادب کی شکل بھی بدلتی گئی۔ یوں تو یہ تبدیلی ہر صنفِ سخن میں آئی لیکن فکشن چوں کہ ایک حساس صنف ہے اس لیے سب سے پہلے اس کی جھلک اسی میں دکھائی دیتی ہے۔ ماضی میں داستانیں ہماری زندگی کا حصہ ہوا کرتی تھیں۔ ان داستانوں میں مافوق الفطرت عناصر اور فوق العادت واقعات کی دلچسپ اور سحر انگیز تصویریں دیکھنے کو ملتی تھیں۔ اس وقت کا انسان با فراغت تھا۔ اس کے پاس طویل داستانوں کو سننے کے لیے کافی وقت تھا لیکن جب مشینی دور کا آغاز ہوا تو حالات یکسر بدل گئے۔ اب لوگوں کے پاس لمبی داستانوں کو سننے یا پڑھنے کے لیے زیادہ وقت نہیں بچا ایسی صورت میں ناول کی بنیاد پڑی۔ ناولوں کے بعد افسانوں کا رواج شروع ہوا۔ داستانوں کا دور تو کب کا ختم ہو گیا لیکن ناول اور افسانے ابھی تک لکھے جا رہے ہیں۔''[8]

چوں کہ یہ مشترکہ شمارہ فکشن نمبر کے طور پر شائع کیا گیا ہے اور اس میں ناول کا ایک باب، ایک ناولٹ کے علاوہ 21 افسانے اور کئی افسانچے بھی شامل ہیں۔ اداریے میں اس بات کا اعلان بھی کیا گیا ہے کہ ثالث کا یہ خصوصی شمارہ فکشن نمبر کے نام سے بھی منظر عام پر آئے گا۔

''ثالث'' کا گیارہواں شمارہ جولائی 2017ء میں شائع ہوا۔ اس شمارے سے ''ثالث'' نے ''کلاسیک'' کے عنوان سے ایک نیا سلسلہ شروع کیا ہے۔ اس شمارے کے اداریے میں ''ثالث'' کے مدیر نے لکھا ہے کہ نئے لکھنے والوں کی حوصلہ افزائی ''ثالث'' کی پالیسی کا حصہ ہے۔ اس ضمن میں انھوں نے اس شمارے میں چار نئے افسانہ نگاروں کے افسانے شائع کیے ہیں۔ اس شمارہ کے اداریہ میں اردو میں خطوط نگاری کی روایت اور عصری صورت حال کے بارے میں بھی اظہارِ خیال کیا ہے اور اس کی اقسام کی بھی وضاحت کی ہے۔

اقبال حسن آزاد نے رسالوں میں شائع ہونے والے رسمی خطوط (تعزیتی خطوط) سے متعلق اپنی ناپسندیدگی ظاہر کرتے ہوئے مشہور فکشن نگار حسین الحق کے ایک خط کا ذکر کرتے ہوئے لکھا کہ ایسے خط سے ذہن و دل کے دریچے واہ ہوتے ہیں اور ہمارے علم میں اضافہ ہوتا ہے۔ اس اداریہ میں اس بات کا بھی دعوا کیا گیا ہے کہ ''ثالث'' کے فکشن نمبر کی قارئین نے دل کھول کر پذیرائی کی۔ یہ بات صحیح ہے کہ اقبال حسن آزاد ''ثالث'' کا ہر شمارہ بڑی محنت سے شائع کر رہے ہیں چنانچہ ثالث کا شمارہ نمبر 12 (جنوری تا مارچ 2018ء) کے اداریے میں ادب میں تنقید کے منصب اور تنقید نگار کے فرائض پر روشنی ڈالتے ہوئے یوں رقمطراز ہیں:

''تنقید نگار کا کام بہت پیچیدہ ہوتا ہے۔ لہذا یہ ضروری ہے کہ اس کا مطالعہ

وسیع اور نظر گہری ہو۔ چوں کہ اسے بہت سے علوم سے مدد لینی پڑتی ہے اس لیے تمام اہم علوم سے بھی اسے آگاہی ہونی چاہیے۔ کم علم اور کم تجربہ رکھنے والا شخص تنقید کا حق ادا نہیں کرسکتا۔ عام قاری کے برعکس تنقید نگار ایک باشعور قاری ہوتا ہے اور ضروری علوم پر اس کی نظر ہوتی ہے۔ وہ کسی ادبی و فنی کارنامے کو سمجھنے اور سمجھانے کی زیادہ صلاحیت رکھتا ہے۔ اس کی تنقیدی رائے ایک طرف تو فن کار کی رہنمائی کرتی ہے اور دوسری جانب وہ فن پارے تک رسائی حاصل کرنے میں قاری کی مدد کرتا ہے۔ اکثر ایسا ہوتا ہے کہ قاری نے کسی فن پارے کو پسند یا ناپسند تو کرلیا مگر اس کی پسند کا سبب کیا ہے یہ وہ نہیں سمجھ پاتا۔ لیکن اس فن پارے سے متعلق کوئی تنقیدی مضمون پڑھ کر اسے اپنے سوال کا جواب مل جاتا ہے اور وہ ذہنی الجھن سے نجات پالیتا ہے۔'' 9

اداریہ میں اس بات پر بھی زور دیا گیا ہے کہ تنقید کو صرف تخلیق کی خوبیوں سے ہی سروکار نہیں رکھنا چاہیے بلکہ خامیوں کی بھی نشاندہی کرنی چاہیے۔ غیر جانبدار اور مخلصانہ رویہ سے ہی معیاری تنقید وجود میں آتی ہے۔ اسی طرح اداریہ میں اس حقیقت کا بھی اظہار کیا گیا ہے کہ آج کے دور میں بھی بہتر افسانے لکھے جارہے ہیں لیکن بہتر اور معیاری افسانہ نگاری کا سلسلہ جاری رہے اس کے لیے ضروری ہے کہ افسانہ نگار روایت پسندی کے دائرے سے باہر نکل کر افسانہ نگاری کے جدید اصولوں اور رُجحانات کو بھی اپنے پیشِ نظر رکھے۔ خود اقبال حسن آزاد کے افسانوں میں بھی یہ بات نظر آتی ہے۔

اقبال حسن ازاد نے ''ثالث'' کے شمارہ نمبر 13 (اپریل تا دسمبر 2018ء) کا اداریہ ''مجھے کچھ کہنا ہے'' کے عنوان سے لکھا ہے۔ اس اداریے کا تعلق بھی افسانہ سے ہے۔ جس میں انھوں نے افسانہ کی قرأت اور تفہیم کے آداب پر روشنی ڈالی ہے۔ اداریہ میں لکھا گیا ہے کہ افسانہ کو پڑھنے اور سمجھنے کے لیے ضروری ہے کہ قاری افسانہ کے لوازمات سے بخوبی واقف ہو۔ اس ضمن میں اقبال حسن آزاد نے افسانہ نگار پر بھی یہ شرط عائد کی ہے کہ اُسے افسانہ کے تمام اجزاء پر پوری توجہ دینی چاہیے۔ یعنی ایک افسانہ نگار جتنی اہمیت موضوع کو دے اتنی ہی اہمیت اسلوب، واقعات اور بیانیہ کو بھی دینا ضروری ہے تبھی ایک عمدہ افسانہ وجود میں آتا ہے۔ اسی طرح ایک اچھے اور سچے قاری کو بھی سنجیدہ مطالعہ پر زور دیتے ہوئے اداریہ میں یوں لکھا ہے:

''ایک اچھا اور سچا قاری افسانے کو درمیان میں چھوڑ چھوڑ کر نہیں پڑھتا۔ اسے اگر افسانے میں دلچسپی محسوس نہ ہو گی تو آگے ہی نہیں بڑے گا۔ چھلانگیں مار مار کر پڑھنے والا افسانہ کے ساتھ انصاف نہیں کر پائے گا اور وہ اس کے

تعلق سے ایک غلط تفہیم قائم کرے گا۔ یا تو وہ پورا افسانہ پڑھے یا پھر سرے سے پڑھے ہی نہیں۔''[۱۰]

اداریہ میں افسانہ کی تخلیق اور افسانے کی زبان کے حوالے سے بھی اقبال حسن آزاد نے اپنا خیال ظاہر کرتے ہوئے لکھا ہے :

''زبان دو طرح کی ہوتی ہے۔ ایک ٹکسالی اور دوسری مقامی بولی۔ ٹکسالی زبان وہ ہوتی ہے جو پوری دنیا میں یکساں طور پر لکھی اور پڑھی جاتی ہے جب کہ مختلف علاقوں میں الگ الگ بولیاں بولی جاتی ہیں۔ تنقید کی زبان ٹکسالی ہو سکتی ہے لیکن افسانے کی نہیں۔ مقامی بولیاں افسانے میں ایک خاص طور کا حسن پیدا کرتی ہیں۔ اگر کوئی قاری دوسرے علاقے کی بولی سے نا آشنا ہے تو اس کا مطلب یہ نہیں کہ افسانہ نگار نے زبان و بیان کی غلطیاں کی ہیں۔ ایک اچھا قاری افسانے کے متن سے ان اجنبی الفاظ کے معنی اخذ کر لیتا ہے۔''[۱۱]

کسی بھی معیاری رسالے کی ایک خوبی یہ ہوتی ہے کہ وہ اپنے عہد کے منفرد اور ممتاز تخلیق کار کی پذیرائی میں بخالت سے کام نہیں لیتا۔ یہ خوبی ''ثالث'' میں بھی نظر آتی ہے۔ چنانچہ ''ثالث'' کے چودھویں شمارے (جنوری تا دسمبر 2019ء) میں اقبال حسن آزاد نے عصرِ حاضر کے ممتاز فکشن نگار، نقاد اور دانشور پروفیسر حسین الحق کی شخصیت اور فن کی عظمت کا اعتراف کرتے ہوئے ان سے اپنے مراسم کا ذکر کیا ہے اور ان کی شیریں بیانی، سادگی اور خلوص کا ذکر بڑی ایمانداری سے کیا ہے۔ حسین الحق کو گذشتہ دنوں ساہتیہ اکادمی انعام سے نوازا گیا۔ حسین الحق کے ناول ''فراحت''، ''بولو مت چُپ رہو'' اور ''اماوس میں خواب'' کے علاوہ ''نیو کی اینٹ''، ''نا کہانی'' وغیرہ ان کے شاہکار ناول اور افسانے سمجھے جاتے ہیں۔ اقبال حسن آزاد نے حسین الحق کی شخصیت اور فن کے بارے میں جتنا کچھ بھی لکھا ہے اس سے ان کی فن کاری اور فن شناسی کا ثبوت ملتا ہے۔

اردو رسالوں کے ساتھ سب سے بڑا مسئلہ مالی وسائل کی کمی کا ہوتا ہے۔ ''ثالث'' بھی اسی طرح کے مسائل سے دوچار رہتا ہے۔ یہ محض اقبال حسن آزاد کا شوق اور جنون ہے کہ وہ ابھی تک 'ثالث' کو زندہ رکھے ہوئے ہیں۔ چنانچہ بیچ بیچ میں ثالث کی اشاعت میں بے رکتی بھی آئی اور دوبار انھیں مشترکہ شمارے بھی نکالنے پڑے چنانچہ ''ثالث'' کا پندرہواں اور سولہواں شمارہ (جنوری تا دسمبر 2020ء) بھی مشترکہ شکل میں سامنے آیا۔ اس شمارے کے اداریے میں عالمی خواتین نمبر کے عنوان سے پہلے تو کرونا کا ذکر کیا گیا ہے۔ جس کے سبب پوری دنیا میں انسانی آبادیاں طرح طرح کی مصیبتوں سے دوچار ہو رہی ہیں۔ کرونا کا عذاب ابھی ختم نہیں ہوا ہے اور 2021 کی دوسری تیسری دہائی میں ایک بار پھر پوری دنیا اس وباء کے دوسرے حملے سے

دو چار ہو چکی ہے لیکن اس کے باوجود ثالث نے عالمی خواتین نمبر کے بعد بھی متواتر ''ثالث'' کی اشاعت جاری و ساری رکھی ہے۔ اقبال حسن آزاد اس عالمی خواتین نمبر شمارہ کے اداریہ میں لکھتے ہیں:

''اس شمارے کو پڑھ کر قارئین کو اندازہ ہوگا کہ آج کل خواتین عالمی پیمانے پر کس طرح اردو زبان و ادب کی خدمات انجام دے رہی ہیں۔ اس شمارے میں اگر ایک طرف خواتین کے ذریعے لکھے گئے عالمانہ مضامین شامل ہیں تو دوسری جانب ان کے قلم سے نکلے ہوئے بہترین افسانے بھی ہیں۔ ان افسانوں کو پڑھ کر اندازہ ہوتا ہے کہ آج کی عورت کیا سوچتی ہے؟ اس کی نظر میں دنیا اور سماج کی کون سی تصویر ہے؟ اس شمارے میں شامل افسانوں کے عنوانات دیکھ کر ہی آپ کو اس کا اندازہ ہو جائے گا۔ ''خالی جھولی''، ''خلا''، ''یہ عجیب عورتیں''، ''بوڑھی پڑوسن کا موبائل''، ''دو نیناں''، ''گنگا بہتی کیوں ہو؟''، ''فاتح عالم''، ''محبوبہ''، ''بے بی اماں''، ''رشتوں کی دیمک''...... ''گڑیا میلی ہو جائے گی''، ''قلاش''، ''زخمی پرندہ''، ''دو بوری عزت''، ''بیم ورجا'' وغیرہ عنوانات میں جو درد ہے دراصل آج کی عورت کے دل کا درد ہے۔''[۱۲]

علامہ اقبال کا مشہور شعر ہے:

وجودِ زن سے ہے تصویرِ کائنات میں رنگ
اسی کے ساز سے ہے زندگی کا سوزِ دروں

اس شعر کے حوالے سے اقبال حسن آزاد نے عورت کی عظمت کا اعتراف مثالوں اور دلائل کے ساتھ کیا ہے۔ اقبال حسن آزاد کے لفظوں میں:

''عورت کیا ہے؟ عورت وہ ہے جس کے ساتھ رب اپنی محبت کو ملا رہا۔ رب وہ ذات ہے جسے کسی بھی چیز کی کمی نہیں ہے۔ اُس ذات نے خود کی محبت کے بارے میں بتانا تھا کہ وہ انسان سے کتنی محبت کرتا ہے تو اُس نے ماں کا نام لیا کہ وہ ستّر ماؤں سے زیادہ پیار کرتا ہے۔ جب کہ ماں ایک عورت ہے۔ بیٹی کو اللہ نے اپنی رحمت قرار دے دیا جبکہ بیٹی بھی ایک عورت ہے۔ عورت ہی وہ ہستی ہے جس کے قدموں تلے جنت رکھ دی گئی۔ بس اسی بات سے ہی تو عورت کی شان کا اندازہ لگا لیں۔''[۱۳]

دراصل اقبال حسن آزاد نے اس اداریے میں ہندوستانی سماج اور ثقافت کے حوالے سے عورت کی اہمیت اور عظمت کا اظہار کیا ہے۔ تانیثیت کی تحریک کے حامی بعض دانشوروں کی طرح اقبال حسن آزاد

یہ مانتے ہیں کہ عورت بیٹی ہے تو رب کی رحمت ہے، ماں ہے تو قدموں تلے جنت لیے پھرتی ہے۔ دراصل موجودہ سماجی وثقافتی انتشار کے دور میں جب کہ عورتوں کے ساتھ جنسی جرائم کی تعداد میں لگاتار اضافہ ہو رہا ہے عورت کے وجود کے احترام کا جذبہ عام کرنے کی ضرورت ہر شخص محسوس کر رہا ہے۔ اقبال حسن آزاد نے اپنے اداریہ میں عورت کے تئیں اپنے احترام کے جذبات کا مخلصانہ اظہار کیا ہے۔

''ثالث'' کے شمارہ 17 (جنوری تا مارچ 2021) کے اداریہ میں بھی کرونا(Covid-19) کے سبب پوری دنیا کے تشویشناک حالات کا ذکر کیا ہے اور اس وباء کے زیرِ اثر ہلاک ہونے والوں کے تئیں ہمدردی کا اظہار کیا ہے۔ اداریہ میں اقبال حسن آزاد نے جدیدیت کے امام اور اردو کے عظیم نقاد، ''تفہیم غالب''، ''شعر، غیر شعر اور نثر''، ''تنقیدی افکار''، ''عروض و آہنگ''، ''لفظ و معنی''، ''افسانے کی حمایت''، ''شعر شور انگیز'' اور ''اردو غزل کے اہم موڑ'' جیسی اہم کتابوں کے مصنف اور رسالہ ''شب خون'' کے مدیر شمس الرحمٰن فاروقی کی وفات پر اپنے دُکھ اور درد کا اظہار کیا ہے۔ فاروقی صاحب کی عظمت سے اردو دنیا کا ہر شخص واقف ہے۔ ان کی تنقیدی تصنیفات سے لے کر ان کے ناول ''کئی چاند تھے سرِ آسماں'' تک کا ذکر کرتے ہوئے اقبال حسن آزاد نے عصرِ حاضر کے اس غیر معمولی اردو دانشور کو خراجِ تحسین نذر کیا ہے۔

کرونا وائرس نے زندگی کے مختلف شعبوں کی طرح اردو دنیا کو بھی بے حد متاثر کیا اور دسمبر 2020 سے لے کر اب تک یکے بعد دیگر اردو زبان وادب سے تعلق رکھنے والی کئی اہم اور معتبر شخصیات اس وباء کے دور میں ہمارے درمیان سے رخصت کر گئیں۔ ان مرحومین ہستیوں میں پروفیسر ظفر احمد صدیقی، مولانا وحید الدین خاں، پروفیسر مولا بخش، پروفیسر ظفر الدین، مشرف عالم ذوقی، مناظر عاشق ہرگونی، شوکت حیات، تبسم فاطمہ، ڈاکٹر سید رضا حیدر، تحسین عثمانی، ترنم ریاض اور پروفیسر ابوالکلام قاسمی وغیرہ شامل ہیں۔ خدا ان تمام مرحومین کو جنت نصیب کرے۔ ایک اچھے ادیب وصحافی کا یہ بھی فرض ہوتا ہے کہ وہ کسی ادبی شخصیت کی نذر دعائے مغفرت اور خراجِ تحسین پیش کرے اور یہ فرض بھی مدیرِ ثالث نے رسالہ ''ثالث'' کے اداریوں میں بخوبی نبھایا ہے۔
''ثالث'' کے شمارہ 18 (اپریل تا جون 2021ء) کے اداریہ میں علمِ دین کی مشہور و معروف شخصیت مولانا سید محمد رحمانی (۵ جون ۱۹۴۳ء - ۳ اپریل ۲۰۲۱ء) کی وفات پر اظہارِ تعزیت پیش کرتے ہوئے مرحوم کی شخصیت اور ان کی علمی وادبی خدمات پر عمدہ تبصرہ لکھا ہے۔ اقبال حسن کے لفظوں میں:

> ''ان (مولانا سید محمد رحمانی) کا انتقال قوم وملت کے لیے ناقابل تلافی نقصان ہے۔ ساتھ ہی ساتھ یہ میرا ذاتی نقصان ہے۔ حضرت مجھے کافی عزیز رکھتے تھے اور ہمیشہ شفقت کے ساتھ پیش آیا کرتے تھے۔ انہوں نے اپنے دست مبارک

ہاتھوں سے میرے دوسرے افسانوی مجموعے ''مردم گزیدہ'' اور ''ثالث شمارہ نمبر ۱۷'' کا اجراء فرمایا تھا۔ اس شمارے میں موصوف کی شخصیت پر میرا لکھا ہوا خاکہ شائع ہوا تھا۔ ''ثالث، شمارہ ۱۸'' میں ان کا ایک مشفقانہ خط شامل ہے۔''[۱۴]

''ثالث'' کے اس اداریہ میں مشہور اردو رسالہ ''شاعر'' (ممبئی) کے مدیر اور نامور شاعر افتخار امام صدیقی اور پروفیسر ظفر الدین، ڈائرکٹر سنٹر فار اردو اسٹڈیز اور ڈائرکٹر آف ٹرانسلیشن اینڈ پبلیکیشن، مولانا آزاد نیشنل اردو یونیورسٹی، حیدر آباد کے سانحۂ ارتحال پر بھی رنج وغم کا اظہار کیا گیا ہے اور مرحومین کے حق میں دعائے مغفرت کی گئی ہے۔

اداریہ میں ذکر کیا گیا ہے کہ کرونا 19 وباء نے پچھلے ڈیڑھ سال سے ''عالمِ انسانیت'' اور زندگی کے ہر شعبے کو متاثر کیا ہے۔ اس وباء کے دور میں جو شخصیات ہمارے درمیان سے رخصت کر گئیں ان کی جگہ تو کوئی نہیں بھر سکتا ہے لیکن حسبِ معمول ادب اور ادیبوں کا کارواں آگے بڑھتا ہی رہا ہے۔ یہی وجہ ہے کہ پچھلے ڈیڑھ برس سے تقریباً تمام ادبی تقریبات اور سیمینار بھی آن لائن یعنی ویبنار کی صورت میں منعقد کرائے جا رہے ہیں۔ اس سلسلے میں ادارۂ ثالث نے بھی ایک بڑی ''افسانوی نشست 2021'' فیس بک کی وساطت سے آن لائن منعقد کرائی۔ یہ نشست تقریباً دو ماہ تک پابندی کے ساتھ جاری رہی، جس میں ۸۰ سے زائد افسانوں پر بحث ومباحثہ کیا گیا۔ اس کے علاوہ بیشتر رسالے بھی کتابی شکل میں دستیاب ہونے کے بجائے آن لائن ہی قارئین تک پہنچانے کا سلسلہ جاری کیا گیا چنانچہ ''ثالث'' کا تازہ شمارہ بھی پہلے تو آن لائن دستیاب ہوا لیکن بہت جلد ہی یہ شمارہ کتابی شکل میں منظرِ عام پر آ گیا۔

ثالث کے شمارہ 19 (جولائی تا ستمبر 2021ء) کے داراریہ میں ادبی رسالوں کے مسائل کے حوالے سے جس حقیقت کا حال بیان کیا گیا ہے اس سے انکار ممکن نہیں۔ مدیر ثالث کے مطابق ادبی رسالے نکالنا مدیر کے لیے گھاٹے کا سودا ہے۔ لیکن ثالث کے اس اداریہ میں صرف مایوسی نہیں اُمیدیوں کے چراغ بھی روشن ہیں اور اس کا ثبوت آئندہ شمارہ 20 کے عام شمارے کے بعد تین خاص نمبر (شوکت حیات نمبر، عالمی افسانہ نمبر حصہ اول اور عالمی افسانہ نمبر حصہ دوم) شائع کرنے کا منصوبہ ہے۔ یہاں بھی اقبال حسن آزاد نے اداریہ نگاری کا حق ادا کرتے ہوئے ادب میں ہمیشہ نت نئی قندیلیں روشن کرتے رہنے کا ارادہ ظاہر کیا ہے۔

ثالث کے اداریوں میں اردو زبان وادب کی عصری صورتِ حال، مسائل، خامیوں اور خوبیوں کے علاوہ زبان وادب کے فروغ کے لیے منصوبہ بندی کے حوالے سے کسی نہ کسی نقطہ کی نشاندہی بھی ضرور کی جاتی رہی ہے اور یہ ثالث کے اداریے ادب کے قلم کاروں اور قارئین کو دعوتِ فکر دیتے ہیں۔ دراصل ادبی رسائل میں اداریہ نگاری کی جو روایت رہی ہے اس کا تقاضا بھی یہی ہے۔

بحیثیت مجموعی ''ثالث'' کے اداریوں کے مطالعہ سے اندازہ ہوتا ہے کہ ایک طرف جہاں مدیرِ ثالث نے ادبی اداریہ نگاری کی شرائط و فرائض کو کامیابی سے انجام دیا ہے وہیں اس بات کا بھی اندازہ ہوتا ہے کہ اقبال حسن آزاد ایک کامیاب افسانہ نگار اور مدیر ہیں جن میں اردو زبان و ادب کے تئیں محبت اور جنون سمندر ٹھاٹھیں مارتا ہوا دکھائی دیتا ہے۔ یہی جنون ہے جس کے زیر اثر اقبال حسن آزاد دشواریوں کے باوجود ثالث کو زندہ رکھے ہوئے ہیں اور مختلف پہلوؤں سے اردو شعر و ادب کو بلندیوں پر پہنچانے میں اہم کردار ادا کر رہے ہیں۔ اردو دنیا اقبال حسن آزاد کو ان کی ادبی خدمات مثلاً افسانہ نگاری، شاعری اور تنقید نگاری کے علاوہ ان کی اداریہ نگاری کے حوالے سے کبھی فراموش نہیں کر پائے گی۔

حواشی:

۱۔ رہبر اخبار نویسی (کتاب)، سید اقبال قادری، ناشر ترقی اُردو بیورو نئی دہلی 2000ء، ص 293

۲۔ سہ ماہی رسالہ ''ثالث'' (مونگیر) شمارہ 1 (اکتوبر، نومبر، دسمبر 2013ء) ص 7

۳۔ سہ ماہی رسالہ ''ثالث'' (مونگیر) شمارہ 2 (جنوری 2014ء تا مارچ 2014ء)، ص 5,6

۴۔ سہ ماہی رسالہ ''ثالث'' (مونگیر) شمارہ 3 (اپریل تا جون 2014ء)، ص 6

۵۔ ایضاً، ص 7

۶۔ سہ ماہی رسالہ ''ثالث'' (مونگیر) شمارہ 7 (اپریل تا جون 2015ء)، ص 5

۷۔ سہ ماہی رسالہ ''ثالث'' (مونگیر) شمارہ 8 (جولائی تا ستمبر 2015ء)، ص 5

۸۔ سہ ماہی رسالہ ''ثالث'' (مونگیر) شمارہ 9 اور 10 (اکتوبر 2016ء)، ص 6

۹۔ سہ ماہی رسالہ ''ثالث'' (مونگیر) شمارہ 12 جنوری تا مارچ 2018ء)، ص 5

۱۰۔ سہ ماہی رسالہ ''ثالث'' (مونگیر) شمارہ 13 (اپریل تا جون 2018ء)، ص 6

۱۱۔ ایضاً

۱۲۔ سہ ماہی رسالہ ''ثالث'' (مونگیر) شمارہ 15 اور 16 (جنوری تا دسمبر 2020ء)، ص 8

۱۳۔ ایضاً

۱۴۔ سہ ماہی رسالہ ''ثالث'' (مونگیر) شمارہ 18 (اپریل تا جون 2021ء)، ص 6

● شبنم پروین

صفدر امام قادری کا سفر نامۂ بنگلا دیش: ایک تجزیاتی مطالعہ

سفرنامہ نگاری کی تاریخ قدیم تر ہے۔ دنیا کے ہر مذاہب میں پیغمبروں، صوفیوں، سنتوں اور عام انسانوں کے سفر کے واقعات عہدِ قدیم سے ہی ملنے لگتے ہیں۔ سفر اور سفر کے دوران حاصل شدہ تجربات انسانی تہذیب کے ارتقا میں کارآمد دستاویز کے طور پر تسلیم شدہ ہیں، اس لیے ہر دور میں مختلف اقوام اور زبانوں کے افراد اپنے سفر کی روداد لکھتے ہوئے پائے گئے ہیں۔ دنیا میں مواصلاتی نظام کے فروغ نے سفر کو آسان کیا اور طباعتی سہولیات نے ہمیں یہ موقع فراہم کیا کہ دورانِ سفر حاصل شدہ تجربات اور مشاہدات کو باضابطہ طور پر قلم بند کر کے اگلی نسل کے لیے محفوظ کر دیں۔ اسی طرح ہمارے بیچ سفر نامے لکھنے کا رواج بڑھا۔ ہر خطّے میں اور ہر زبان میں سفر نامے لکھے جاتے ہیں اور انھیں نئی زندگی اور نئی دنیا کے جاننے کے ذرائع کے طور پر دیکھا اور پہچانا جاتا ہے۔ بالخصوص نئی دنیا اور نئے مقامات کی معلومات حاصل کرنے کی غرض سے سفر نامے لکھے اور پڑھے جاتے ہیں۔

اردو میں بھی اسی طور پر سفر نامے لکھے گئے اور گذشتہ ڈیڑھ سو برس سے زیادہ مدّت سے یہ سفر نامے منظرِ عام پر آتے رہے ہیں۔ پہلے سات سمندر پار کی اصطلاح رائج تھی اور امریکا یا یورپ کے سلسلے سے اس کا تذکرہ ہوتا تھا۔ اکثر سفر نامے ترقی یافتہ ملکوں کے ہوتے تھے مگر جمہوری تقاضوں نے چھوٹے ملکوں کی طرف اور قریب کی آبادیوں کی جانب بھی ہمیں متوجہ کیا۔ ۱۹۴۷ء میں تقسیم ملک کے بعد پاکستان ایک دیش بنا مگر ۱۹۷۱ء کے بعد بنگلا دیش بھی ہمارے لیے ایک حقیقت کی طرح سے سامنے آیا۔ پاکستان کے سفر نامے خاصی تعداد میں لکھے گئے اور گذشتہ پانچ دہائیوں میں بنگلا دیش بھی سفر نامہ نگاروں کی نگاہ میں اعتبار حاصل کرنے میں کامیاب رہا۔ عتیق صدیقی، حکیم محمد سعید اور الیاس احمد گدی، صہبا لکھنوی کے سفر نامے بنگلا دیش کے سلسلے سے خاص اہمیت کے حامل تسلیم کیے گئے ہیں۔ اسی سلسلے سے اردو کے معروف ادیب صفدر امام قادری کی تازہ کتاب ''بنگلا دیش کو میں نے دیکھا'' منظرِ عام پر آئی ہے جسے علمی حلقوں میں توجہ کے ساتھ دیکھا جا رہا ہے۔

''بنگلا دیش کو میں نے دیکھا'' معروف ادیب صفدر امام قادری کا تازہ سفر نامہ ہے۔ مصنّف ۲۰۱۷ء اور

۲۰۲۰ء میں دو بین الاقوامی سے می نار میں شرکت کی غرض سے بنگلا دیش گئے تھے۔ بنگلا دیش کے علمی سفر کے دوران انھوں نے جو کچھ دیکھا اور محسوس کیا، اسے تفصیل کے ساتھ اس کتاب میں بیان کیا گیا ہے۔ یہ کتاب ۱۶۰ صفحات پر مشتمل ہے۔ جس میں ۳۶ چھوٹے بڑے ابواب ہیں۔ اس کتاب کا انتساب شعبۂ اردو، ڈھاکا یونی ورسٹی کے طلبہ اور اساتذہ کے نام کیا گیا ہے۔ اس سفرنامے کا ذیلی عنوان رابندر ناتھ ٹیگور کی مشہور نظم ''امار سونار بنگلا'' کو بنایا گیا ہے جسے بنگلا دیش کے قیام کے بعد وہاں کا قومی گیت قرار دیا گیا تھا۔ مصنّف نے اس گیت کے بنگلا کے ساتھ اردو اور انگریزی زبانوں کے مستند تراجم سے کتاب کو آراستہ کر کے قارئین کو ایک خوب صورت علمی تحفہ فراہم کیا ہے۔

مصنّف نے کتاب کے آغاز میں 'اظہارِ محبت' کے عنوان سے ابتدائیہ لکھا ہے جس میں بنگلا دیش کے پہلے اور دوسرے سفر کی تفصیل درج ہے۔ یہاں مصنّف نے سفر نامہ نگاری کے حوالے سے اپنے تصورات بھی ضمناً پیش کیے ہیں۔ مناسب معلوم ہوتا ہے کہ اس سفرنامے پر گفتگو کرنے سے پہلے مصنّف کے نقطۂ نظر پر اختصار کے ساتھ غور کیا جائے۔ مصنّف کے اس سلسلے کے چند جملے ملاحظہ ہوں:

- ''اپنے علم اور تجربے یا مشاہدے کو دوسروں کی زندگی میں حلول کر کے اس دوران ہم ایک ایسی دنیا تک پہنچنا چاہتے ہیں جو حقیقی بھی ہو اور ہماری تمنّاؤں کا سہارا بھی بن سکے۔'' [بنگلا دیش کو میں نے دیکھا: ص ۲۱]
- ''یہاں جغرافیائی سرحدیں ٹوٹ کر عالمِ انسانیت کی ایک وحدانی صورت قائم ہوتی ہے۔'' [بنگلا دیش کو میں نے دیکھا: ص ۲۱]
- ''یہ سفرنامہ بھی جانی پہچانی زندگیوں کے بیچ جغرافیائی سرحدوں کی نفرتوں کے انکار اور رشتۂ باہم کے اقرار سے تیار ہوا ہے۔ اِسے اطّلاعات کا پشتارہ سمجھنے کے بجائے دل و نظر کا گہوارہ یا چند موہوم تصویروں کے البم کے طور پر بھی ملاحظہ کیا جا سکتا ہے۔'' [بنگلا دیش کو میں نے دیکھا: ص ۲۱]
- ''یہاں ہندستان اور بنگلا دیش کے بیچ اردو زبان کا ایک ایسا پُل بنایا گیا ہے جو تہذیب و ثقافت کے اور امن و سالمیت کے علَم کو کبھی گرنے نہیں دے گا۔'' [بنگلا دیش کو میں نے دیکھا: ص ۲۱]

یہ باتیں ثابت کرتی ہیں کہ مصنّف نے یہ سفرنامہ ہندستان اور بنگلا دیش کے درمیان ایک محبوبانہ رشتے کو مستحکم کرنے کے مقصد سے لکھا ہے۔ شاید اسی لیے مصنّف نے اس ابتدائیے کو 'اظہارِ محبت' قرار دیا ہے۔ اس سفرنامے کا پہلا باب بہ عنوان 'اب پسماندگی کی مثال نہیں ہے بنگلا دیش' اس اعتبار سے

ضروری مطالعے کا تقاضا کرتا ہے کیوں کہ اس سے مصنّف کا اس نئے ملک کے بارے میں نقطۂ نظر سمجھ میں آجاتا ہے۔ درحقیقت یہ اس سفرنامے کا ابتدائیہ ہے جس سے ہم یہ سمجھ سکتے ہیں کہ اس سفرنامے کا اصلی تناظر کیا ہے؟ مصنّف نے بنگلا دیش کے بارے میں موجود عمومی تاثرات جو ہر ہندستانی کے ذہن میں ہوتے ہیں، ان پر تازہ معلومات کی روشنی سے پڑی ہوئی گرد ہٹائی ہے اور یہ بتانے میں کامیابی حاصل کی ہے کہ بنگلا دیش کو صرف ایک پسماندہ ملک سمجھنے کی ضرورت نہیں۔ یہاں اور بھی بہت کچھ ہیں۔ مصنّف نے بنگلا دیش میں ندیوں کے ذریعہ ارزاں آمد و رفت کی جو بات بتائی ہے، وہ ہندستان کے اعتبار سے بالکل انوکھی معلوم ہوتی ہے۔ ڈھاکا اور کلکتے کے تقابل کا انداز بھی دلچسپ ہے اور دونوں شہروں کے ٹریفک کا ذکر بڑی دل پذیری کے ساتھ کیا گیا ہے۔ ایک ترقّی پذیر ملک کی شناخت کے چھوٹے بڑے معاملات مصنّف کس انداز سے شاملِ بحث کرتے ہیں، اس کی ایک مثال ملاحظہ ہوں:

- ''ان شاہ راہوں پر بڑی تعداد میں چلتی ہوئی بسوں اور اسی انداز میں رکشے کی موجودگی اس بات کا ثبوت ہے کہ ترقی کی رفتار میں کمزور لوگوں کا ہاتھ، خون، پسینہ اور مشقّتیں پورے طور پر اس ترقّی میں شامل ہیں۔ ہر چند لنگی پہن کر غربت اور ناخواندگی کی سراپا تصویر بنے ان رکشا چلانے والوں کو جاگیردارانہ دشنام طرازی کا بھی نشانہ بننا پڑتا ہے مگر ملک کی اقتصادی مضبوطی میں یہ مفلس بنیاد کا پتھّر ہیں۔'' [بنگلا دیش کو میں نے دیکھا: ص۲۴]
- ''بھیڑ میں رکشے سے بھی آپ نکلے ہیں تو جس صبر کے ساتھ اس جام میں گھنٹوں رکشا والا اور دوسرے لوگ شامل ہیں، ان میں بے اطمینانی کا نہیں ہونا ہمیں حیرت میں مبتلا کر گیا۔ شاید اپنی قومی زندگی کی تعمیر و تشکیل میں جس استقلال سے بنگلا دیش کے افراد فتح یابی تک پہنچے، اسی استقلال اور صبر نے انھیں مواصلاتی نظام کی ان مشکلوں سے نبرد آزمائی کا حوصلہ دیا ہے۔'' [بنگلا دیش کو میں نے دیکھا: ص۲۸]

ان اقتباسات سے اس بات کا اندازہ لگایا جا سکتا ہے کہ صفدر امام قادری نے کس طرح بنگلا دیش کے عوام اور ان کی روز و شب کی زندگی کو دیکھا اور ان کے پسِ پردہ اسباب و محرکات پر بھی غور کیا۔ بنگلا دیش کے لیے محبت اور عزّت و اکرام کا جذبہ مصنّف کے یہاں قدم قدم پر ملتا ہے۔ یہ نہایت قابلِ قدر ہے۔

صفدر امام قادری بنگلا دیش شعبۂ اردو، ڈھاکہ یونی ورسٹی کے ادبی سے می نار میں شامل ہونے کی

غرض سے دونوں بار گئے۔اسی لیے اس سفرنامے میں ڈھاکا کا یونی ورسٹی اور اس کے شعبۂ اردو کے بارے میں خاطر خواہ معلومات فراہم کی گئی ہیں۔ڈھاکا یونی ورسٹی کی ایک صدی مکمل ہوچکی ہے۔اس موقعے سے اس سفر نامے کی معنویت اور بڑھ جاتی ہے کیوں کہ تعلیمی ادارے نے اپنی ترقّی کے کون سے مراحل طے کیے، اس سے ہندستان بالخصوص اردو کا قاری بے خبر ہے۔ ہندو پاک میں بھی ایسے شعبہ ہاے اردو زیادہ نہیں جن کی عمر ایک سو سال مکمل ہو چکی ہو۔اس لیے اس سفرنامے کی اطلاعات ہمارے لیے ایک بیش قیمت خزینہ ہیں۔صفدر امام قادری نے ڈھاکہ یونی ورسٹی کے قدیم وجدید دونوں طرز کی عمارتوں کے حسن اور فنِ تعمیر کی دلپذیری پر روشنی ڈالی ہے انھوں نے بنگلہ دیش کے اوصاف کی اس پہلو سے تعریف کی ہے کہ ان لوگوں نے قدیم عمارت کا اہتمام اور حسن کو بچا پانے کی اپنے طور پر بہترین کوشش کی ہے۔اس سلسلے سے ڈھاکا یونیورسٹی میں فنِ تعمیر میں کس طرح قدیم وجدید کا سنگم قائم کیا گیا، اس پر پروفیسر صفدر امام قادری نے ان لفظوں میں روشنی ڈالی ہے:

■ ''سو برس سے زیادہ پرانی عمارت کو اندر سے جدید بنانے کی کوششیں نظر آتی ہیں مگر باہر سے نوآبادیاتی اہتمام آج بھی صد فی صد قائم ہے۔ انھی کھڑکیوں میں ایرکنڈیشننگ کی مشینیں بھی کچھ اس انداز سے آراستہ کی گئی ہیں جس سے یہ الزام عائد نہیں ہوسکتا کہ ان عمارتوں کی عظمت کے ساتھ چھیڑ چھاڑ ہوئی ہے۔'' [بنگلا دیش کو میں نے دیکھا:ص ۴۱]

■ ''اس کیمپس کے باہر سڑک کے پار یونی ورسٹی کے کچھ دوسرے دفاتر موجود ہیں۔لڑکیوں کا بارہ منزلہ ہاسٹل بنایا گیا ہے مگر پرانی عمارت کے جاہ وجلال اور اہتمام کا اس انداز سے خیال رکھا گیا ہے کہ نیا ہاسٹل بھی اُسی پرانے انداز اور رنگ و روغن کے ساتھ ہماری آنکھوں کے سامنے روایت اور جدّت کے امتزاج کی شکل میں ہمارا سر فخر سے اونچا کرے۔'' [بنگلا دیش کو میں نے دیکھا:ص ۴۲۔۴۱]

یونیورسٹی کی عمارت کی تفصیل کے ساتھ پورے کیمپس کے بارے میں پروفیسر قادری نے اس سفرنامے میں ہمارے لیے اچھی خاصی معلومات شامل کر دی ہیں۔جگہ جگہ ہندستان اور دوسرے ممالک کے اداروں کے وہ مقابلہ وموازنہ کرتے دکھائی دیتے ہیں عمارت کے اندر صفائی کے انتظامات کے بارے میں وہ اس طرح لکھتے ہیں:

''صفائی کا جو انداز نظر آیا، ویسا ہندستان کی شاید ہی کسی یونی ورسٹی میں دیکھنے کو ملے۔طلبہ دوڑتے بھاگتے نظر آرہے ہیں لیکن راستوں میں ایک تنکا بھی گرا ہوا نظر نہیں آیا۔نہ پان کی پیک اور نہ سگریٹ اور ماچس کی تیلیاں۔حالاں کہ

کیمپس میں چائے پان اور سگریٹ کی فروخت کے انتظامات موجود تھے۔'' [بنگلا دیش کو میں نے دیکھا: ص۴۳]

ڈھاکا یونیورسٹی کے آرٹس فیکلٹی کے کیمپس کے تعارف میں بھی سفر نامہ نگار نے اپنی آنکھ کو کیمرے کی طرح استعمال کیا ہے۔ اور اسی کی تصویریں بتائی ہیں جن کے پورا کیمپس ہزاروں میل دور سے آنکھوں میں مل جاتا ہے۔ پہلے چند تصویریں مصنف کی زبان مین ملاحظہ کیجیے:

■ ''کرزن ہال کے بیچ سے مختلف شعبوں کی عمارتوں سے جب آگے بڑھتے ہیں تو طلبہ کے ہاسٹل، ڈھابے اور دکانوں کے بیچ میں بڑا سا تالاب ایک خوش نما منظر فراہم کرتا ہے۔ تالاب کے کنارے ہر طرف بچّوں کا ہجوم، نئے پرانے پیڑوں کا سایہ، نیچے سڑک کے علاوہ تمام جگہوں پہ ہری گھاس۔ ڈھاکا یونی ورسٹی اپنی طرف بڑے لبھاونے انداز میں بلاتی ہوئی نظر آئی۔ شام میں اس روز چاند بھی کچھ اس انداز سے نکلا کہ تالاب میں اس کا عکس اور یونی ورسٹی کی قدیم عمارت پر اس کی روشنی کے پرتَو سے سب کچھ معمور ہو گیا تھا۔ طلبہ کی بھیڑ میں تڑک بھڑک کے بجائے 'ڈاؤن ٹو ارتھ' انداز نے سب سے زیادہ متاثر کیا۔ ہوٹل کا انداز بھی کفایتی تھا اور ایسا محسوس ہوا کہ بنگلا دیش کی کمزور مالی حالت کے طالب علم بھی اس یونی ورسٹی میں بڑی تعداد میں تعلیم حاصل کر رہے ہیں۔'' [بنگلا دیش کو میں نے دیکھا: ص۴۲]

■ ''ڈھاکا یونی ورسٹی کی آرٹس فیکلٹی کا کیمپس نیا ہے اور نئے انداز کی عمارتوں کا سلسلہ در سلسلہ یہاں نظر آتا ہے۔ قلب میں جہاں سے مرکزی عمارت میں جانے کا راستہ ہے، وہیں اُن تین شہیدوں کے آدم قد مجسمے کو بڑے اہتمام سے پیش کیا گیا ہے جنھوں نے ۱۹۵۲ء کی لسانی تحریک کا بگل پھونکا تھا۔ دو مرد اور ایک عورت نے ڈھاکا یونی ورسٹی کے طلبہ و طالبات کے تعاون سے جو تحریک چھیڑی، آج اسی کا نتیجہ بنگلا دیش کی شکل میں اور ایک نئے جمہوریے کے طور پر ہمارے سامنے ہے۔ یونی ورسٹی نے اپنے ان تحریک کاروں اور محسنوں کو اس اہتمام سے یاد رکھا، یہ قابلِ توجہ ہے۔'' [بنگلا دیش کو میں نے دیکھا: ص۴۲]

■ ''آرٹس کیمپس کا ایک داخلہ عجیب لبھاونا ہے۔ داخلے پر ذرا قدم جمائیں تو قاضی نذر الاسلام کا مقبرہ ہے، اس سے متصل بنگلا دیش کا نیشنل میوزیم ہے۔ جیسے

داخل ہوں، داہنی طرف مسجد اور بائیں جانب یونی ورسٹی کا مرکزی کتب خانہ ہے۔
کتب خانے میں طلبہ کے لیے پانچ سات بڑے بڑے ریڈنگ ہال ہیں جو سب کے سب ایر کنڈیشنڈ ہیں ۔ ریسرچ اسکالرس اور اساتذہ کے لیے بھی الگ سے چھوٹے اور بڑے کمرے متعین ہیں۔ لائبریری کے اسٹیک دیکھنے سے یہ اندازہ ہوا کہ یہ ایک صدی کا قصہ ہے، دو چار برس کی بات نہیں۔ قدیم کتابیں بھری ہوئی ہیں۔ اردو، فارسی اور عربی حصے میں گئے تو وہاں بھی اردو کی تقریباً اہم کتابیں بڑی تعداد میں موجود تھیں۔'' [بنگلا دیش کو میں نے دیکھا: ص۴۴۔۴۳]

ان تصویروں میں سفرنامہ نگار کا تجزیاتی ذہن صاف صاف نظر آرہا ہے۔ یونیورسٹی کی عمارت اور راہ داریوں کے ساتھ مجسموں اور اہم داخلوں کو بنیاد بنا کر انھوں نے ڈھاکا یونیورسٹی کے لیے بڑے محبوبانہ انداز سے ستائشی جملے لکھے ہیں۔ ہر جگہ عمارتوں اور مقامات کے جواز اور ان کی موجودگی کے اسباب پر توجہ دی گئی ہے۔ واقعات کی تفصیل میں ان کے تجزیوں نے اس سفرنامے کو ایک تہذیبی اور ثقافتی دستاویز میں بدل دیا ہے۔

ڈھاکا یونیورسٹی کے شعبۂ اردو کے حوالے سے پروفیسر قادری نے متعدد ابواب لکھے ہیں۔ وہاں کے دونوں سے می نار، وہاں کے اساتذہ اور طلبہ کے ساتھ تعلیم وتدریس کی فضا پر بھی خاصی روشنی ڈالی گئی ہے۔ شعبۂ اردو میں پانچ چھے سو طلبہ کی موجودگی اور ۹۔۱۹ اساتذہ کی تقرّری کو انھوں نے اردو کے لیے خوش آئند قرار دیا ہے۔ انھوں نے بنگلا دیش کے شعبۂ اردو کو ہندو پاک سے باہر کے اردو شعبوں میں سب سے زیادہ ابھرتا ہوا شعبہ قرار دیا ہے۔ انھوں نے اس شعبے کو مزید معیاری اور کارآمد تعلیمی مرکز بنانے کے لیے بہت سارے مشورے بھی دیے ہیں۔

اس سفرنامے میں بنگلا دیش کے قومی عجائب خانے اور قاضی نذرالاسلام کے مقبرے کی زیارت کے سلسلے سے پروفیسر صفدر امام قادری نے بڑے دل پذیرانہ انداز میں تفصیل پیش کی ہے۔ دونوں موضوعات کے حوالے سے الگ الگ ابواب شامل کیے گئے ہیں۔ مصنف کا نقطۂ نظر ان امور کے سلسلے سے کیا ہے، یہ جاننا اس لیے ضروری ہے کیوں کہ پڑھنے والے بھی ان کی تحریر کے اندرون میں اترنا پسند کریں گے۔ پروفیسر صفدر امام قادری نے لکھا ہے:

''کسی ملک اور قوم کے اس جذبے کو پہچاننا ہو کہ یہ اپنے اسلاف کو کس محبت اور چاؤ سے یاد رکھتی ہے تو اس کے کُتب خانوں، عجائب گھر اور قومی یادگاروں کو دیکھ لینا کافی ہوتا ہے۔ قدیم تاریخ کے بطن سے اپنے عہد کے لیے تازہ لہو حاصل کر کے کوئی قوم نئی تاریخ کے صفحات روشن کرتی ہے۔'' [بنگلا دیش کو میں نے دیکھا: ص۵۶]

مصنّف کے اس تصوّر سے شاید ہی کسی کو اختلاف ہوسکتا ہے کیوں کہ انھوں نے صرف سیّاح اور سیلانی

کے طور پر ایک نئے ملک کو نہیں دیکھا بلکہ اصل بات یہ ہے کہ انھوں نے اس ملک کی تہذیب وثقافت اور تعمیر وتشکیل کے مراحل کو اس کے داخل میں اُتر کر سمجھنے کی کوشش کی۔ اس لیے انھوں نے وہاں کے قومی عجائب گھر کو قابلِ توجہ جانا۔

پروفیسر صفدر امام قادری نے نذرالاسلام کے لیے آستانے پر حاضری جیسی اصلاح پیش کر کے یہ بتا دیا ہے کہ وہ انھیں کس احترام وعقیدت کے جذبے سے دیکھتے ہیں۔ وہاں سے قبل کی کیفیت صفدر امام قادری کے لفظوں میں ایسی تھی:

> ''صبح سرد نہیں تھی لیکن کوئی محبوبانہ کیفیت ایسی تھی جس نے قلب کو ٹھنڈک پہنچا رکھی تھی۔'' [بنگلا دیش کو میں نے دیکھا: ص ۵۶]

داخلے کے سلسلے سے سفرنامہ نگار کہتے ہیں:

> ''ہماری گزارش پہ گیٹ کھل گیا اور ہری گھاس اور پیڑوں کے سائے کے ساتھ اس آستانے پر حاضر ہوئے۔'' [بنگلا دیش کو میں نے دیکھا: ص ۵۶]

اس کے بعد ایک اور محاکاتی تصویر مصنّف کے لفظوں میں ملاحظہ ہو:

> ''وہاں پہنچتے ہی دھوپ میں ایک مخصوص انداز کی شدّت پیدا ہوگئی جسے دنیا کے اس عظیم انقلابی شاعر کے گرم جوشانہ استقبال کے طور پر میں نے قبول کیا۔'' [بنگلا دیش کو میں نے دیکھا: ص ۵۶]

ان تینوں اقتباسات کے اسلوب نگارش پر غور کیجیے تو مصنف کی زبان دانی اور تخلیقی شعور کی سلیقہ مندی کا اندازہ ہوگا۔ تین جملوں میں وقت اور ماحول کے تبدیل ہونے سے مرحلہ وار امور روشن ہوئے ہیں۔ قاضی نذرالاسلام کے مقبرے کے داخلے سے لے کر مقبرے کے پاس پہنچنے میں مصنف کی جو کیفیت بدل رہی ہوگی، اسے انھوں نے مظاہر بالخصوص دھوپ، ہوا اور ہریالی کے اثرات سے واضح کرنے میں کامیابی پائی ہے۔ قلب کو ٹھنڈک پہنچانے سے طبیعت میں گرمی اور جوش پیدا ہونے کے معاملات تک نذرالاسلام کے مزاج اور کارناموں کے احوال پس منظر سے روشن ہو جاتے ہیں۔

عام طور پر سفرناموں کو مظاہر کی پیش کش کے لیے قابلِ توجہ مانا جاتا ہے مگر حقیقت یہ ہے کہ کامیاب سفرنامہ نگار ظواہر کی باتیں کرتے ہوئے کب اندرون میں اتر جائے گا، یہ سمجھنا بہت مشکل ہوتا ہے۔ اس لیے مصنف نے زبان کا بہترین تخلیقی اور تخیلی استعمال کرتے ہوئے ایک عجیب وغریب تخلیقی شان پیدا کر دی ہے۔ قاضی نذرالاسلام کے مقبرے کے مقام کے انتخاب کے سلسلے سے انھوں نے ان کی ایک نظم اور ان کی تخلیقی طبیعت کے امور بھی زیرِ بحث لائے ہیں۔ دو اقتباسات ملاحظہ ہوں:

■ ''احاطے کے ایک طرف متّصل مسجد ہے اور دوسری طرف بنگلا دیش کا نیشنل میوزیم ۔ مسجد کے سامنے ڈھاکا یونی ورسٹی کی عظیم الشان لائبریری۔ ہمارے میزبان نے نذرالاسلام کی ایک نظم کے بند پیش کیے کہ میں وہیں آرام کروں گا جہاں اذان کی آوازیں، پرندوں کی چہچہاہٹ اور لفظوں کے بول اَبول ملیں گے۔'' [بنگلا دیش کو میں نے دیکھا:ص ۵۷]

■ ''تیس سال جس شخص نے گونگی زندگی گزاری ہو، اس کی قبر پہ بھی ایک عجیب وغریب سکوت پھیلا تھا۔ پورے احاطے میں گھاس، پیڑ پودے اور چڑیوں کے معصوم بول سے ایک ایسی کیفیت سامنے آرہی تھی جیسے لگے کہ ہمارا انقلابی شاعراب خاموشی سے رومان پَرَوَر اور روحانی نغمے الاپ رہا ہے۔'' [بنگلا دیش کو میں نے دیکھا:ص ۵۷]

یہی نہیں قاضی نذرالاسلام کے تعلق سے لکھا گیا باب سفرنامے کے ساتھ ساتھ ایک تحقیقی نوشتہ بھی معلوم ہوتا ہے جہاں نذرالاسلام کی زندگی، ادبی اہمیت اور ان کے اثرات پر معقول گفتگو کی گئی ہے۔ مصنف نے نذرالاسلام کے تذکرے میں ان کے اردو تراجم اور بنگلا ادب میں ان کے مقام ومرتبے کے سلسلے سے تنازعات کو بھی زیرِ بحث لایا ہے۔ انھوں نے ان کے امراض، علاج اور گونگے ہو جانے کے احوال بڑے پُرسوز اور دردانگیز انداز سے لکھے ہیں۔ تمام باتیں اختصار کے ساتھ درج کی گئی ہیں جس سے سفرنامے کی کیفیت بھی قائم رہتی ہے اور برسبیل تذکرہ قارئین کے لیے معلومات اور تاثرات کے خزائن بھی آشکار ہوتے جاتے ہیں۔

بنگلا دیش کے قومی عجائب گھر کے بارے میں لکھتے ہوئے پروفیسر صفدر امام قادری نے دل ونظر کی عمق اور گہرائی کا ایک بار پھر مظاہرہ کیا ہے۔ تفصیلات پیش کرتے ہوئے انھوں نے پس منظر کی کیفیت کچھ اس طرح سے ابھاری ہے کہ یہ سفرنامہ تہذیبی وقوعہ نگاری کے دائرے میں داخل ہونے لگتا ہے۔ مصنف نے کہیں ایک جملہ، کہیں دو جملے لکھے مگر یہ ایسے تاثرات ہیں جن میں بنگلا دیش کے عوام کی حالت اور ان کی جدوجہد سب واضح ہو جاتے ہیں۔ اس سلسلے میں چند مختصر اقتباسات ملاحظہ ہوں:

■ ''عجائب گھر ایک طرح سے تاریخی دھارے کا وہ فن کارانہ موڑ ہے جس کی نبض پر صرف ایک انگلی رکھنے سے اس قوم کی تاریخ اور اس کا وقار اپنے آپ ساز چھیڑ دے۔'' [بنگلا دیش کو میں نے دیکھا:ص ۶۳]

■ ''بنگلا دیش نیا ملک ہے، اس لیے اس نے جدید طرز کا عجائب گھر تیار کیا۔ طول و

عرض اتنا نہ بڑھائیں کہ اسے سنبھال نہ پائیں۔ یہ بات خوش آیند ہے کہ ایک چھوٹے سے ملک کا عجائب گھر اپنے انتظام اور اہتمام کے ساتھ سلیقہ شعاری میں پکار پکار کر یہ بات کہتا ہے کہ اپنے اجداد کی یادوں کو ہم نے اپنے کلیجے سے کچھ اس طرح چمٹا رکھا ہے کہ ان کی صرف حفاظت نہیں بلکہ ان کی وراثت بھی سنبھالنے کے ہم اہل ہیں۔" [بنگلا دیش کو میں نے دیکھا: ص ٦٣]

■ "اس میوزیم میں مصوّری کے نمونوں کا حصّہ جدید و قدیم کا حیرت انگیز سنگم ہے۔ تصویروں کا حسن اپنی جگہ مگر انھیں پیش کرنے کا انداز بھی بے حد محبوبانہ ہے۔ پرانے مصوّروں کی تصویریں دیکھتے دیکھتے جب عہدِ جدید کی طرف ہماری آنکھیں بڑھتی ہیں تو نہ جانے کیوں یہ محسوس ہوتا ہے کہ ان تصویروں میں سرخ رنگ کا بتدریج اضافہ ہوتا جا رہا ہے۔ 1960ء سے 1975ء کے دوران کی تصویروں میں غم و غصّے کی لہر رنگوں کی آمیزش سے آنکھوں میں چبھن پیدا کرتی ہے۔" [بنگلا دیش کو میں نے دیکھا: ص ٦٤-٦٣]

صفدر امام قادری اپنے اس سفرنامے میں کھلی آنکھوں سے دنیا کو دیکھتے نظر آئے ہیں۔ وہ بار بار تہذیب و ثقافت، تعلیم، معیشت اور مذہب کے شعار اور دیگر کیفیات کے حوالے سے اپنے مباحث قایم کرتے ہیں۔ بنگلا دیش کے اسلامی دیش ہونے اور دوسرے مذاہب کے ساتھ منصفانہ برتاو کے قومی مزاج کو وہ سمجھنا چاہتے ہیں۔ اس لیے جہاں ایک طرف مسجدوں کی موجودگی کی تاریخی اہمیت واضح کرتے ہیں، وہیں انھوں نے بودھ اور ہندو مذاہب کے آثار کی حفاظت کے معاملات پر بنگلا دیش کے افراد اور حکومت کے نقطۂ نظر پر بھی اپنے تاثرات واضح لفظوں میں پیش کیے ہیں:

■ "جب پتھروں کا سیکشن ہماری آنکھوں کے سامنے آیا تب اندازہ ہوا کہ یہ عجائب گھر ایک نئے ملک کے چند برسوں کا اثاثہ نہیں بلکہ ہزاروں سال کی تاریخ کے یہاں ثبوت اکٹھا کیے گئے ہیں۔ تیسری چوتھی صدی عیسوی کے بودھ اور ہندو مذہب کے آثار بڑی تعداد میں یہاں موجود ہیں۔ ان کی اہمیت کے ساتھ پیش کش اس بات کا ثبوت ہے کہ اس قوم نے اپنے اسلامی نژاد ہونے کو عجائب گھر پر تھوپنے کی کوشش نہیں کی۔" [بنگلا دیش کو میں نے دیکھا: ص ٦٤]

■ "ڈھاکا کو مسجدوں کا شہر کہتے ہیں اور آباد مسجدوں کی قدم قدم پر موجودگی اس

مفروضے کو حقیقت میں بدلتی ہے۔قدیم وجدید مساجد کی تاریخ کو عجائب گھر میں تصویروں اور ڈھانچے کے سہارے پیش کرنے کی کوشش کی گئی ہے۔ بنگلا دیش میں دور دراز کی قدیم مساجد اور ایسی تعمیرات جن پر چار پانچ صدیوں کا دورانیہ گزر چکا ہے،انھیں دیکھ کر اس علاقے میں اسلامی طرزِ تعمیر کے جدید وقدیم اندازآنکھوں میں پیوست ہوتے چلے گئے ۔بعض مساجد کی ویرانی جو تصویروں میں نظر آئی،اس سے اس بات کا بھی پتا چلا کہ اب وہ نمازی اور سجدہ ریز قوم گھٹتی چلی جارہی ہے۔" [بنگلا دیش کو میں نے دیکھا:ص ۶۵۔۶۴]

اس قومی عجائب خانے کی ان تفصیلات میں مصنف آرٹ اور کلچر کے حوالے سے قومی تاریخ اور جدید کاری کو جس سلیقے سے پیش کرتے جاتے ہیں، اس کے لیے کوئی قاری انھیں داد دیے بغیر نہیں رہ سکتا۔ وہ مصوّری بالخصوص جدید عہد کی مصوّری کے نمونوں کو دیکھتے ہوئے ان تصویروں میں رنگوں کے استعمال پر بھی توجہ کرتے ہیں اور سرخ رنگ کے استعمالِ مزید کا ذکر کرتے ہوئے یہ واضح کرتے ہیں کہ اس سے وہاں کی عوامی زندگی کے آثار اور قربانی کے احوال اپنے آپ واضح ہو جاتے ہیں۔

پروفیسر صفدر امام قادری نے اس عجائب گھر کے بارے میں لکھتے ہوئے یوں تو ہر حصّے پر ایک طائرانہ نگاہ ڈالی ہے مگر انھوں نے خاص طور سے بنگلا دیش کے بابائے قوم شیخ مجیب الرحمان کے لیے مخصوص حصّے پر بھی اپنے تاثرات پیش کیے ہیں۔ یہاں اب محسوس ہوتا ہے کہ وہ بنگلا دیش کے عوام کی قربانیوں اور ان کی جنگِ آزادی کے لیے ایک قلبی لگاو بھی رکھتے ہیں۔اگر ایسا نہیں ہوا ہوتا تو وہ بھلا ان الفاظ میں اس ملک اور وہاں کے مجاہدین کے کارناموں پر تاثرات نہیں پیش کر پاتے:

"اس قومی عجائب گھر میں بنگلا دیش کی آزادی کی جنگ سے متعلق ایک بڑا حصّہ مقرر ہے۔اسی سے ملحق بنگ بندھو شیخ مجیب الرحمان کی حیات وخدمات سے متعلق خصوصی حصّہ بھی ہے۔اس کا تعلّق عہدِ جدید سے ہے، اس لیے اخبارات ،فوٹوگرافس ،مصوّری اور لباس کے ساتھ ساتھ جنگی ہتھیاروں اور اس کے متاثرین کی تصویریں بھی آویزاں ہیں۔ایک ہال سے دوسرے ہال کی طرف بڑھتے ہوئے سانسوں پر قابو رکھنا محال تھا۔کوئی قوم کس طرح اپنے مستقبل کے خواب کو حاصل کرنے کے لیے اپنی جانیں ہتھیلیوں پر رکھ کر پیش کرتی ہے،اس کی مثالیں ہر طرف نظر آرہی تھیں۔1971ء کی جنگ کی ایک ایک سانس اور دھڑکن ان تصویروں میں قید ہے اور وہ سارے ثبوت آنکھوں میں لہو بن کر چھلکنے لگتے ہیں کہ کس طرح بنگلا دیش کے لوگوں نے اپنی آزادی حاصل کرنے میں

کیسی کیسی قربانیاں دیں۔ان زنجیروں اور کٹھروں کی علامتی تصویریں بنگلا دیش کے عوام کی زندگی کے دردوسوز کا اعلانیہ بن رہی تھیں۔"[بنگلا دیش کو میں نے دیکھا:ص۶۵]

بنگلا دیش کے اس سفر نامے کا خاص پہلو یہ بھی ہے کہ مصنف کو جہاں جہاں موقع ملتا ہے، اپنے ملک ہندستان سے صورتِ حال کا وہ موازنہ کرتے جاتے ہیں۔تہذیب وثقافت، تعلیم وتدریس سے لے کر معیشت تک؛ اس تقابل کا سلسلہ چلتا رہتا ہے۔صفدر امام قادری نے معیشت کے حوالے سے جو بات کتاب میں شامل کی ہے، اس کے نتائج ہمیں باخبر کرتے ہیں کہ بنگلا دیش برق رفتاری کے ساتھ آگے بڑھنے کے سفر پر نکل چکا ہے۔انھوں نے ملک کی معیشت اور ترقی کو سمجھنے کے لیے ماہرین اقتصادیات کی طرح تکنیکی اعداد وشمار کی بھیڑ جمع نہیں کی بلکہ انھوں نے چھوٹے چھوٹے اور بظاہر غیر اہم معاملات پیش کرتے ہوئے ہندستان اور بنگلا دیش کے معاشی امتیازات کو واضح کیا ہے۔صفدر امام قادری نے اس سلسلے سے اپنے جو نتائج پیش کیے ہیں، انھیں ان کے اِن مختصر اقتباسات میں ملاحظہ کر سکتے ہیں:

■ "بنگلا دیش کی معاشی ترقی میں وہاں کی سادگی اور کفایت شعاری نے ادارہ جاتی شکل اختیار کی ہے جب کہ ہندستان سے گاندھیائی معیشت کے اِس اصول کا جنازہ کب کا اُٹھ چکا۔"[بنگلا دیش کو میں نے دیکھا:ص۶۸]

■ "بنگلا دیش کے کسی خطّے میں چلے جایئے، دفاع اور تحفّظ کے نام پر دولت کا بہاو دیکھنے کو نہیں ملتا"۔[بنگلا دیش کو میں نے دیکھا:ص۶۸]

■ "غربت اور افلاس کی ماری زندگیوں کو کس طرح اپنی معیشت کو گڑھنے کے لیے کوشاں ہونا چاہیے"۔[بنگلا دیش کو میں نے دیکھا:ص۶۹]

■ "بنگلا دیش کو معلوم ہے کہ عوام کے پیٹ میں پہلے دال روٹی جائے، نوجوانوں میں روز گار کی گنجایشیں بڑھیں اور بچّوں کی تعلیم کا ماحول یا صحتِ عامہ کے ابواب روشن ہوں؛ یہ بنگلا دیش کے لیے نشانہ ہونا چاہیے۔یہ نشانہ کفایت شعاری اور سادگی سے زندگی کے معاملات سر کرنے سے ہی حاصل کیا جا سکتا ہے"۔[بنگلا دیش کو میں نے دیکھا:ص۷۰]

■ "بنگلا دیش کے محکمۂ سیاحت کا اشتہار اِن سادہ لفظوں میں لکھا ہوا ملتا ہے: 'We care tourists'۔ سیاحوں کا ہم خیال رکھتے ہیں۔کوئی بڑا دعوا نہیں، بڑے بول نہیں۔سادگی سے مہمان نوازی کی ایک انکسارانہ پیش رفت ہے"۔[بنگلا دیش کو میں نے دیکھا:ص۷۱]

■ ''ہندستان کے سواحلِ سمندر کے خرچیلے اطوار کے مقابلے میں بحرِ ہند کے لبھاونے سمندری بیچ بنگلا دیش میں سیاحوں کو محبت، سادگی اور کفایت شعاری کے ساتھ اپنی طرف متوجہ کرتے ہیں''۔[بنگلا دیش کو میں نے دیکھا:ص ۷۱]

■ ''ٹھاٹ باٹ والے ہوٹل اب بھی زیادہ نہیں ہیں اور اُن کے ریٹ کارڈ اپنے ملک کے باشندوں کے مطابق متعیّن ہیں۔اِس لیے یہاں کے ہوٹل اور سیاحت گاہ غیر ملکی سیّاحوں پر ہی منحصر نہیں بلکہ اپنے ہم وطنوں کو مرکز میں رکھ کر اُن کی مالی حیثیت کے مطابق کامیابی کے ساتھ چل رہے ہیں''۔[بنگلا دیش کو میں نے دیکھا:ص ۷۱]

ان اقتباسات سے صفدر امام قادری کے نقطۂ نظر کو سمجھا جا سکتا ہے کیوں کہ انھوں نے بنگلا دیش کی عوامی زندگی کے متعدد مظاہر اور معمولات کو موضوعِ بحث بنایا اور اس سے بنگلا دیش کے عوام کے احوال پیش کرتے ہوئے ممکن حد تک ہندستانی صورتِ حال سے موازنہ ومقابلہ کیا اور اپنے نتائج پیش کیے۔

اس سفرنامے میں مصنف نے ڈھاکا یونیورسٹی کے طلبہ اور اساتذہ کی تعلیم کے ساتھ سیر وتفریح اور تہذیب و ثقافت کی جلوہ سامانیوں کی طرف بھی توجہ دلائی ہے۔مصنف نے ان امور کے سلسلے سے گفتگو کرتے ہوئے بھی ہندستان کی صورتِ حال سے موازنہ جاری رکھا۔رقص، موسیقی اور ڈرامے یا پبلک پرفارمینس کے بیان میں مصنف نے بنگلا دیش کے شعبۂ اردو کے اساتذہ اور بالخصوص طلبہ کی خوب خوب تعریف کی ہے اور یہ بتایا ہے کہ ایسے رسمی مواقع ہندستان کے کسی شعبۂ اردو میں شاید ہی کبھی آتے ہوں۔انھوں نے یونیورسٹی کے اساتذہ، لڑکے لڑکیوں کی ایک سو کی بھیڑ لے کر سمندر اور پہاڑوں کی جانب سیر اور تفریح کے مقصد سے چلنے کے معاملے کو بھی ہندستان سے ہم رشتہ کرتے ہوئے اپنے تاثرات پیش کیے ہیں۔انھوں نے طلبہ کی ہمہ گیر ترقی کے لیے ہندستان کے شعبہ ہائے اردو کے مقابلے میں ڈھاکا یونیورسٹی کے شعبۂ اردو کو نہایت پسندیدہ نگاہوں سے دیکھا ہے۔سفرنامے میں حقائق کا تجزیہ حقیقت کے عین مطابق ہے۔

اس سفرنامے میں مصنف نے صرف ادبی اور تاریخی امور کے حوالے سے بنگلا دیش کو دیکھا اور دکھانے کی کوشش نہیں کی ہے بلکہ وہ سمندر اور پہاڑ گھومنے والے اور ایک جزیرے سے دوسرے جزیرے کا ذوق وشوق سے سفر کرنے والے سیاح کے روپ میں بھی نظر آتے ہیں۔کوکس بازار، انائن بیچ، سینٹ مارٹن کا جزیرہ، بندربن کے پہاڑی علاقے کی سیر وتفریح میں مصنف نے بنگلا دیش کی ایک الگ ہی تصویر پیش کی ہے۔انھوں نے ان مراحل میں قدرتی مناظر سے مالا مال بنگلا دیش کی زندگی اور وہاں کے عوام کے ان سے فیض اٹھانے کے انداز کو بڑی محبت سے پیش کیا ہے۔اس مرحلے میں ڈھاکا یونیورسٹی کے طلبہ اور ان کے اساتذہ کے تعلیم کے ساتھ تفریحی رُخ کو بھی خوب خوب اُجاگر کیا گیا ہے۔اپنے ملک ہندستان کی یونیورسٹیوں سے اس کا مقابلہ کرتے ہوئے اس بات کے لیے کفِ افسوس ملنے پر وہ

مجبور ہوئے کہ شعبۂ اردو کے طلبہ و اساتذہ اس محبت اور اپنائیت سے، عزت و آبرو کے ساتھ اتنی بڑی تعداد میں کہیں نہیں جا سکتے۔ اس کی وجہ سے ہمارے طلبہ کی شخصیت کا ہمہ گیر فروغ ممکن نہیں ہوتا۔ اس سلسلے سے ایک اقتباس ملاحظہ ہو:

"طالبات کی بڑی تعداد کو دیکھتے ہوئے ہندستانی یونی ورسٹیوں کے شعبہ ہائے اردو میں ایسے کسی سفر کے بارے میں سوچنا بھی مشکل کام ہے اور اِسے کامیابی کے ساتھ انجام تک پہنچا پانا ناممکنات میں معلوم ہوتا ہے مگر ڈھاکا یونی ورسٹی کے طلبہ اور اساتذہ اِسے کسی رکاوٹ کے بغیر ہر سال انجام دیتے ہیں اور ہر تعلیمی سیشن کی تھکان اور بوریت کو ایسے خوشگوار سفر سے فرحت بخش بنا لینے میں کامیاب ہوتے ہیں"۔ [بنگلا دیش کو میں نے دیکھا: ص ۸۷]

بنگلا دیش کے سفر میں جن اہم ادبی اور علمی شخصیات سے ملاقات ہوئی، صفدر امام قادری نے ان کے بارے میں اپنے ذاتی تاثرات بھی قلم بند کیے ہیں۔ یہ حصہ بھی سیر و تفریح کے ابواب کی طرح دلچسپ ہے اور سفر نامہ نگاری کے علمی اور تہذیبی سروکار واضح کرتا ہے۔ اس تذکرے میں صرف ادیب اور شاعر یا اساتذۂ کرام ہی نہیں بلکہ یہاں ڈرامہ آرٹسٹ، مترجم اور سماجی خدمات گار جیسے افراد بھی مرکزِ نگاہ ہیں۔ اس فہرست میں محمد نور اور کمل سرکار کے کردار بڑے دلچسپ ہیں اور مصنف نے بڑے محبوبانہ انداز سے ان کی تفصیلات رقم کی ہیں۔ پروفیسر محمود الاسلام کی شخصیت کا تذکرہ بھی قدرے تفصیلی ہے اور اس میں دلچسپی کا سامان پیوست ہے۔ بزرگ شاعر جلال عظیم آبادی کا ذکر بھی بڑی محبت سے کیا گیا ہے۔ ان کے بارے میں چند اقتباسات ملاحظہ ہوں:

■ "ڈھاکا میں دبستانِ عظیم آباد کی وہ پہچان ہیں، اس لیے ان کے لیے بھی یہ بہت موزوں تھا کہ عظیم آباد کے ہم جیسے نو آموزوں سے وہ براہِ راست تعلّق پیدا کریں۔ جب انھیں معلوم ہوا کہ میں پٹنہ کے کالج آف کامرس میں صدر شعبۂ اردو ہوں، اس وقت وہ اپنی یادوں میں کھو گئے۔ انھوں نے فخر اور محبت کے ملے جلے جذبے سے اس بات کی اطلاع دی کہ میرے کالج سے ہی انھوں نے بی۔ ایس سی۔ کرنے کے بعد رختِ سفر باندھا۔ اب بھی مجھ سے ان کی حد سے زیادہ بڑھی ہوئی محبت کا ایک سبب یہ رشتہ بھی نظر آتا ہے کہ ان کے مادرِ علمی میں مَیں درس و تدریس کے فرائض انجام دیتا ہوں"۔ [بنگلا دیش کو میں نے دیکھا: ص ۱۳۹]

■ "جلال ڈھاکا میں بیٹھے ہوئے اپنے سارے متعلّقین، دوست اور آشنا سے جُڑے رہتے ہیں۔ ڈھاکا کے سے می نار کے بعد بزمِ صدف کے افتتاحی پروگرام

میں بھی وہ شامل ہوئے اور اپنی مادری زبان کی حفاظت اور توسیع و ترقی کے لیے وہاں سرگرم ہیں۔ ادبی طور پر ان کی شخصیت کا ایک خاص وقار بھی قائم رہتا ہے۔ ہمارے لیے تو وہ اس وجہ سے بھی غنیمت ہیں کہ ڈھاکا میں ان کی ذات سے وہاں ایک عظیم آباد بستا ہے۔'' [بنگلا دیش کو میں نے دیکھا: ص ۱۴۱]

آخری اقتباس کو پڑھتے ہوئے مصنف کی محبت کا اندازہ کیا جا سکتا ہے جو انھیں جلال عظیم آبادی کی ذات سے رہی ہے۔ یہ بات سب سے افسوس ناک رہی کہ کورونا کی وبا میں گذشتہ برس جلال عظیم آبادی ہم سے ہمیشہ کے لیے رخصت ہو گئے۔

صفدر امام قادری کا یہ سفر نامہ اس اعتبار سے بے حد اہم ہے کیوں کہ اردو زبان میں بنگلا دیش کے سفر نامے بے حد محدود تعداد میں شائع ہوئے ہیں۔ زیادہ سفر نامے تو اس زمانے کے ہیں جب یہ خطّہ مشرقی بنگال اور مشرقی پاکستان کے نام سے موسوم تھا۔ اس سفر نامے کی تکمیل کے دوران بنگلا دیش نے اپنے وجود کی نصف صدی مکمل کر لی۔ اس لیے اس سفر نامے کے توسط سے ہم پچاس برس کی ترقیات اور تبدیلی کے بہت سارے مظاہر دیکھنے میں کامیاب ہوتے ہیں۔ ایسا اب تک کسی اردو سفر نامے میں دیکھنے کو نہیں ملا۔

مصنف نے اگر چہ اس سفر نامے کو نہایت سنجیدگی، علمی توجہ اور تقابلی مزاج کے ساتھ مکمل کیا ہے مگر چوں کہ وہ اردو زبان کے معتبر ادیب ہیں، اس لیے یہاں ان کا اسلوب نگارش بھی اپنی دل نشینی کی وجہ سے دامنِ دل کھینچ رہا ہے۔ انھوں نے دوسرے سفر نامہ نگاروں کی طرح اسے غیر ضروری طور پر دلچسپ بنانے کے لیے آزادیاں نہیں لیں اور یہ بھی نہیں کیا کہ اسے اطّلاعات کا خزینہ بنا کر ٹورسٹ گائڈ بنا دیا جائے۔ مصنف کا نقطۂ نظر تہذیبی، علمی اور دانش ورانہ ہے۔ ہر موقعے کو انھوں نے اپنی آنکھوں سے دیکھنے اور ان مظاہر کے آزادانہ تجربے کے لیے وقف کیا ہے۔ اس سے یہ سفر نامہ ایک پُر وقار دستاویز بن کر ہمارے سامنے آیا ہے۔ اس سفر نامے کے مطالعے سے پہلے ہم بنگلا دیش کے بارے میں جس قدر جانتے تھے، اب اس سفر نامے کے مطالعے کے بعد اس سے زیادہ باخبر معلوم ہوتے ہیں۔ اس پہلو سے اِسے ایک کامیاب سفر نامے کے طور پر تسلیم کیا جائے گا۔

● پروفیسر قدوس جاوید

”دشتِ وحشت“ کا شاعر: ذوالفقار نقوی

عمدہ شاعری محض موضوع ہوتی ہے اور نہ صرف ہیئت۔ تحریر کا کون سا لسانی، سماجی، ثقافتی اور فنی و جمالیاتی پہلو اسے شعر بنا دے کچھ کہا نہیں جا سکتا کیونکہ آج بھی شاعری اگر 'میکانیکی' نہیں ہے تو دائرہ در دائرہ، ذوق اور وجدان، جذبہ و احساس اور فکر و دانش کے مرحلوں سے گزر کر سامنے آنے والے زبان، ذات، زندگی اور زمانے کے تخلیقی و جمالیاتی اظہار و بیان کا ہی دوسرا نام شاعری ہے۔ لیکن شاعری کا معیار و مقام کیا ہے، اِس کے جائزے کے لیے تنقید مختلف طریقے اختیار کرتی ہے۔

کسی بھی معتبر شاعر کی شاعری کی تنقید کا ایک طریقہ یہ بھی رہا ہے کہ شاعری سے پہلے شاعر کی تخلیقی شخصیت کو بھی ممکنہ حد تک سمجھ لیا جائے۔ چنانچہ ذوالفقار نقوی کی شخصیت اِن اشعار کے پردوں سے سامنے آتی ہے۔

هم فقیروں کو زمانے کی تب و تاب سے کیا
ہم جہاں بیٹھ گئے ، اپنی بنا لی دنیا

سر بچے یا نہ بچے تیرے زیاں خانے میں
اپنی دستار بہر طور بچانا ہے مجھے

ذرا دیکھوں تو کتنا دم ہے اِس بادِ مخالف میں
گھروندا اِک سرِ دشتِ بلا تعمیر کرنا ہے

دشت سے خاک اُٹھا لایا تھا اجداد کی میں
گھر میں رکھی تو ہوئے چاند کے ہالے شب و روز

اِس طرح کے اور بھی متعدد اشعار نقل کیے جا سکتے ہیں لیکن فی الوقت اِن اشعار کے کلیدی الفاظ و تراکیب، مثلاً فقیری، زمانے کی تب و تاب، اپنی دنیا، زیاں خانہ، دستار، بادِ مخالف، دشتِ بلا، اجداد کی خاک اور چاند کا ہالہ وغیرہ کو نشان زد کر کے معنوی کے علاوہ اِن کی نفسیاتی اور تاثراتی تہوں اور طرفوں کو کھول کر دیکھا جائے تو معلوم ہوگا کہ نقوی انتشار و بحران سے دوچار اِس دور میں اپنی دنیا آپ پیدا کرنے پر یقین رکھنے والے ایک خوددار شخص ہیں جو اپنے آبا و اجداد کی خاک، یعنی موروثی روایات و اقدار اور عقائد و تعلیمات کا چاند کے ہالوں کی طرح احترام کرتے ہیں اور ساتھ ہی تمام تر منفی اور مخالف حالات کا مردانہ وار سامنا کرتے ہوئے ہر حال اور ہر قیمت پر اپنی شرافت و سیادت اور عزت و ناموس کو بچائے رکھتے ہوئے زمانے کے اِس 'دشتِ بلا' میں بھی گھروندا بنانے کا حوصلہ رکھتے ہیں۔

لیکن ذوالفقار نقوی کی شاعری کے اندر سے ہی اِن کی جو تخلیقی شخصیت سامنے آتی ہے اُس کو مرکز میں رکھ کر ان کے چند سینئر شعراٗ جیسے افتخار عارف، منیر نیازی، شکیب جلالی، مظہر امام، شہریار، ودیا رتن عاصی اور فاروق مضطر وغیرہ کے علاوہ اِن کے معاصر شعراٗ محمد مشتاق، رفیق راز، ایاز رسول نازکی وغیرہ کی شاعری خصوصاً غزلیہ شاعری کے مزاج اور معیار کو سامنے رکھیں تو اندازہ ہوگا کہ ذوالفقار نقوی کی شاعری کی کائنات بحیثیت مجموعی اِن شعراٗ سے الگ کوئی جزیزہ نما نہیں بلکہ اِن سے اٹوٹ رشتہ رکھتی ہے، کہیں مفاہمت کا تو کہیں مزاحمت کا۔

ذوالفقار نقوی کہیں غزل کی روایت کی توسیع کرتے ہیں تو کہیں تجدید، لیکن اکثر وہ سب سے الگ ایجاد و اختراع سے بھی کام لیتے ہیں۔ اِس کی بہترین مثالیں اِن کے اِس مجموعۂ غزلیات ''دشتِ وحشت'' میں بھری پڑی ہیں۔ غزل وہ صنفِ سخن ہے جس مضمون و معنی آفرینی کی نُدرت، تمام تر ہنر مندیوں کے ساتھ جلوہ گر ہو کر شاعری کے لسانی و شعری، فنی و جمالیاتی اور تعبیراتی امکانات کو وسیع سے وسیع تر کرتی چلی جاتی ہے۔ اور چونکہ غزل ہر دور میں زبان، ذات، زندگی اور زمانے کی لہروں کو اپنے اندر سمیٹ کر کمال مہارتوں کے ساتھ اِن کے اظہار و بیان کی قوت بھی رکھتی ہے چنانچہ اِس بنیاد پر ذوالفقار نقوی ہی نہیں بلکہ پوی معاصر اردو شاعری کے بارے میں کہا جاسکتا ہے کہ ''زبان، ذات، زندگی اور زمانہ'' ہی وہ چار عناصر ہیں جن کی ماہرانہ لسانی، فنی اور جمالیاتی ترتیب و تنظیم سے شاعری وجود میں آتی ہے۔ اور جو شاعر اپنے ذوق، اُفتادِ طبع یا نفسیاتی ساخت کے مطابق جس توازن و تناسب کے ساتھ اِن عناصر کو جس معیار سے برتتا ہے اُس کی شاعری کا معیار و مرتبہ بھی اسی کی بنا پر قائم ہوتا ہے۔ وسیع تناظر میں دیکھیں تو مشرقی اور مغربی ناقدین نے بھی شعر و شاعری کی تفہیم و تعبیر اور تنقید کے لیے اپنے اپنے طور پر اِن ہی باتوں پر زور دیا ہے۔ قدمانے شعر کی تعریف میں کہا ہے کہ ''شعر وہ کلامِ موزوں و مقفیٰ ہے جو کسی معنی پر دلالت کرے اور بالمقصد کہا جائے''۔ لیکن شمس الرحمٰن فاروقی اور دیگر کئی ناقدین اِس تعریف کو من مانا قرار دیتے ہیں۔ قدمانے (عربی) شاعری میں لفظ اور قافیہ کے برتاوٗ کے حوالے سے چار عنوانات قائم کیے ہیں۔

۱۔ لفظ کا رشتہ معنی سے	۲۔ لفظ کا رشتہ وزن سے
۳۔ معنی کا رشتہ وزن سے	۴۔ معنی کا رشتہ قافیہ سے

یہ ایک مصدقہ حقیقت ہے کہ کسی بھی شاعر کے کلام میں الفاظ کے معنی اور جمالیاتی برتاوٗ سے ہی شعریت، کیفیت، معنی خیزی اور تاثیر پیدا ہوتی ہے۔

شاعری کی زبان کے حوالے سے ذوالفقار نقوی کے ایسے اشعار اِن کے تخلیقی شعور کا پتہ دیتے ہیں۔

بے زباں لفظ ہیں شاعری ہے کہاں درد و غم کی مرے، بات کی ہے کہاں
صوت و حرفِ تمنا سے ہو با خبر ایسی ادراک میں نغمگی ہے کہاں

آپ بیتی کو جہاں بیتی بنا کر پیش کر — آپ بیتی کو جہاں بیتی بنا کر پیش کر

ذوالفقار نقوی کی شاعری کی زبان اِن کے معاصرین کی طرح مضمون کی مناسبت سے سادگی اور استعاراتی نیز لطافت اور صناعت کے سانچے میں ڈھل جاتی ہے۔دوسرے لفظوں میں ذوالفقار نقوی اردو زبان اور اس کے تخلیقی برتاؤ کا سلیقہ رکھتے ہیں جو شاعرانہ اظہار و بیان کی بنیادی شرط ہے۔اور جسے اصطلاح میں ''مذاقِ سلیم'' کہتے ہیں۔اردو کی کلاسیکی اور جدید شاعری کے محاورات،تشبیہات و استعارات کی آگہی کے سبب نقوی کی شعری زبان اردو شاعری کے لسانی سرمایے سے بلا تکلف اپنا رشتہ قائم کر لیتی ہے۔چند مثالیں:

دیکھا نہیں ہے یار کی جب سے گلی کا رُخ — چمکا ہے اُس کے بعد مری دلبری کا رُخ

ہفت اقلیم پہ دن رات نظر رکھتے ہیں — بے خبر ہوتے ہوئے ساری خبر رکھتے ہیں

ایسے امید کے پالے ہوئے اشجار گرے — جس طرح سایہ ٔ دیوار پہ دیوار گرے

مرے آغاز میں مجھ کو ہی رونا تھا،سو میں رویا — نہ جانے کیوں مرے انجام پر شاہ و گدا روئے

تیری تخلیق کا خلاصہ ہوں — تُو مصور میں تیرا نقشہ ہوں

چڑھتے سورج کی میں پوجا کرتا ہوں — یار یہی اِک خصلت زندہ رکھتی ہے

اور پھر ایسے اشعار بھی ملتے ہیں۔

غازہ، پوڈر مل کر میں بھی آ جاتا ہوں سرخی میں — بِک جاتا ہے چہرہ میرا سستے سے اخبار کے ساتھ

اِس قدر ٹینشن نہ پالا کر — خون اپنا نہ تُو اُبالا کر

جو جھتا رہتا ہوں میں وقت کی پرخاشوں سے — خوف آتا نہیں اب ظلم سے، پاداشوں سے

کسی بھی شاعر کے لیے زمان و مکان کی بصیرت سے پہلے خود اپنی ذات کے حدود و امکانات کی آگہی لازمی ہے اور خود آگہی کی یہ صفت ذوالفقار نقوی کے یہاں جگہ جگہ جلوہ گر نظر آتی ہے۔

مجھے زمان و مکاں کی حدود میں مت رکھ — صدا و صوت کی اندھی قیود میں مت رکھ

میں تیرے حرفِ دعا سے بھی ماورا ہوں میاں — مجھے تُو اپنے سلام و درود میں مت رکھ

مرا یقین سے جو سلسلہ مِلا ہوا ہے — کسی سے میں نے بھی اب رابطہ کیا ہوا ہے

تیرگی مجھ سے کیوں نہ ہو خائف — روشنی کا میں استعارہ ہوں

شاعری میں ذوالفقار نقوی کے یہاں مضمون و معنی آفرینی کے حوالے سے میر انیسؔ اور کہیں کہیں اقبالؔ کے لب و لہجے کے سائے بھی رقصاں نظر آتے ہیں لیکن اسلوب تقلیدی نہیں،اجتہادی ہے۔مثلاً

رات بھر دیکھتا آیا ہوں چراغوں کے نشاں — صبحِ عاشور سے اب آنکھ ملانا ہے مجھے

ذوالفقار نقوی کی شخصیت اور شاعری دونوں ہی سادگی اور پُر کاری کا مجموعہ ہے۔ سادہ بیانی کی مثالیں ہم دیکھ چکے لیکن اِن کا استعاراتی نظام بھی قابلِ غور ہے۔ چونکہ شاعری میں معنی آفرینی، کیفیت طرازی یا حسنِ بیان پیدا کرنے کے لیے مختلف شاعرانہ حربے یعنی Poetic Devices استعمال کیے جاتے ہیں جیسے رمز وایما، تلمیح وتراکیب، قولِ محال وابہام، تلازمۂ خیال، مراۃ النظیر، مناسباتِ لفظی، شعری صنعتوں، علامات وپیکر اور تشبیہ واستعارہ وغیرہ۔ شاعر اِن کا استعمال تمام تر لسانی، فنی اور جمالیاتی ترتیب و تنظیم کے ساتھ کرتا ہے تو اسے اس شاعر کا ''استعاراتی نظام'' کہتے ہیں۔ اب یہاں ذوالفقار نقوی کے استعاراتی نظام کا نظارہ درج ذیل اشعار میں کیجیے۔

وفورِ وحشتِ صحرا میں سائباں کے لیے　　　وہ لا مکاں سے اُترا ہے ہر مکاں کے لیے

ذوالفقار نقوی نے اپنے اِس شعری مجموعے کے لیے ''دشتِ وحشت'' کی جو ترکیب وضع کی ہے وہ بذاتِ خود ایک ہمہ جہت استعارہ ہے۔ 'دشت' اور 'وحشت' فارسی اور اردو شاعری کے زندہ، متحرک اور مستقل استعارے ہیں جنھیں ہر دوور میں تقریباً تمام بڑے شاعروں نے اپنے اپنے طور پر برتا ہے۔ ذوالفقار نقوی کے یہاں 'دشت' اور 'وحشت' جیسے الفاظ کثرت سے استعمال ہوئے ہیں۔ اپنے استعاراتی برتاؤ کے سبب 'دشت' نقوی کی داخلی ذات ہی نہیں، خارجی زندگی اور زمانے کا بھی احاطہ کر لیتا ہے۔ اِسی طرح 'وحشت' بھی الگ الگ مضمون اور موقع ومحل کے اعتبار سے، کہیں داخلی کیفیت، کہیں ارادہ اور مقصد کے تئیں کمٹمنٹ Commitment اور جنون کی ترجمانی کرتا ہے تو کبھی 'وحشت' نا مساعد سماجی، سیاسی اور ثقافتی حالات اور مسائل کا نگار خانہ پیش کرتا ہے۔ اِس لیے ذوالفقار نقوی کے شعری مجموعے کی نتیجہ خیز قرأت اور تفہیم وتعبیر کے لیے قاری کو بھی الفاظ اور استعاروں کے اندر بہت گہرائی تک اُترنا لازمی ہو جاتا ہے۔ نقوی نے خود کہا ہے۔

ہر ایک حرف سے ہوتی ہے بات مدت تک
میں ڈوب جاتا ہوں جب قلزمِ معانی میں

◄◄ ● ►►

● ڈاکٹر سیفی سرونجی

شاہ نجم الدین آبرو کی غزل اور اس کی خصوصیات

کسی بھی شاعر کی شاعری کو سمجھنے کے لئے سب سے پہلے اس کے عہد اور اس عہد کے تاریخی، سیاسی، سماجی، ماحول پر نظر ڈالنا ضروری ہوتا ہے تاکہ پتہ چل سکے کہ وہ کن حالات میں شاعری کی طرف راغب ہوا۔اس کی شخصیت کن حالات کے تحت ابھری۔ظاہر ہے کہ وہ عہد اگر خوشحالی کا ہے تو اس کی شاعری میں بھی عشق پرستی، خوشی اور انبساط سے بھری ہوگی اور اگر اس عہد کے سیاسی سماجی حالات غربت اور ظلم وستم سے بھرے ہوں گے۔تو اس کی شاعری میں بھی اس کے عہد کی جھلکیاں نمایاں ہوں گی۔ چونکہ مبارک آبرو کی شاعری جس عہد میں پروان چڑھی، وہ محمد شاہ کا دور تھا۔محمد شاہ جسے محمد شاہ رنگیلا کے نام سے جانا جاتا ہے۔ظاہر ہے جیسا بادشاہ ہوگا، ویسی ہی رعایا ہوگی۔اس وقت کے حالات پر نظر ڈالتے ہوئے پروفیسر خالد محمود نے اپنے مونوگراف 'شاہ نجم الدین مبارک آبرو' میں لکھا ہے:

> ''دہلی کی زندگی مجموعی طور پر رنگین تھی اور اس درجہ رنگین تھی کہ اس نے میلوں ٹھیلوں کے ساتھ بزرگان دین کے مزارات ومقابر اور دیگر مذہبی معمولات کو بھی رنگین بنالیا تھا۔ بسنت کے موقع پر پہلے دن قدم شریف پر صبح وشام میلہ لگتا تھا۔ سارا شہر دلہن کی طرح سجایا جاتا۔ باغوں میں فرش بچھائے جاتے، قوالیاں ہوتیں اور حسین وجمیل دوشیزائیں تماش بینوں کے حوصلے آزماتیں۔ دوسرے دن نغمہ طراز حضرات قطب الاقطاب کی درگاہ پر حاضری دیتے۔ تیسرے دن حضرت نظام المشائخ کی درگاہ میں محفل سماع منعقد ہوتی۔ چوتھے روز حضرت رسول نما میں قوالوں اور نقالوں کا ہجوم ہوتا۔ پانچویں دن حضرت شاہ ترکمان کی درگاہ میں اور چھٹے دن بادشاہ اور امراء کے دولت خانوں کی جانب رخ کیا جاتا ساتویں دن رات کا معمول بالکل انوکھا اور ماحول جداگانہ ہوتا، اس رات جملہ ارباب رقص وسرور واجدی پورہ کی ایک قبر پر حاضری دیتے۔''

حد تو یہ ہے کہ انگور کی شراب سے اس قبر کو غسل دیا جاتا غرض یہ کہ محمود شاہ کے عہد میں وہ سب کچھ ہوتا تھا، جو ایک عیش پرست بادشاہ کے عہد میں ہوتا ہے یعنی شراب شباب ناچ گانے، عیاشیاں عروج پر تھیں۔ اب ظاہر ہے کہ آبرو اس سے کس طرح بچ نکلتے، ان کی شاعری میں بھی یہ تمام خرابیاں در آئیں۔ بقول ڈاکٹر محمد حسن:

"محمد شاہ کی دلی کا یہی معمول تھا، جس میں تصوف، عشق بازی، امرد پرستی، حسن پرستی، شراب نوشی، رقص موسیقی، ضلع جگت، رندی و سرمستی و سرشاری، بزم آرائی اور لطف وانبساط کے تمام رنگ گھل مل گئے تھے کہ انہیں پہچاننا اوران کے درمیان حد فاصل قائم کرنا مشکل ہو گیا تھا مگر تہذیب کی اسی دھنک رنگی نے ریختہ کی شاعری کو محبوب بنایا، ایہام گوئی کو روح قرار دیا اور ایہام گو شعراء کو جان محفل بنا کر چمکایا۔ نیز آبرو کے سر پر ایہام گوئی کی بادشاہت کا تاج سجایا۔"

اسی خیال کے پیش نظر ڈاکٹر محمد حسن کہتے ہیں "آبرو صرف طرز بیان کا نہیں بلکہ ایک شخصیت ایک دور اور ایک مزاج کا نام ہے۔" اس رائے میں آبرو کے تعلق سے جس دور کا ذکر کیا گیا ہے، وہی یہی محمد شاہی دور ہے۔ جس کے کوچہ و بازار کی سیر کرائی جا چکی ہے۔ اس دور میں شاعری کا چرچا عام تھا اور شاعری میں صنف ایہام نے اس قدر مقبولیت اور اتنا اعتبار حاصل کر لیا تھا کہ اس دور کو دو ایہام گویاں کے نام سے پکارا گیا۔ ایہام گوئی کے ساتھ آبرو کا نام اتنا زیادہ لیا گیا کہ دونوں لازم ملزوم معلوم ہونے لگے۔"

کلام آبرو کی یہ سب سے بڑی خصوصیت ہے کہ وہ ایہام گوئی کی زندہ مثال کہا جانے لگا۔ اب ایہام گوئی کی کونسی صفت اور کون سے شاعر ایہام گوئی میں مہارت رکھتے تھے۔ یہ الگ بحث ہے۔ ہمیں ایہام گوئی کے سلسلے میں اس کی تفصیل میں نہیں جانا بلکہ، آبرو کے کلام کی خصوصیات پر نظر ڈالنا ہے۔ یہاں آبرو کے چند اشعار پیش کئے جاتے ہیں۔

آیا ہے صبح نیند سے اٹھ رسمسا ہوا
پھر زلف سے نکل نہ سکے دل نچا ہوا

لگا دل یار سے تب اس کو کیا کام آبرو سے
کو زخمی عشق کا پھر مانگ کر پانی نہیں پیتا

تمہارے شوق میں ہوں جاں بلب اک عمر گزری ہے
اگر اک دم کو آ کر مکھ دکھاؤ گے تو کیا ہوگا؟

جگت کے لوگ سارے آبرو کو پیار کرتے ہیں
اگر تم بھی گلے اسے لگاؤ گے تو کیا ہوگا

بے تابیِ دل آج میں دلبر سے کہوں گا
ذرے کی تپش مہر منور سے کہوں گا

غزالاں آبرو کر چاک دل مدت سے نکلا ہے
کہو کیا حال ہے، دشتِ جنوں میں اس دوانے کا

رفتار پیچ جبکہ ادا سے لٹک گیا
بے اختیار بت سے مرا جی اٹک گیا

شاید ہمارے جی کی کشش نے اثر کیا — جاتا تھا جلد دیکھ کے ہم کو ٹھٹھک گیا
ہم سے چرائیں اور سے نکھیاں ملا گیا — ظالم کسی کو مار کسی کو جلا گیا

یہ بات سچ ہے کہ آبرو کے یہ اشعار عشق ومحبت کے جذبات سے لبریز ہیں لیکن زبان کی فنکاری اور الفاظ کی ہنرمندی اور اشعار میں تازگی نمایاں ہے۔ اپنے عہد کی زبان اور مزاج سے ہمیں آشنا کرتی ہے۔ صدیاں گزر جانے کے بعد بھی ہم صرف آبرو کی شاعری پڑھ کر اس زمانے کے ماحول، زبان، رہن سہن اور تہذیب سے آشنا ہو جاتے ہیں اور پھر ایہام گوئی کا تو انہیں بادشاہ کہا جاتا ہے۔ آبرو دراصل ولی دکنی سے بہت متاثر تھے اور ولی دکنی کے زمانے میں ایہام گوئی اور دیگر صنعتوں کا استعمال اساتذہ کی نمایاں پہچان تھی۔ دوسرے یہ کہ آبرو کی حسن پرستی کی بڑی شہرت تھی۔ حسینوں کی اداؤں کے بارے میں ڈیڑھ سو اشعار کی مثنوی بھی لکھی ہے۔ لیکن محمد شاہ کے عہد میں وہ ایک درویش صفت ہو گئے تھے۔ آبرو کا شمار شمالی ہند میں اردو کے اولین شاعروں میں ہوتا ہے۔ کہا جاتا ہے کہ آبرو کا دیوان شاہ حاتم کے دیوان سے بہت پہلے مرتب ہو چکا تھا۔ پروفیسر مسعود حسین کی تحقیق کے مطابق فائز دہلوی کو شمالی ہند کا پہلا صاحب دیوان شاعر کہا جاتا ہے۔ ڈاکٹر محمد حسن دیوان آبرو کے دیباچے میں آبرو کے دیوان کو اردو کا پہلا مستند دیوان کہتے ہیں۔ آبرو کے کلام کا مطالعہ شمالی ہند کے قدیم ترین شعری مجموعہ کا مطالعہ ہے اور تاریخی اور ادبی دونوں حیثیتوں سے نہایت اہم ہے۔ اس میں کوئی شک نہیں کہ آبرو نے اپنی شاعری میں جہاں ایک طرف ایہام گوئی کو فروغ دیا ہے اور ر اس فن کے وہ استاد کہلاتے ہیں دوسری طرف ان کی شاعری میں ہندوستانی تہذیب، یہاں کے ماحول کی عکاسی بھی نمایاں ہے۔ دوسرے یہ کہ انہیں عربی زبان پر عبور حاصل تھا۔ یہی وجہ تھی کہ ان کی غزلوں میں عربی زبان کے الفاظ اور محاورون کا خوبصورت استعمال پایا جاتا ہے مثال کے طور پر یہ تین اشعار جنھیں ڈاکٹر ظفر احمد صدیقی نے مقدمہ انتخاب کلام آبرو میں نقل کیے ہیں، جن میں عربی زبان کے غیر معروف، ثقیل اور اردو شاعری کے بالکل اجنبی الفاظ کا خوبصورت استعمال کیا ہے۔

زاہدوں کے تئیں اگر ہوتا جو اک مقدار علم — چھوڑ کر شمع کو کیوں ہوتے وہ اصحاب الشمال
کرتا ہوں اس کی عقل پر افسوس ہاتھ مل — جو مرگ گل کہے تری آنکھوں کو فی المثل
عشق کی آتش میں بے شک معجزہ علی کا ہے — زندہ اس کے دم سے ہوئے شمع جوں عظم رجیم

کچھ اشعار اور پیش ہیں۔

چوپڑ کے کھیلنے کا سارا ہے یہ خلاصا — شاید کبھی وہ لڑکا بیٹھے ہمارے پاس آ
یہ شعلہ عشق کا حسن ازل کا نور ہے گویا — جلا ہے جب سے سینہ تب سے کوہِ طور ہے گویا

زلفاں کے تئیں نہ دیکھا مدت ہے میرے صاحب — یہ بخت کی ہمارے شامت ہے میرے صاحب
اک بار ہنس کے ہم سے تم اپنے جی سے بولو — اتنی ہی میرے دل میں حسرت ہے میرے صاحب
جنگ کا وقت نہیں یہ پیارے — گھر میں آئے ہیں مدارات کرو
دیکھ دل کے شوق کی سرشاریاں — مست ہو کلیاں چمن میں جھومیاں
گلی اکیلی ہے پیارے اندھیری راتیں ہیں — اگر ملو تو سجن سو طرح کی گھاتیں ہیں

مبارک آبرو شیخ محمد غوث گوالیاری کے عزیزوں میں سے تھے بلکہ میر نے تو انھیں غوث کا نواسہ بتایا ہے۔ اس لحاظ سے آبرو کا وطن گوالیار ہے لیکن وہ آغاز جوانی میں ہی دہلی آ گئے تھے اور یہیں ان کی شاعری کو جلا ملی۔ ان کی شاعری کے بارے میں ڈاکٹر خالد محمود نے 'شاہ نجم الدین مبارک آبرؔ مونو گراف میں لکھا ہے:

''آبرو نے اردو غزل میں ہندوستانی عناصر کو سمو کر اور یہاں کے رسم و رواج موسم تہوار موسیقی کے راگ رنگ اور مذاق و مزاج کو شامل کر کے برج بھاشا کے گیت اور دہروں کے رنگ و آہنگ سے سجا کر ایک نیا رنگ سخن پیدا کیا تھا، جو اس دور کے تہذیبی مزاج کے حسب حال ہونے کی وجہ سے محمد شاہی دور کا سب سے زیادہ مقبول رنگ سخن بن کر چمکا اور اس رنگ سخن نے آبرو کو محمد شاہی دور کے ممتاز ترین شاعر بنا دیا۔''

ہر شہر میں کوئی نہ کوئی ایسا نامور شاعر ادیب ضرور پیدا ہوتا ہے، جو اس کے شہر کو شہرت اور تاریخی حیثیت سے ہمکنار کرتا ہے اور گوالیار کے نام کو تاریخی حیثیت دینے میں آبرو کا نام سب سے اہم ہے۔

آخر میں صرف اتنا کہوں گا کہ گوالیار میں آبرو کی آبرو رکھنے میں وقار صدیقی کا بہت اہم رول ہے کہ انھوں نے ''کلام شاہ مبارک آبرو اور گوالیاری زبان و تہذیب'' لکھ کر گوالیار کے وقار کو بھی قائم کیا ہے۔ آبرو کے حوالے سے گوالیار کا نام ہمیشہ ادب کی تاریخ میں نمایاں طور پر آتا رہے گا۔

◀◀ ● ▶▶

● وسیم فرحتؔ (علیگ)

مجسم کیف: کیفی اعظمی

برطانوی فلسفی برٹرانڈ رسل نے کہا تھا کہ،

''ہمارے پاس دو قسم کی اخلاقیات ہیں، ایک وہ جس پر ہم عمل کرتے ہیں اور دوسری وہ جس کی ہم صرف تبلیغ کرتے ہیں۔''

ترقی پسند تحریک کے سب سے جونیئر لیکن 'وفاداری بشرطِ استواری' میں بہتوں سے سینئر، پر کیف شاعر کیفی اعظمی کی زندگی اور ادب ایک ہی اخلاقیات کے ارد گرد نظر آتا ہے۔ یہ وہ سپاہی ہے جس نے روزِ اول سے تا دمِ آخر اپنی فوج اور دوائرِ فوج کا ساتھ نہ چھوڑا۔ بلکہ پسِ مرگ کیفی کے گھر (مجواں، اعظم گڑھ) پر آج بھی سرخ پھریرا لہراتا پایا جاتا ہے۔ محلوں میں بیٹھ کر مزدوروں کی بات کے اس الزام سے بھی کیفی مبریٰ ہیں۔ متوسط طرزِ زندگی اپنانے والے اس شاعرِ انقلاب کی ذات کا یہ کھرا پن بہت کم شاعروں کو نصیب ہوا۔

کیفی کے ابتدائی دور کا شعری آہنگ اور مزاج مرثیہ کے بے حد قریب ہے۔ ان کی اولین غزل 'اتنا تو زندگی میں کسی کے خلل پڑے' بجائے خود رثائیت، قنوطیت، یاسیت کی غماز ہے۔ یہ ایک خاص طرزِ تکلم تھا، ایک خاص نمازِ عشق تھی جس کی امامت یا تو میر انیسؔ فرما رہے تھے یا فانیؔ بدایونی۔ لیکن باوجود اس کے کیفی کے ابتدائی دور کی شاعری پسپائیت، سطحیت اور پژمردگی سے یکسر پاک ہے۔ ان کے یہاں فرد ایک مکمل اکائی بن کر اپنے غموں کا مداوا چاہتا ہے۔ ان سے نبرد آزما ہوتا ہے۔ لیکن اس کے لیے بجائے اپنا دامن پسارنے کے، وہ اپنے ہاتھوں کی محنت کو ترجیح دیتا ہے۔ حالات کا رونا رونے کی بجائے تبدیلیِ حالات میں کوشاں نظر آتا ہے۔ کیفی کی شاعری اسی بہاؤ میں نکھرتی گئی۔ اشتراکیت اور رومانیت کی آمیزش سے کیفی کے یہاں ایک جداگانہ رنگِ سخن دکھنے کو ملتا ہے جو کانوں کو غیر مانوس لیکن بھلا محسوس ہوتا ہے۔ یہاں سے کیفی کی شاعری میں اشتراکیت اور رومان کبھی ساتھ ساتھ چلتے کبھی ایک دوسرے پر سبقت لے جاتے روایتی شاعری سے بہر صورت انحراف کرتے صاف نظر آتے ہیں۔

کیفی نے دوسرے شعری مجموعہ 'آخرِ شب' کے پیش لفظ میں ایلیا اہرن برگ کے سنہری الفاظ درج کیے ہیں۔

''ایک ادیب کے لیے یہی ضروری نہیں کہ وہ ایسے ادب کی تخلیق کرے جو مستقبل کی صدیوں

کے لیے ہو۔ اسے ایسے ادب کی تخلیق پر بھی قدرت ہونی چاہیے جو صرف ایک لمحے کے لیے ہو، اگر اس ایک لمحے میں اس کی قوم کی قسمت کا فیصلہ ہونے والا ہو۔''

برگ کی ان دو سطروں میں کیفی نے اپنا مطمحِ نظر واضح کر دیا کہ انھیں کس نوعیت کے ادب کی تخلیق کرنی ہے۔ اور یہ واقعی وہ زمانہ تھا جب شاعرِ خوش نوا کے وطن کی قسمت کا فیصلہ ہونے والا تھا۔ بقول جگر مراد آبادی ؂

اس انجمنِ دہر کا ہر تازہ تغیر — میرے لیے بیتاب ہے معلوم نہیں کیوں

اس خیال سے کیفی نے اپنی رثائی افتادِ طبع اور چاشنی میں ڈوبی ہوئی غنایت کو ایک نئے دھارے پر لگا دیا جہاں عاشق سپاہی کا کردار نبھاتا ہے۔ جہاں انبساط و مسرت کے زمزمے نہیں ایک ہیبت ناک پر ہول اندھیرے کو کاٹنے والی روشنی کی ضرورت ہے۔ لہٰذا بغاوت کا پرچم لہرائے ایک انقلابی جو رومانیت سے سرشار ہے، ہمارے سامنے آتا ہے جسے دنیا کیفی اعظمی کے نام سے مخاطب کرتی ہے۔ کیفی نے اس ولولے اور جوش میں بھی تخلیقیت اور رومانیت کا ساتھ نہ چھوڑا ورنہ ترقی پسند تحریک کے سپہ سالار کسی بھی حد تک آگے بڑھنے سے نہ ہچکچائے۔ مشہور سینئر ترقی پسند شاعر سلام مچھلی شہری کی نظم 'شرائط' ملاحظہ فرمائیں جب سلام کی شادی ہونے والی تھی، اس نظم میں دلہن کے لیے بعض بے حد سنگین شرائط رکھی گئیں،

بجا کہ کھیل رہا ہوں شباب سے اپنے — بجا کہ دن مری شادی کے بھی ہیں آئے ہوئے
خطا معاف کہ جچتی نہیں نگاہوں میں — یہ دیویاں پسِ چلمن نظر جھکائے ہوئے
مجھے تو ہمدم و ہمراز چاہیے ایسی — جو دستِ ناز میں خنجر بھی ہو چھپائے ہوئے
حسین جسم کو سونے کے زیوروں کے عیوض — سنان و خنجر و پیکاں سے ہو سجائے ہوئے

خدا کا لاکھ شکر کہ کیفی اس 'معیار' تک نہیں پہنچے۔ ترقی پسند تحریک کے آغاز ۱۹۳۵ء سے کیفی کے اولین شعری مجموعہ 'جھنکار' کی اشاعت ۱۹۴۴ء تک، کیفی باغیانہ روش پر چلتے رہے۔ عرصہ قبل جب میں نے پہلی مرتبہ 'جھنکار' مکمل پڑھا تھا تو یک لخت خیال آیا کہ اس مجموعہ کا نام 'للکار' ہونا چاہیے تھا۔ 'جھنکار' میں شامل بیش تر تخلیقات انقلابی اور باغیانہ لے لیے ہوئے ہیں۔ کیفی کی زبردست شاعرانہ فطرت نے ان آوازوں کو محض چیخ و پکار بننے نہیں دیا۔ کیفی کا احتجاج اکہرے پن اور سطحیت سے آزاد ہے۔ خلیل الرحمٰن اعظمی فرماتے ہیں،

''پشیمانی، ٹرنک کال، پا مسٹ، حوصلہ اور تبسم کیفی کی خوبصورت نظمیں ہیں جن میں آج بھی تازگی اور ندرت کا احساس ہوتا ہے۔ بعد میں کیفی اعظمی میں ایک فرق یہ محسوس ہوتا ہے کہ کیفی کی نظموں میں خطاب کا عنصر بہت ہے لیکن ان کے لہجے میں درشتگی اور کرختگی نہیں۔ نیز کیفی کے اسلوبِ بیاں میں انیس کے مرثیوں کے بہت سے عناصر جذب ہو گئے ہیں جن کی وجہ سے ان کی آواز جعفری کی طرح

پھٹ کر بکھر نہیں جاتی بلکہ فصاحت اور روانی باقی رہتی ہے۔'' (اردو میں ترقی پسند تحریک از ڈاکٹر خلیل الرحمٰن اعظمی مطبوعہ علی گڑھ پریس علی گڑھ ۱۹۷۲ء صفحہ نمبر ۱۴۸)

یہ حقیقت ہے کہ کیفی کے شعری گلستاں میں کانٹوں کی چبھن اتنی معصوم ہے کہ جیسے پھول چنتے وقت کوئی کانٹا چبھ جائے۔ غرض کہ کیفی کی خالص اشتراکی منظومات کا نرا خطیبانہ لہجہ بھی سماعت پر بار نہیں ہوتا۔ کیفی اپنی خداداد شاعرانہ صلاحیتوں سے اسے 'پروپیگنڈا' والی شاعری سے کچھ ماسوا نکال لینے میں کامیاب ہوئے ہیں۔

ممتاز ناقد وارث علوی کی علی سردار جعفری کے متعلق دی گئی رائے مجھے سردار سے زیادہ کیفی پر مناسب معلوم ہوتی ہے۔ وارث فرماتے ہیں،

''غالب شعری رویہ پابند نظموں کی طرف ہے اور آزاد نظمیں بھی بے جا پھیلاؤ سے محترز اور اختصار اور کنایت کی طرف مائل ہیں۔ اسلوب استعاراتی اور علامتی اور خوبصورت فارسی تراکیب اور بندشوں سے آراستہ ہونے کے ساتھ سبک، سجل اور برجستہ ہے۔ زبان سادگی میں سپاٹ نہیں بنتی اور ترصیع میں اغراق پیدا نہیں کرتی۔ صرف اور نحوی دروبست میں سلاست اور روانی کا دامن ہاتھ سے نہیں چھوٹتا۔ آہنگ بلند لیکن پروقار، کبھی چیخ و پکار یا اصوات کا جھمیلا نہیں بنتا۔'' (ماخوذ از مضمون علی سردار جعفری کی شاعری مصنفہ وارث علوی، مشمولہ سہ ماہی 'اردو ادب' دہلی شمارہ بابت جنوری تا مارچ ۲۰۰۰ء صفحہ نمبر ۴۸)

کیفی کا اولین شعری مجموعہ 'جھنکار' سن ۱۹۴۴ء میں شائع ہوا۔ جس کا پیش لفظ تحریک کے بانی سجاد ظہیر نے تحریر فرمایا۔ دستخط کے ساتھ پیش لفظ پر 'بمبئی، مارچ ۱۹۴۴' کی تاریخ درج ہے۔ غرض کہ 'جھنکار' میں شامل کلام ۱۹۴۳ء کے اواخر تک لکھا ہوا ہے۔ محض ۲۴ سالہ نوجوان کہ جس کی مسیں بھی پوری طرح بھیگیں نہ ہوں، ایسے طنطنے کے شعر کہتا ہو، یہ امر ماورائے عقل ہے۔ بات تو تب بھی نہ تھی کہ کیفی کی شعری پازیب کی 'جھنکار' محض،

ہم ہوئے تم ہوئے کہ میرؔ ہوئے   اس کی زلفوں کے سب اسیر ہوئے

تک محدود ہوتی۔ لیکن جب میں دیکھتا ہوں کہ 'صبحِ وطن'، 'بیوہ کی خودکشی'، 'بیکاری'، 'عورت'، 'سرخ جنت'، 'استالن کا فرمان' اور اسی قماش کی دیگر منظومات ایک چوبیس سالہ نوجوان کی فکر کا ثمرہ ہے، تو بے دریغ سعدی یاد آجاتے ہیں کہ،

ایں سعادت بہ زورِ بازو نیست   تا نہ بخشد خدائے بخشندہ

پروفیسر وارث کرمانی فرماتے ہیں کہ،

''کیفی اعظمی بنیادی طور سے غنائی شاعر تھے لیکن ترقی پسندانہ آمریت انھیں دوسرے راستے پر لے گئی اور ان کے جینئس کو نظم گوئی کی طرف مائل کر دیا۔ اگر وہ دل کھول

کر غنائی شاعری کرتے تو ان کے حسن اور اثر میں یقیناً اضافہ ہوتا۔ان کی نظموں کی بلند آہنگی اور خطابت ان کے اندرونی مزاج سے بہت زیادہ مطابقت نہیں رکھتی لیکن چونکہ وہ سردار جعفری ہی کے برابر تحت الفاظ پڑھنے والوں میں تھے ان کی نظمیں مشاعروں میں بہت کامیاب ہوجاتی تھیں۔'' (مضمون سردار جعفری مشمولہ کتاب'اردو شاعری کے نیم و دریچے' از وارث کرمانی، مطبوعہ رام پور رضا لائبریری ۲۰۰۵ صفحہ نمبر ۲۴۷)

وارث کرمانی کی مندرجہ بالا رائے سے اتفاق رکھا بھی جا سکتا ہے اور نہیں بھی۔میں نے برسوں قبل مجازؔ لکھنوی پر اپنے کسی مضمون میں اس بات کی طرف اشارہ کیا تھا کہ مجازؔ اور کیفی کی شاعری پر لوگ فیضؔ کا پرتو محسوس کرتے ہیں لیکن حقیقت یہ ہے کہ ان تینوں ہی کی غنائیت میں بڑا فرق ہے۔فیض ترقی پسند تحریک کے سب سے سنئیر شاعر اور کیفی سب سے جونئیر۔تو اس میں کوئی مضائقہ نہیں کہ ہم اپنے پیش رووں سے متاثر ہوں۔لیکن کیفی نے شعری جمالیات کے ضمن میں کسی اور کا لبادہ نہیں اوڑھا۔ان کی آواز ان کی اپنی ہے۔اور بہت آسانی سے پہچانی جاسکتی ہے۔

کیفی کے یہاں آپ محسوس کریں گے کہ ابتدائی دو شعری مجموعہ (جھنکار اور آخرِ شب) محض مارکسی آوازوں کی بازگشت ہو کر نہیں رہ گئے ہیں۔کیفی اپنے کمندِ خیال کو ترقی پسند تحریک کے مینی فیسٹو تک محدود نہیں کرتے۔چہ جائیکہ ایسی منظومات جن کا عنوان اور نفسِ مضمون کلی طور پر پارٹی لائن کے قرب و جوار میں گھومتا نظر آتا ہے ان میں بھی کیفی کے رومان اور غنائیت نے اپنی غضب کی کشش کے عیوض خود کو صرف سیاسی شاعر کی ذات میں قید نہیں ہونے دیا۔اور شاید اس کا علم خود شاعر کو بھی نہیں۔بہ ظاہر خارجیت سے تعلق رکھنے والے انسانی ریخت کا داستان گو کب داخلیت کا دروازہ کھٹکھٹاتا ہوا ذات کے اندر چلا جاتا ہے، پتہ ہی نہیں چلتا۔اور یہ ساحری دیگر ترقی پسند شاعروں میں خال خال ہی دیکھنے کو ملتی ہے۔بقول فراقؔ گورکھپوری،

دل دُکھے روئے ہیں شاید اس جگہ اے کوئے دوست خاک کا اتنا چمک جانا ذرا دشوار تھا

ڈرائیڈن کا قول ملاحظہ فرمائیں،

'He found it brick and left it marble'

اور محسوس کریں کہ یہ قول کیفی پر کس قدر صادق آتا ہے۔وضاحت کے لیے عرض کروں کہ کسی قدیم تلمیح کو حال کی ٹریجڈی سے مربوط کر اسے غیر مرئی سے مرئی بنا دینا یہ اپنے آپ میں کسی اعجاز سے کم نہیں۔میرا ایقان ہے کہ تلمیح کی شان تو یہی ہوگی کہ شاعر اسے موجودہ زمانے کا استعارہ بنا دے۔ایک قدیم واقعہ ملاحظہ فرمائیں۔حضرتِ عیسیٰؑ کسی بازار سے گزر رہے تھے، دیکھا کہ لوگ ایک آدمی کو پتھر مار رہے ہیں۔حضرتِ عیسیٰؑ نے لوگوں سے دریافت کیا کہ کیوں پتھر مار رہے ہیں۔لوگوں نے بتایا کہ 'حضور! اس شخص

نے چوری کی ہے۔' اس پر حضرتِ عیسیٰ لوگوں سے مخاطب ہوئے کہ 'اس آدمی نے چوری کی ہے، لہٰذا لائقِ تعزیر ہے، لیکن پتھر وہی مارے گا جس نے زندگی میں کبھی کوئی چوری نہ کی ہو۔ یہ سنتے ہی لوگوں پر سکتہ طاری ہوگیا۔ یہ واقعہ بے حد مشہور اور معنی خیز ہے۔ اب آپ کیفؔی کا شعر ملاحظہ کریں،

ہوا ہے حکم کہ کیفؔی کو سنگسار کرو مسیح بیٹھے ہیں چھپ کر کہاں خدا جانے

محض دو مصرعوں میں زمانے کی ستم ظریفی، بدحالی اور قحط الرجالی کی کتنی سچی، طنز آمیز اور دردناک تصویر پیش کر دی گئی ہے۔ اس زمانے کے مسیح بجائے ہدایت دینے کے چھپ کے بیٹھے ہیں۔ اس واقعہ کا اس قدر خوبصورت اور بامعنی استعمال میں نے اردو فارسی شاعری میں کہیں نہیں پڑھا۔ یہ شعر کیفی کی زبردست تخلیقیت کو مہمیز کرتا ہے۔

مشہور ترقی پسند شاعر والد محترم خلیل فرحت کارنجوی (مرحوم) نے حضرتِ کیفؔی کا ایک واقعہ سنایا تھا جو قارئین کی تفننِ طبع کے لیے پیش کرتا ہوں ۱۹۷۲ میں حیدرآباد کے ایک مشاعرے میں خلیل فرحت صاحب شریک تھے۔ صدارت کیفؔی فرما رہے تھے۔ صدارتی خطبے سے ماقبل فرمائش ہوئی کہ تازہ کلام ارشاد ہو۔ حسبِ طلب کیفی نے کلام کا آغاز ایک مختصر بحر کی غزل سے کیا۔ دو شعر سنانے کے بعد ایک توقف سے کیفی سامعین سے مخاطب ہوئے، 'خواتین وحضرات! ستمبر ۱۹۶۹ کو احمد آباد (گجرات) میں کسی نے اپنی عبادت گاہ کی ایک اینٹ توڑ دی اور عام کر دیا کہ مخالف عقیدے کے لوگوں نے اینٹ توڑی دی ہے۔ اس حادثہ کے بعد مہینوں وہاں خون کی ندیاں بہتی رہیں، میں نے اسی خیال کو شعر میں برتا ہے، ملاحظہ ہو۔

اتنی لاشیں میں کیسے اٹھا پاؤں گا؟ آپ اینٹوں کی حرمت بچا تو چلے!'

آپ غور فرمائیں کہ اس ایک شعر میں کیفی نے نہایت عالمانہ ڈھنگ سے قوم وملت کو امن وآشتی کا پیغام دیا ہے۔ سیکولر ذہن والے مقررین کی کئی گھنٹوں کی تقریر اس ایک شعر کے سامنے فی الواقع پھیکی معلوم ہوتی ہے۔ دوسری طرف آپ غالبؔ کا شعر ملاحظہ فرمائیں،

سنگ وخشت از مسجدِ ویراں می آرم بہ شہر خانہ ای در کوی ترسیان عمارت می کنم

معاف کیجیے گا غلابؔ کا قطعی نیا اور منفرد مضمون رکھنے والا یہ شعر کیفی کے مندرجہ بالا شعر کے سامنے کس درجہ بھونڈا اور محض کھوکھلے جذبے کا اظہاریہ بن کر رہ جاتا ہے۔

'جھنکار' کے تین سال بعد منظرِ عام پر آئے شعری مجموعہ 'آخرِ شب' میں کیفی کے یہاں انقلابی کی بجائے عشقیہ شاعری کا تناسب زیادہ نکلتا ہے۔ اس کی شاید وجہ بھی یہی رہی ہوگی کہ کیفی ازلی طور پر رومانی شاعر ہیں۔ لہٰذا شاعر کے لاشعور میں رومان کوند پڑنا قطعی غیر فطری نہ ہوگا۔ حسرتؔ موہانی کی ترقی پسند تحریک میں عملی شرکت سے نئے لکھنے والوں پر حسرتؔ کا اثر ڈالنا عین برحق ہے۔ (گو کہ خود حسرتؔ تحریک کے مینی فیسٹو پر کبھی چل نہ سکے)۔ لہٰذا تطہیر عشق والا حسرت کا

خاص رنگِ سخن کئی ترقی پسند شاعروں کے یہاں بہ آسانی محسوس کیا جاسکتا ہے۔اور شاید یہی وہ سبب تھا جو' آخرِ شب' کے بعد کی رومانیت کا موجب ٹھہرا۔ ترقی پسند منشور اور رومانیت کے اس امتزاج کو فراقؔ نے خوب ڈھنگ سے واضح کیا ہے۔

فراقؔ گورکھپوری لکھتے ہیں،

''عشقیہ شاعری کی داستان محض عارض و کاکل، قرب و دوری، جور وکرم، وصل و ہجر، ذکرِ غم یا ذکرِ محبوب تک محدود رہے، یہ ضروری تو نہیں۔ بلکہ پر عظمت عشقیہ شاعری حسن و عشق کی واردات کو زندگی کے اور مسائل و مناظر کے Perspective یا نسبتوں کے ساتھ پیش کرتی ہے۔ داخلیت و خارجیت، نفسیت و واقفیت، ارتکاز وتنوع کالی داس، شیکسپیر، گوئٹے، دانتے کی آفاقی و پر عظمت و مکمل عشقیہ شاعری میں یکساں موجود ہیں۔ جب قومی زندگی میں ترقی و تعمیر کے عناصر کارفرما ہوتے ہیں تو ان کی جگمگاہٹ عشقیہ شاعری میں مرکوز ومحدود سوز وگداز سے گزر کر بزمِ کائنات میں چراغاں کر دیتی ہے اس وقت عشقیہ شاعری کے ہاتھوں میں گریبانِ ہستی آجاتا ہے۔'' (غزل کی عشقیہ شاعری از فراق گورکھپوری، صفحہ نمبر ۱۳)

فراقؔ کے درج بالا بیان کو بہ ہمہ تمام ترقی پسندیوں نے بہ شوق قبول کیا اور اسے خود پر منطبق کیا۔ ظاہر ہے کہ کیفی اس سے کیوں کر باہر ہو سکتے ہیں۔

شعری مجموعہ' آوارہ سجدے' جس کی اشاعت ۱۹۷۴ء کی ہے، اس سے بارہ برس قبل ہی کیفیؔ نے نظم' آوارہ سجدے' کہی اور ایک سپاہی جسے اپنا قافلہ محو ہوتا دکھائی دے رہا ہو، جس کے جنگی اصول صفحہ ہستی سے مٹتے دکھائی دے رہے ہوں، ایک ایسے سپاہی کا کرب نظم' آوارہ سجدے' میں کیفی نے ۱۹۶۲ء میں پیش کیا۔ ۱۹۳۵ء سے کم وبیش تین دہائیوں پر محیط یہ رسم وراہ، یہ تعلقِ خاطر، یہ نعرۂ جنگ، یہ رندانہ سرمستی وغیرہ تمام تر باتوں کے بکھراؤ سے کیفیؔ نے خوب اثر لیا۔ بقول ناصر کاظمی،

جو قافلہ میرا ہم سفر تھا مثال گردِ سفر گیا وہ
شکستہ پا راہ میں کھڑا ہوں گئے دنوں کو پکارتا ہوں

کیفی کا شعری سفر' جھنکار' اور' آخرِ شب' یہ دو کم عرصے میں شائع شعری مجموعوں سے ایک لمبی جست لگا کر سیدھے تین دہائیوں بعد' آوارہ سجدے' پر آکر ٹھہرتا ہے۔' آخرِ شب' (۱۹۴۷ء) تک ترقی پسند تحریک اپنے شباب پر تھی۔ تحریک کی بقاء وابلاغ میں کئی ایک رسالہ جات (شاہراہ دہلی، نیا ادب لکھنو وغیرہ) کتابیں، مضامین اور دیگر نثری تخلیقات سامنے آتی رہیں۔ لیکن ملک کی آزادی کے ساتھ ہی گویا تحریک کا مقصد پورا ہو گیا۔ بعینہ تحریک کے سپاہی خاموش ہو گئے۔ کچھ' سالک' دنیاوی خداؤں سے خوف کھا کر' مقامات میں کھو گئے'۔ تحریک کا منشور اب Out Dated محسوس کیا جانے لگا۔ یا کم از کم ناکافی سمجھا جانے لگا۔ لہٰذا ایک نئے منشور کا نفاذ کیا گیا۔

خود کیفی رقم طراز ہیں کہ،

”دراصل اس منشور سے ترقی پسند تحریک کے ایک نئے دور کا آغاز ہوتا ہے۔ پندرہ سال کے تجربے کے بعد ہمارے ادیبوں نے وہ راستہ پالیا ہے جس کی مدتوں سے تلاش تھی۔ اس مینی فیسٹو نے ادب میں رجعت پسندی کے دروازے بند کردیے ہیں۔“ (مضمون 'نیا منشور' از کیفی اعظمی، مشمولہ شاہراہ، دہلی شمارہ بابت ۳و۴، ۱۹۴۹ء صفحہ نمبر ۴۸)

۲۷ رمئی ۱۹۴۹ء میں منعقد ترقی پسند تحریک کی پانچویں کل ہند کانفرنس بھیمڑی (حالیہ نام بھیونڈی) ضلع تھانہ مہاراشٹر میں تحریک کا نیا منشور منظور کیا گیا۔ لیکن شومیِ قسمت سے رفتہ رفتہ تحریک تنظیمی تعطل کا شکار ہوتی گئی۔ اور کیفی اعظمی کے سجدے 'آوارہ' ہوگئے۔ اس تناظر میں 'آوارہ سجدے' کس قدر جامع اور معنی خیز عنوان لگتا ہے۔

مضمون کے اخیر میں کیفی اعظمی کی چنداں تخلیقات ملاحظہ فرمائیں جو مجھے کسی انتقادی تقاضے و شرائط کے بغیر بے حد پسند ہیں۔

اک تم کہ تم کو فکرِ نشیب و فراز ہے
اک ہم کہ چل پڑے تو بہر حال چل پڑے

جب بھی چوم لیتا ہوں ان حسین آنکھوں کو
سو چراغ اندھیرے میں جھلملانے لگتے ہیں

ہوا ہے حکم کہ کیفؔی کو سنگ سار کرو!
مسیح بیٹھے ہیں چھپ کر کہاں خدا جانے؟

پایا بھی ان کو کھو بھی دیا چپ بھی ہو رہے
اک مختصر سی رات میں صدیاں گزر گئیں

سہ ماہی 'اردو' کے تاحال کئی ایک ضخیم خاص نمبر شائع ہو چکے ہیں جن بالخصوص 'ساحر لدھیانوی نمبر'، 'جاں نثار اختر نمبر'، 'ندا فاضلی نمبر'، 'ترقی پسند تحریک نمبر'، 'زبانِ اردو نمبر' وغیرہ قابلِ ذکر ہیں۔ میری خواہش رہی کہ میں 'کیفی اعظمی نمبر' ترتیب دوں۔ اس ضمن میں محترمہ شبانہ اعظمی صاحبہ سے کئی مرتبہ گفتگو بھی رہی لیکن آپ اسے میری خرابیِ قسمت پر ہی محمول فرمائیں کہ محترمہ کی بے پناہ مصروفیات اس اہم کام میں سدِ راہ ثابت ہوئی۔ بہر کیف۔

کیفی اعظمی کی شاعری دھڑکتے دلوں کی شاعری ہے۔ اور یہی وجہ ہے کہ ان کا کلام بلا تفریقِ سن، ہر عمر کا قاری پسند کرتا ہے۔ خود کیفی مجسم کیف اور سرتاپا رومان کے آئینہ دار ہیں۔ اور یہی جواز انھیں تادمِ آخر زندہ رکھنے کے لیے کافی ہے۔

◄◄ ● ►►

● راتھر سلطان روحی

آفتاب اقبال شمیم کے کلام میں انسانیت کا پیغام

ایک سیب گرا، اور دنیا نے کشش ثقل دریافت کیا فسوس لاکھوں اجسام
اب تک گرے ہیں مگر دنیا کبھی انسانیت دریافت نہ کر سکا۔ (چالی چپلن)

دنیا میں ایسے بہت سے دن ہیں جنہیں کسی مخصوص دن کے طور پر منایا جاتا ہے ایسے ہی ۱۹ اگست ایسی تاریخ ہے جس کو ہر سال عالمی یومِ انسانیت کے دن کے طور پر منایا جاتا ہے۔ اقوامِ متحدہ سے ۲۰۰۸ء میں ۱۹ اگست کو عالمی یوم انسانیت کے دن کے طور پر منانے کی منظوری ملی۔ اس دن کو منانے کا مقصد ایسے انسانوں کو خراجِ تحسین پیش کرنا ہے جو دوسرے انسانوں کے لئے اپنا بہت کچھ قربان کرتے ہیں یا سماج یا معاشرے کی فلاح و بہبودی کے لئے ایسے بہت سارے اقدام اٹھاتے ہیں جن میں ان کا اپنا کوئی ذاتی مفاد نہ ہو۔ انسان، لفظ عربی سے اردو میں آیا ہے۔ یہ ''انس'' لفظ سے ماخوذ ہے۔ انس کے معنی محبت ہے۔ انس سے انسان اور پھر انسان سے انسانیت جیسے لفظ نکلے۔ انسانیت کا مطلب یہ ہے کہ ہم دوسروں کے لئے بھی وہی چاہیں جو اپنے لئے پسند کرتے ہیں۔ جس طرح اپنی ذات کے لئے انسان آرام، عزت، انصاف، آزادی اور ترقی وغیرہ چاہتے ہیں دوسرے انسانوں کے لئے بھی یہی سب چاہیں۔ انگریزی میں انسان دوستی کے لیے humanity لفظ مقرر کیا گیا ہے جو لاطینی زبان کے لفظ humanitas سے مشتق ہے۔ یہ فلسفہ تکریمِ انسانیت، عظمتِ بشریت اور فلاحِ بشر کا متقاضی ہے اس لئے اس کی اہمیت و افادیت آج بھی مسلمہ ہے۔ ہر دور میں انسان دوستی کی حقیقت کو تسلیم کیا گیا ہے۔ ادب و فن میں اس اصطلاح کو یورپی احیائے علوم کی تحریک کے آغاز کے ساتھ استعمال کیا گیا ہے پہلے اس نظریہ نے ایک تحریک کی صورت اختیار کی ہے بعد میں یہ اصطلاح مذہبی اور سیاسی تعلیمات اور تحریکوں میں بھی مستعمل ہوئی۔ دیکھا جائے تو بنیادی طور پر ادب بشریت پسند، انسان پسند اور انسان دوست جیسے افکار و نظریات کا حامل ہوتا ہے۔ انسان دوستی ایک ایسی وسیع المعانی اصطلاح کے طور پر سامنے آئی ہے جس سے فکری طور پر ادب کی تمام اصناف

متاثر ہوئی ہیں۔عالمی ادب میں انسان دوستی کے اثرات کا سراغ پانچویں صدی قبل مسیح تک لگایا گیا ہے۔جس کا براہِ راست اظہار یونانی مفکر پرویاغوس کے اس قول سے ہوتا ہے۔

''انسان کائنات کی تمام اشیاء کا پیمانہ ہے اس بات کا پیمانہ کہ جو اشیاء ہیں وہ اس لئے ہیں کہ وہ ہیں اور جو اشیاء نہیں وہ اس لئے نہیں ہیں کہ وہ نہیں ہیں''۔[۱]

(رالف مارٹن، آدمی کی انسانیت، محمد بخش سلیم، مولانا مترجم مقبول اکیڈمی لاہور، اشاعت دوم ۱۹۴۴، ص ۸۷)

یہ ایک تسلیم شدہ حقیقت ہے کہ اللہ تبارک و تعالیٰ نے کائنات بنائی ہی انسان کے لئے ہے۔انسان کو اشرف المخلوقات کا درجہ بھی اس لئے دیا گیا کیونکہ اس میں سوچنے سمجھنے کی قوت باقی مخلوق کے بہ نسبت زیادہ ہوتی ہیں۔اگر شکل وصورت سے آپ انسان ہیں لیکن انسانیت سے عاری یعنی کہ انسانوں کے دکھ درد کو نہ سمجھے، درندگی پر آمادہ ہو، معصوموں کے ساتھ شفقت و نرمی سے پیش نہ آتے ہوں، عورتوں کے ساتھ ناروا سلوک برتا جائے تو ایسا شخص انسانوں کی صف سے نکل کر درندوں کی صف میں کھڑا کیا جاتا ہے۔ ہر مذہب انسانیت کو فروغ دیتا ہے اس کے باوجود بھی دورِ حاضر میں دنیا سے انسانیت ختم ہوتی نظر آرہی ہے، یا یوں کہا جائے کہ آج کے دور میں اس موضوع پر زیادہ توجہ دینا لازمی بن گیا ہے۔حقوقِ انسانی کو مفکروں، فلسفیوں اور انقلابیوں کے یہاں بھی مرکزی اہمیت حاصل ہے۔انسان کی فلاح و بہبودی کے پیشِ نظر ہی ادب بھی وجود میں آتا ہے۔تخلیق کار انسان دوستی کی خصوصیات کو اپنی تخلیقات کا حصہ بنا کر ایک بہتر معاشرتی زندگی کا خواب دیکھتے ہیں۔

ایسے ہی تخلیق کار میں ایک نام آفتاب اقبال شمیم کا آتا ہے جو اردو نظم کے موجودہ شعرا میں کسی تعارف کے محتاج نہیں۔۱۹۳۶ء میں جہلم میں پیدا ہوئے اور تاعمر درس و تدریس کے شعبے سے وابستہ رہے۔ملازمت کے دوران ان کا قیام چین کی ایک یونیورسٹی میں رہا۔وہاں پر ان کو چین کی تہذیب و ثقافت کا بغور مطالعہ کرنے کا اچھا موقع فراہم ہوا۔چین کی تہذیب اور ثقافت نے ان کی شخصیت کو گہرے طور سے متاثر کیا۔۱۹۵۵ء میں گولڈن کالج راولپنڈی سے تقریباً چار عشرے پڑھانے کے بعد ریٹائر ہوئے۔ان کی نظموں کے کئی مجموعے شائع ہوئے۔آفتاب اقبال شمیم کے شعری مجموعے انسانیت کے تناظر میں لکھے گئے ہیں۔ان کا تمام کلام انسان کی انسانیت اور انسان دوستی جیسے موضوعات کے گرد ہی گھومتا ہے۔ان کے شعری مجموعے'' فردانژاد، زید سے مکالمہ، گم سمندر، میں نظم لکھتا ہوں، ممنوعہ مسافتیں'' اور سایہ نوردو غیرہ میں ایسے ہی موضوعات کو مرکزی حیثیت حاصل ہے۔

آفتاب اقبال چاہتے تھے کہ معاشرے میں عدل و انصاف کا دور شروع ہوجائے۔کمزور، عاجز

،مظلوم اور ماتحت افراد توانا اور مضبوط ہوں۔ظالموں اور فساد برپا کرنے والوں کے ہاتھ بندھے ہوئے ہوں۔یعنی کہ معاشرے میں کسی بھی طرح کا کوئی ظلم نہ کیا جائے اور نہ سہا جائے۔ایک طرح سے وہ ایک مثالی معاشرہ قائم کرنے کے حق میں تھے۔آفتاب اقبال شمیم کے فکروفن کے تحقیقی جائزے سے یہ بات سامنے آتی ہے کہ ان کی زندگی ابتدائی مراحل سے ہی اصول اور ضوابط کی پابند رہی ہے۔آفتاب اقبال شمیم نے ترقی پسند تحریک کے ساتھ ۱۹۶۰ء کی لسانی تحریک سے بھی اثرات قبول کیے لیکن ہر طرح کے جبر سے آزاد ایک مثالی حیات انسان کا تصور ان کی نظموں میں ابتداء سے ہی نمایاں رہا ہے۔جس کی رو سے جبر کے لامتناہی عہد میں انسانی محبت اور آزادی کا خواب ان کی تخلیقات کا اہم وصف بن کر سامنے آتا ہے۔اس خواب کی تشکیل وتعمیر میں ان کا مثالی کردار ''زید'' بھی ان کے ساتھ ہے۔جس کی وضاحت کرتے ہوئے وہ اپنے مجموعے ''فردنژاد'' کے دیباچے میں لکھتے ہیں:۔

''زید اور میں خواب دیکھتے ہیں۔زید فردِاول یا عنصری انسان ہے۔جس کی بنیاد پر میں نے اپنی معاشرتی شخصیت کی تعمیر کی ہے۔ہم دونوں جبر کے شاہی قلعے کے زندانی سردسلوں پر سوتے ہیں اور دور کے اس شہر کی جانب دیکھتے ہیں جہاں محبت اور آزادی کے مندر میں داسیاں ناچتے خود اپنی خوشبو بن جاتی ہیں۔حسن منکشف ہو کر وصل کی بشارتیں دیتا ہے اور ایک فردِ دگر کی آفرینش گزرے ہوئے حوالوں کو نابود کر دیتی ہیں۔''[۲]

(افتاب اقبال شمیم ،فردنژاد، مشمولہ نادریافتہ پورب اکادمی، اسلام آباد جنوری ۲۰۱۶ ص ۸)

آفتاب اقبال شمیم کے سارے مجموعوں کا مرکزی موضوع تقریباً انسان دوستی کے گرد ہی گھومتا ہے۔ظلم اور جبر جس پر ہو رہا ہے۔پھر چاہے اس کا تعلق کسی بھی دین سے ہو یا کسی بھی ملک میں رہ رہا ہو آفتاب نے حقوقِ انسانی کی راہ میں اسے زہر اور ناسور تصور کیا ہے۔معاشرے کے تمام انسانوں کے لئے انھوں نے اپنے کلام کے ذریعے شعور آگہی بیدار کرنے کی ایک کامیاب کوشش کی۔آفتاب اقبال بشر کے قائل ہے اور انسان کی عظمت پر کسی بھی طرح کا حملہ انھیں گوارا نہیں۔لیکن اگر کہیں ایسی صورتِ حال نظر آتی بھی ہے تو آواز اٹھانے اور سوال پوچھنے کی جرات بھی رکھتا ہے ان کی ایک نظم ''کایا کا کرب'' اس سلسلے میں دیکھیں؛

کایا کا کرب
اس نے دیکھا
وہ اکیلا اپنی آنکھوں کی عدالت میں کھڑا تھا
بے کش اوقات میں بانٹی ہوئی صدیاں
کسی جلاد کے قدموں کی آوازیں مسلسل

سن رہی تھیں
آنے والے موسموں کے نوحہ گر مدت سے
اپنی بے بسی کا زہر پی کے
مر چکے تھے
اس نے چاہا
بند کمرے کی سلاخیں توڑ کر باہر نکل جائے
مگر شاخوں سے مرجھائے ہوئے پتوں کی صورت
ہاتھ کے بازؤں سے گر چکے تھے۔

(اوراق سال نامہ میگزین۔مصنف وزیرآغا، عارف عبدالمتین۔ سنہ اشاعت ۱۹۶۷ء۔ ص۲۵۹)

انھوں نے اکثر طویل نظمیں لکھی ہیں۔ یہ طویل نظمیں کچھ ایسی ہیں جو دورِ حاضر کے خارج و داخل کی منظرکشی اور صدابندی کرتے ہوئے کسی رزمیے کے بجائے المیے کی تالیف کرتی ہے۔ دیکھا جائے تو آج کی نظم نگاری میں کسی اخیل، تبرلیس، سہراب یا ابلیس کی کردارکشی شائد ممکن نہیں، کیونکہ ہم پر اپنی تاریخ کا جوانکشاف اس صدی میں ہوا ہے، اس نے بہت سے رومانی رویوں کو مسمار کیا ہے۔ مشرق و مغرب کی تاریخ اور فلسفہ ہماری اجتماعی میراث ہے۔ صدیوں کے عمل میں جیسی بھی انسانی قدریں، میراث اور تہذیب و ثقافت کی صورت گری رہی ہے، اس نے ہمیں یہ شعور اور علم بخشا ہے کہ انسان کو خطوں میں بانٹا نہیں جا سکتا۔ زمین، فطرت اور زندگی کے مرتب کردہ منظرنامے میں انسان ایک مرکزے کی حیثیت رکھتا ہے۔ ایک نظم دھوپ اور دُھند سے چند بند دیکھیں:۔

دھوپ اور دُھند
بھائی!
ساری نسلیں، سب تہذیبیں یوں تو
ایک درخت کی شاخیں ہیں
لیکن ایک ہی مٹی سے
کٹیائیں اور قصر بنا کر
پانی کی بے انت سخاوت پر رہٹوں کی
بالا دستی قائم کر کے

روشنیوں کو مدھم کر کے آنکھوں میں
اپنے اپنے بول کے اونچے رقبے میں خود غرضی نے
کیسا شہر بسایا ہے
قصر ستارہ سا لگتا ہے یوں تو عرش کی دوری سے
لیکن ہم جیون جیون دکھ سہنے والے
کس سے پوچھیں
کیا وسعت کے سارے مسکن ایسے ہیں؟
اتنی نسلیں، اتنی صدیاں
راہِ فرد پہ جتنی گرد پڑی
جمع کریں تو شائد اس سے
ہر بے گھر نادار کی خاطر
ایک مکاں، ایک کھیت بنایا جا سکتا ہے
کون زمیں پر اتنے ظلم روا رکھتا ہے
وہ یا ہم خود
جو شائد اس کی ہی بکھری شکلیں ہیں
ایسا ہے تو اپنے آپ سے شکوہ کیا
ہم جو آدھے ادھورے ہیں تو وہ بھی
کسرا کائی ہے
(زید سے مکالمہ ص۱۵۶)

اقبال انسان پر اپنا موازنہ مظاہر فطرت کئے بغیر نہیں رہ سکتا اسے محسوس ہوتا ہے کہ مظاہر فطرت تقدیر کے پابند ہونے کے باوجود انسان کہیں زیادہ آزاد فضاؤں میں سانس لے سکتے ہیں جیسے کہ درخت زمیں میں پیوست ہوتے ہوئے بھی آسمانوں کی بلندیوں کو چھونے لگتے ہیں، پرندوں کے لئے فضائے بسیط ہر وقت ان کی اڑان کی منتظر دکھائی دیتی ہے اور پہاڑ اپنی بلندیوں کے ساتھ ایستادہ نظر آتے ہیں۔ مظاہرِ فطرت کے ان مشاہدات اور اپنی مجبوریوں کی قید کے موازنے میں انسان کی آخری خواہش ایسی آزادی کی صورت ظہور پذیر ہوتی ہے کہ وہ اپنی ہستی کو ان مظاہرِ فطرت میں بدل دینے کی دعا کرنے لگتا ہے۔ آفتاب

کے نزدیک انسانی عظمت کا کم سے کم اعزاز یہ ہونا چاہیئے کہ وہ بلند، کشادہ اور پرشکوہ زندگی کی تعمیر کر سکے بالکل اسی طرح جیسے فطرت کے مظاہر خاموشی سے آزاد فضاؤں میں تخلیقی اظہار پر قادر ہیں۔

''خداوند! مجھے طائر، شجر، پربت، بنا دے یا مجھے ڈھا دے کہ دوبارہ جنم لوں اپنی بے مشروط آزادی کی خواہش سے''۳

(افتاب اقبال شمیم، آدم کی دعا، فردنژاد، مشمولہ نادر یافتہ پورب اکادمی، اسلام آباد جنوری ۲۰۱۶ ص ۲۶)

دی امریکن ہیومنٹس ایسوسیشن کی تعریف مطابق انسان دوستی کا فلسفہ انسان کو فطرت کا حصہ سمجھتا ہے۔فطرت جو اپنے مظاہر کی نشونما کسی قسم کا جبر روا نہیں رکھتی اسی طرح فطری انداز میں انسان کائنات کا حصہ ہوتے ہوئے معاشرتی سطح پر اپنے حقوق، سماجی انصاف اور تخلیقی صلاحیتوں کے اظہار کی آزادی سے پر امن ماحول میں لطف اندوز ہو سکے۔اسی تناظر میں افتاب کی نظموں میں جا بجا مظاہرِ فطرت کے حوالے اور ان کی فطری آزادیوں کے انسان کی مجبور زندگی سے موازنے کی صورتیں سامنے دکھائی دیتی ہیں۔ان کی نظم'' درخت'' اس سلسلے میں خصوصیت کی حامل ہے چند بند ملاحظہ فرمائیں:۔

ابھی بھی برف کی چڑیلیں
ہری ہری مسکراہٹوں کو
شگفتہ چہرے سے نوچ لیں گی
ابھی بھی باولے دنوں کی
سیہ لٹکتی ہوئی زبانیں
صرصر چاٹنے لگیں گی ترے بدن کو
خزاں کا سفّاک لکڑہارا
ابھی ترا انگ انگ کاٹے کا، پھانسایاں سی
تجھے بلندیوں سے پستیوں میں کڑک کڑک
کھینچنے لگیں گی
مگر معطر لہو برستا ہے جب فضا سے
خنک خنک آگ جاگ اٹھتی ہے جب رگوں میں
تو ایسے موسم میں تیرے زخموں سے پھوٹ آئیں گی
عہدنامے کی آئتیں سی

تو مسکرا کر محبتوں کی گواہی دے گا
(کرن کا لے انت روشنی سے اٹوٹ رشتہ)
زمیں کے پرچم! تجھے نگوں کون کر سکا ہے
کھڑے کھڑے مر بھی جائے گا تو
مگر وہیں پر
جنم کی مٹی سے تیرا ناطہ بندھا رہے گا
لگا ہوا اپنے آستاں سے
ملا رہا ہے یہاں کی پستی کو آسماں سے
مجھے بھی یہ شوکتیں عطا کر
مجھے بھی اپنا سا عزم دے دے
مجھے بھی آزادیوں کا، سر کو اٹھائے رکھنے کا
بھید سمجھا
یہاں میں نیچی چھتوں کو اوڑھے
چہار دیواریوں کا بُکل بدن پہ مارے ہوئے
کھڑا ہوں
دروں پہ بے اعتمادیوں کی شکوک کی کنڈیاں لگی ہیں
ثقافتوں میں گڑا ہوا ہوں
یہی بہت ہے
تری بلندی سے دیکھ لیتا ہوں آسماں کو
مرے اندھیرے کی جھیل میں روشنی کی شبنم
ٹپکتی رہتی ہیں کھڑکیوں سے
میں اپنے وزن سے تک رہا ہوں
کھلی فضا میں ترے لچکتے دراز بازو
اٹھے ہوئے ہیں
(زید سے مکالمہ ص ۵۷۔۵۹)

بقول ڈاکٹر سعید احمد ''اس مجموعے کی ایک بہت خوبصورت نظم ''درخت'' ہے جس میں درخت کی امیج کی تجسیم کے عمل سے گزارتے ہوئے علامت بنا کر معنیاتی تہہ داری پیدا کی گئی ہے ''درخت'' جدید دور کا وہ انسان بھی ہے جو باطن کی گہرائیوں میں زندگی کا اصل جوہر رکھنے کے باوجود استحصالی نظاموں کا زندانی ہے جس کا المیہ یہ ہے کہ درخت کی سی فطری نمود بلندی اور شوکت اس سے چھن گئی ہے'' ۔؎

(سعید احمد ڈاکٹر، نادر یافتہ فرد نژاد، مشمولہ نادر یافتہ پورب اکادمی، اسلام آباد جنوری ۲۰۱۶ ص ۲۲۲)

ایسی ہی بنیادی خوبیاں ہیں جن کی بنیاد پر انسانی عظمت کی عمارت تشکیل پاتی ہے۔ درخت جو کہ انسان کے غیر فطری سلوک کا شکار بھی ہوتا ہے۔ اس پر خزاں بھی آتی ہے۔ اس کی بلند و بالا شاخیں بھی رکاوٹ بن جاتی ہیں باقی شاخوں کے لئے لیکن وہ نمو کے موسموں کا انتظار کرتی ہے اور سازگار موسم کے آتے ہی وہ ایک بار پھر اپنی تمام تر جولانیوں کے ساتھ سرسبز و شاداب ہو کر مسکرانے لگتی ہیں اس لئے آفتاب بھی اس جوہر کی آرزو کرتے دکھائی دیتے ہیں جو فرد لئے لازمی ہے

اس آفت کش صورت حال، جس کی اسیری فرد کا مقدر بن چکا ہے، میں اقبال قنوطیت کا شکار نظر نہیں آتا ۔ پچاس اور ساٹھ کی دہائیوں میں ویت نام کی جنگ میں سامراج کے ظلم و ستم پیہم بموں کی صورت برستے ہوں یا تاریخ کے کسے منطقے سے منجنقیں زمین کی سرسبز و شاداب کوکھ کو برباد کرنے پر تلی ہوں۔ آفتاب اقبال شمیم اس بات کے قائل نظر آتے ہیں کہ آخری فتح محروم، مجبور اور مظلوم انسان کی ہوگی۔ یہ گھاس کی طرح پاؤں کے تلے روندے اور مسلے ہوئے انسان آخر کار ایک مکمل طور پر امن حاصل کرنے میں کامیاب ہو جائیں گے جہاں ان کی مرادیں بالکل اسی طرح نمو پذیر ہوں گی جیسے روندی اور مسلی ہوئی گھاس زمین کی کوکھ سے پھوٹ نکلتی ہے اسی طرح حالات کے مارے ہوئے یہ لوگ انسانیت کے ماتھے کا جھومر بن کر اس کی رعنائی میں اضافے کا باعث بنیں گے۔

اس طرح سے یہ کہا جا سکتا ہے کہ آفتاب اقبال شمیم کے کلام میں عہد بہ عہد انسانی حقوق، عزت و آبرو اور عظمت کی ایسی داستان سنائی دیتی ہے جو وقت کے کسی ایک منطقے تک محدود نہیں بلکہ بدلتے ہوئے وقت کے ساتھ ساتھ نئے طریقوں سے انسانی آزادی اور مساوات کے خواب کو پامال کیا گیا ہے۔ ان سب برائیوں کے خلاف احتجاج کی آواز کی گونج ان کے کلام کی بڑی خصوصیت ہے۔

◂◂ ● ▸▸

● عرفان رشید

انور سجاد: انہدام اور تعمیر نو کا مسافر

اردو افسانے کے انہدام اور تعمیر نو میں انور سجاد کو ملکہ حاصل ہے۔ انہوں نے نہ صرف افسانے کے روایتی ڈھانچے کا انہدام کیا ہے بلکہ اظہار و بیان کے نئے ممکنات بھی پیدا کیے ہیں۔ بیانیہ سے انحراف کر کے علامتی پیرائے اظہار کو وسیلہ بنایا۔ اس انحراف اور اختلاف سے انہیں ادب میں موضوع بحث بننا پڑا۔ ادب اور خاص طور پر افسانے کے حوالے سے انہوں نے دو مفروضے قائم کیے تھے۔ پہلا میں تمام عمر ایک ہی افسانہ لکھتا رہا جس کا موضوع ہے جبر کے خلاف احتجاج۔ دوسرا یہ کہ میں افسانوں میں جس چیز کا سب سے زیادہ خیال رکھتا ہوں، وہ افسانے کی نثر یا زبان ہے۔ ان مفروضات سے بہت سارے معنی پیدا ہو جاتے ہیں۔ انور سجاد نے اپنے افسانوں کو سماجی تاریخ بننے نہیں دیا بلکہ ان کے یہاں حقیقت اور فینٹسی کی وجہ سے کردار علامت کا روپ دھار لیتا ہے جس کی وجہ سے ان کی افسانوی کائنات میں معنی کی وسعت پیدا ہو جاتی ہے۔ افسانوں میں زبان کا خیال رکھنا اس بات کا عینی ثبوت ہے کہ انہیں زبان و بیان پر خاصی دسترس حاصل ہے۔ اس طرح سے اگر کہا جائے انہیں زبان کی جمالیات سے عشق ہے تو بیجا نہیں ہوگا۔ ان کا افسانہ عموماً عام قاری سے گریز کرتا ہے۔ اس کی وجہ اسلوب اور بیان کے نت نئے تجربے اور بظاہر وہ عام موضوعات ہیں جو بعد میں بین الاقوامی تناظر کا روپ دھار لیتے ہیں۔ جس طرح ان کے افسانوں میں احتجاج کی کرنیں پھوٹتی ہیں اس کو سمجھنا عام قاری کی بس کی بات نہیں ہے۔

انور سجاد ایک ایسے افسانہ نگار گزرے ہیں جنہیں انہدام اور تعمیر نو کی وجہ سے ایک حلقہ پسند کرتا ہے دوسرا ناپسند۔ پہلا حلقہ اس لیے پسند کرتا ہے کیوں کہ انہیں اس بات کا اندازہ ہو چکا تھا کہ پرانی اور بوسیدہ عمارت کو منہدم کرنے کے بعد ہی ایک نئی اور مضبوط عمارت کھڑی ہو سکتی ہے۔ جبکہ دوسرا حلقہ ان سے اس لیے نالاں ہے کہ انہوں نے روایتی ہیئت اور پلاٹ سے انحراف بھرتا ہے اور ایسے موضوعات کو افسانے میں برتنے کی کوشش کی ہے جو ان سے پہلے نابلد تھے۔

اس طرح سے انور سجاد نے اپنی انفرادیت قائم کرنے کے لیے طے شدہ روایات سے انحراف کیا ہے اور موضوعاتی اور اسلوبیاتی سطح پر جدید افسانے میں متعدد تجربے قائم کیے ہیں۔ انہوں نے اسلوب اور بیان کے حوالے سے جن اسالیب اور تکنیکوں کا استعمال کیا ہے ان میں نوہیتیت، تعمیر نو اسلوب، استعاراتی اسلوب، روایتی منطق کی نفی، شاعرانہ اسلوب، علامتی اسلوب، بے نام کردار نگاری، ڈرامائیت فلش بیک تکنیک، سُرریلزم، اظہاراتی اسلوب، ابہام، تجریدیت، شعور کی رو، فینٹسی، خود کلامی اور امیجز وغیرہ شامل ہیں۔

انور سجاد ایک ایسے افسانہ نگار گزرے ہیں جنہوں نے ایک ہی افسانے میں کئی تجربے کیے۔ شاید اس کی وجہ یہ بھی ہوسکتی ہے کہ انہوں نے ذاتی زندگی میں کئی رول ادا کیے ہیں۔ خاص طور سے بحیثیت مصور انہوں نے جس طرح مختلف رنگوں سے کام لیا ہے اسی طرح افسانہ نگاری میں بھی متنوع چیزوں پر برش چلایا ہے۔ ان کا ایک منفرد افسانہ ''بچھو، غار، نقش'' ہے۔ جس میں انہوں نے کئی اسالیب اور تکنیکوں کو یکجا کر کے افسانے میں نوہیتیت کی بنیاد رکھی ہے۔ مذکورہ افسانہ ان کے دوسرے مجموعے ''استعارے'' میں شامل ہیں۔ یہ کہانی اینٹی پلاٹ ہے۔ کہانی پن سے باضابطہ طور پر گریز کیا گیا ہے۔ پوری کہانی میں ابہام چھایا ہوا ہے جس کی وجہ سے افسانہ تجریدی اسلوب سے پر نظر آتا ہے۔ اس افسانے کا بنیادی موضوع کیا ہے یہ پتہ لگانا مشکل ہے۔ پورے افسانے میں علامتی اور استعاراتی نظام چھایا ہوا ہے۔ کہانی کرداروں سے بے نیاز ہے۔ اس میں واحد متکلم اور بچھوؤں کے حرکت و عمل سے کئی علامتیں نمودار ہو جاتی ہیں۔ کہانی کا آغاز علامتی انداز سے یوں ہوتا ہے:

> ''اگر بچھو دہکتی آگ کے دائرے میں محصور ہو جائے تو وہ خود کو ڈنک مار کے مرجاتا ہے۔ یہ بات غلط ثابت ہو چکی ہے۔
>
> کونے میں دیوار کے ساتھ لگی مستطیل میز، جس کی سطح پر سفید صاف کاغذ پڑا ہے۔ اس میز کی پچھلی دائیں ٹانگ کے ساتھ نظر کو اتار جائے تو فرش پر اس کے پیروں سے ایک فٹ کے فاصلے پر ایک موری ہے جو غسل خانے میں کھلتی ہے، اس موری کے راستے غسل خانے کا پانی کمرے میں نہیں آتا۔۔۔''

اس طرح سے کہانی کا آغاز ہوتا ہے۔ کہانی میں بچھوؤں کو موضوع بنایا گیا ہے۔ ایک کمرے میں ایک مادہ بچھو، دو نر بچھو اور پانچ خوردبین بچھوؤں کو دکھایا گیا ہے۔ یہ سارے بچھو کمرے اور غسل خانے کے فرش کے درمیان ایک آٹھ انچ لمبی موری سے کمرے میں غس جاتے ہیں۔ اس طرح سے نر اور مادہ بچھو کے درمیان جنسی تصادم ہو جاتا ہے جس کے نتیجے میں نر بچھو مرجاتا ہے۔ پانچ بچھو بچے مادہ بچھو کی پیٹ سے گر کر سفید کاغذ پر رینگتے ہوئے کہیں چھوٹ جاتے ہیں۔ موری کی سرنگ اور جوہڑ سے بچھو کمرے میں گھس جاتے ہیں جو سراسر گندگی کی

علامت ہے۔آپس میں بچھوؤں کا تصادم کئی معنی رکھتا ہے۔ یہ حوس ولالچ اور جنسی بے راہ روی کی علامت ہوسکتی ہے،اورسفید کاغذ پر رینگتا دنیا سے تعبیر کیا جاسکتا ہے جس پر ایک انسان مختلف نقش مرتسم کرتا ہے۔انسان دنیا میں کامیاب ہونے کے لیے حلال کاری کے ساتھ ساتھ حرام کاری سے بھی کام لیتا ہے۔اس طرح سے افسانے کے بین اسطور سے اس بات کا اشارہ مل جاتا ہے کہ انسان بچھو سے زیادہ زہریلا ہے۔جب وہ کسی کو کاٹتا ہے تب اسے اس زہر کا اندازہ ہوجاتا ہے۔

افسانہ ''پتھر،لہو،کتا'' اور ''دوب،ہوا اور لنجا'' بھی علامتی اسلوب میں لکھئے گئے افسانے ہیں۔ افسانہ ''دوب،ہوا اور لنجا'' خود کلامی اور سرریلزم کی تکنیک میں پیش کیا گیا افسانہ ہے۔جس میں واحد متکلم تین صورتوں میں سامنے آجاتا ہے۔معلم،ڈھوپچی اور لنجا۔ یہ افسانہ کئی معنوں میں اہمیت کا حامل ہے۔اس میں کچھ بہترین سوالات علامتی طور پر قائم کیے گئے ہیں۔مثلاً

''میں کچھ سوچتا ہوں۔''

''کیا؟''

''حضرت امام مہدی کے ظہور کے بارے میں۔حضرت عیسیٰؑ کی واپسی کے......''

''ہم ہمیشہ سے کمزور تھے،کمزور اور گنہگار۔''

''تھری،ٹو،ون،زیرو......فائر......فیصلے کا دن،فیصلے کا دن،میرا ظہور ہوگیا ہے،میں واپس آگیا ہوں۔''

''میرا صرف ایک گناہ ہے کہ قدرتی موت کے آنے تک ایسے زندہ رہنا چاہتا ہوں جیسے پیدا ہوا تھا......ہوا کی طرح دوب کی طرح''

مذکورہ بالا سوالات کو افسانہ نگار نے اس طرح علامتی انداز میں برتا ہے کہ معنی آفرینی پیدا ہوجاتی ہے۔جیسے پہلے ہی سوال کو لیجئے۔اس میں امام مہدی اور حضرت عیسیٰؑ کی واپسی کے قصے کو اس طرح سے چھیڑنے کی کوشش کی گئی ہے کہ اندازہ ہوجاتا ہے کہ دورِ جدید میں انسان اس طرح بے یار و مددگار ہوگیا کہ اب اسے صرف ایک ہی ذریعہ نظر آتا ہے۔دوسرے سوال میں عصر حاضر کے انسان کی بے بسی اور لاچاری کا رونا رویا گیا ہے۔تیسرا سوال موجودہ ٹیکنالوجی کی طرف اشارہ ہے جس میں انسانیت کا خون ہو رہا ہے۔چوتھا سوال کافی سنجیدہ ہے جو قاری کو سوچنے پر مجبور کرتا ہے کہ دنیا میں ہر روز اور سمت ناحق انسانوں کا قتل کیا جاتا ہے اور دنیا بڑی آرام سے اپنا کاروبار چلاتی ہے۔افسانہ نگار قاری کو باور کرانا چاہتا ہے کہ یہ دنیا اب جینے کے لیے

نہیں رہ گئی ہے۔اس میں ہر طرف ظلم اور جبر سے کام لیا گیا ہے۔Sur Realism ماورائے حقیقت نگاری کی مثال اس افسانے سے ملاحظہ کیجئے:

''یکا یک اس کے نتھنے پھولنے سکڑنے لگے۔

بو یہ بو کہاں سے آرہی ہے'لاشوں کے گلنے کا تعفن گیلے اناج کی سڑاندوہ اس تعفن سے پیچھا چھڑانے لگا۔ بدبو اس کا تعاقب کرنے لگی۔ وہ مڑ کر بھاگا' سامنے کسی چیز سے ٹکرایا' پھر بھاگا' سامنے چمکتی ہوئی لاتعداد آنکھیں تھیں'ان کے درمیان نو انگلیاں تاریکی کے پردوں سے اس دل کی آواز نکال رہی تھیں۔اس نے اپنے بازو سے چہرے پر آیا ہوا پسینہ صاف کیا اور دونوں ہاتھوں سے پائپ کو مضبوطی سے تھام لیا۔چمکتی آنکھیں اور تاریکی کو بجاتی انگلیاں اس طرف بڑھنے لگیں۔''

اسی طرح ''پتھر،لہو،کتا'' بھی ایک علامتی افسانہ ہے جس میں افسانہ نگار نے سیاہ پتھر اور کتے کو علامتی طور پر پیش کیا ہے۔سیاہ پتھر کو غم ، پریشانی ،دکھ اور مصیبت کے تناظر میں دکھایا گیا ہے جب کہ کتا انسان کا نفس ہے جو ہر وقت اسے پریشان کرتا ہے۔افسانہ ''کیکر'' ایک خوبصوت افسانہ ہے جس میں علامت نگاری، تجریدیت اور سرریلزم کا امتزاج دیکھنے کو ملتا ہے۔افسانے کے پہلے ہی اقتباس میں علامت ،تجریدیت اور ماورائے حقیقت نگاری کی جھلک دیکھی جاسکتی ہیں۔اقتباس ملاحظہ کیجئے:

''اس نے گدھے کی پیٹھ سے بالٹیاں اٹھا کر پوری قوت سے پانی بہایا۔

۔۔۔یہ بھی لو۔یہ بھی لو۔

سفید دھول کا غبارہ اٹھا اور پانی پر جم گیا۔اس نے اپنے جسم پر آیا ہوا سارا پسینہ دونوں ہاتھوں سے نچوڑ کر زمین پر ٹپکایا اور گدھے کو ہانکتا انجیر کے درخت کے تلے آگیا۔اس نے مڑ کر دیکھا۔

زمین کی زبان پر پھر کانٹے اگ آئے ہیں سارا پانی بھاپ بن کر آسمان پر چلا گیا ہے ابھی بادل آئیں گے کب بادل آئیں گے کہ چاول بوؤں۔

گدھا زبان نکالے ہانپ رہا تھا۔

میں تم ہوں اور تم میں ہوں۔

اس نے گدھے کی آنکھوں میں آنکھیں ڈال کر سرگوشی کی۔گدھے نے زبان منہ میں ڈال کر بڑی سنجیدگی سے منہ موڑ لیا وہ جھینپ گیا۔خفت کو مٹانے کے

لیے ہنسنے لگا۔ دھیمی دھیمی ہنسی رفتہ رفتہ دیوار اور قہقہوں میں ڈھل گئی۔''

مذکورہ بالا اقتباس سے ظاہر ہوجاتا ہے کہ کس طرح سے افسانہ نگار نے اسلوب اور بیان کے تجربے کیے ہیں۔ اس افسانے میں گدے، کیکر، بوڑھی ماں، باپ، انجیر کے درخت، سفیدی وغیرہ کو علامت کے طور پر پیش کیا گیا ہیں۔ افسانے کا موضوع انسان کی شکست وریخت ہے۔ جس کا اندازہ مذکورہ بالا اقتباس کی پہلی سطر سے لگایا جاسکتا ہے۔ گدھا اس افسانے کا بنیادی کردار ہے۔ ''میں تم ہوں اور تم میں ہوں۔'' سے انسان کی بے بسی کا اندازہ ہوتا ہے۔ افسانے میں موجودہ دور کے ظلم وجبر کی طرف بھی اشارہ کیا گیا ہے۔ کہیں کہیں قاری کا ذہن سیاسی حالات کی طرف متوجہ ہوتا ہے اور کبھی کبھی تقسیم کے المیے پر بھی۔ افسانے کی آخری سطور قاری کے ذہن میں ایک سوالیہ نشان ڈال دیتی ہیں اور کہانی کا نچوڑ بھی ان میں ہی پنہاں نظر آتا ہے:

''آؤ پھر دریا کو چلیں کہ پانی بھاپ بن کے آسمان پر چلا گیا ہے آؤ کہ ہم اس دائمی عمل کا حصہ ہیں یہی ہمارا انعام ہے' یہی ہماری سزا ہے کہ یہ ہمارا اپنا فیصلہ ہے کہ ہم زندہ رہیں گے ہماری کشمکش ہماری خواہشوں کا تسلسل ہے۔ اس نے گدھے پر بالٹیاں لادیں اور مضبوط قدم اٹھاتا ہوا دریا کو چل دیا۔''

اس میں ایک طرف انسانی شکست وریخت کو دکھایا گیا ہے تو دوسری طرف انسانی جدوجہد کے اس عمل کی طرف بھی اشارہ مل جاتا ہے جو وہ برسوں سے کر رہا ہے۔ اگر دوسرے معنوں میں دیکھا جائے تو اس میں موجودہ دور کی عکاسی مل جاتی ہے جس میں انسان احتجاج کی قوت کو کھو بیٹھا ہے جس کی وجہ سے وہ ملکی اور غیر ملکی طاقتوں کے پنجوں میں اس طرح جکڑ گیا ہے کہ جس سے نکلنا اب محال بن گیا ہے۔

''کونپل'' ایک بہترین افسانہ ہے جس میں اظہاریت، علامت، فینٹسی اور شعور کی رو کا خوبصورت ملاپ نظر آتا ہے۔ افسانہ برسر اقتدار والوں کے ظلم وجبر کی داستان ہے جس میں عام انسان صدیوں سے پسا آرہا ہے۔ کہانی میں ایک برسر اقتدار انچارج، دو سیاہ پوش ایک نوجوان کو بری طرح سے اپنی ماں اور بیوی کے سامنے مارتے ہیں۔ دوسری طرف اس کا چھوٹا لڑکا گھر کے صحن میں سرخ قسم کے پودے کا ایک بیج بوتا ہے۔ کچھ عرصہ بعد ایک ننھی سی کونپل اس میں پھوٹ جاتی ہے۔ جب بارش اور طوفان آجاتا ہے تو بچہ اپنی جان پر کھیل کر اسے بچا کر اس پر لحاف ڈال دیتا ہے۔ تیسرا منظر کہانی میں دیوار، چھپکلی اور پورٹریٹ کا ہے۔ نوجوان کے اندر احتجاج کی قوت ختم ہوجاتی ہے۔ اس لیے وہ اپنے سامنے ماں اور بیوی کی گالیاں تک برداشت کرتا ہے۔ کونپل کا پھوٹنا ایک علامت ہے۔ ایک ایسے درخت کی جو دھیرے دھیرے زمیں کے اندر اپنی جڑیں مضبوط کر رہا ہے۔ بچہ نوجوان پود کی علامت ہے جس میں طوفانوں سے لڑنے کی قوت موجود ہے۔ چھپکلی کی وجہ سے دیوار پر پورٹریٹ

کے فریم کا لرزنا اور دھیرے دھیرے اپنی جگہ سے ہٹنا اس بات کی علامت ہے کہ ظلم ایک نہ ایک دن ختم ہو جائے گا۔ کس طرح سے حقیقت، علامت اور فینٹسی کے مابین رشتہ قائم ہو جاتا ہے اس کی خوبصورت مثال مندرجہ ذیل اقتباس سے لگائی جا سکتی ہے:

''بھرے بھرے چہرے پر جابرانہ انداز میں کھینچی آنکھیں، بھنچے ہونٹ، سیاہ نکٹائی امریکی گرہ میں پھنسی دوہری گردن، سیاہ کوٹ کی دائیں طرف، سینے کی جیب میں ریشمی رومال جس کا سرخ رنگ وقت کے ساتھ ساتھ فیڈ ہوتا اب پیازی سا معلوم ہوتا ہے۔ داخلی دروازے کے سامنے دیوار پر کیل سے لٹکی اس پورٹریٹ کے فریم کے دائیں کونے پر چھپکلی کا داہنا پاؤں پڑتا ہے۔ تصویر پر لمحہ بھر کے لیے لرزتی ہے۔ کوٹ کے کالر کے کاج پر ایک سنہری پتنگا بیٹھا ہے جو بلب کی روشنی میں بالکل کسی تمغے کی طرح لگتا ہے۔ چھپکلی اس کی گھات میں وہیں جم جاتی ہے۔''

اس اقتباس سے کئی علامتیں ظاہر ہو جاتی ہیں جن میں سرخ رنگ، پورٹریٹ، چھپکلی، سیاہ کورٹ، پتنگا وغیرہ شامل ہیں۔ یہ بظاہر الفاظ ہیں لیکن یہ اپنے اندر معنی کی تہہ داری رکھتے ہیں۔ احمد ندیم قاسمی ان کے اسلوب اور بیان کے حوالے سے لکھتے ہیں:

''انور سجاد کے افسانوں کے اسلوب پر غور کرتے ہوئے مجھے غزل بہت یاد آئی۔ شعور کی رو میں ایک غیر شعوری باطنی ربط ضرور ہوتا ہے۔ یہی ربط ایک اچھی غزل میں بھی موجود ہوتا ہے۔ یوں اردو کی یہ صنف شعر جدید ذہن کے قریب تر پہنچ جاتی ہے۔[1]

ا۔ احمد ندیم قاسمی، سہ ماہی ''فنون''، لاہور، شمارہ ۱۰، نومبر ۱۹۷۰ء ص ۱۷

مذکورہ بالا رائے کی حمایت میں یہ ضرور کہہ سکتے ہیں کہ انور سجاد ایک اچھے شاعر بھی تھے جس کی وجہ سے انہوں نے اردو افسانہ کو شاعری سے قریب تر لانے کی کوشش کی ہے، یہ ان کے اسلوب کا خاصا ہے کہ انہوں نے نثر اور شاعری کے درمیانی پُل کو ختم کرنے کی کوشش کی ہے۔ ان کے افسانوں میں ایک شعری آہنگ موجود ہے۔ اس لیے ان کے افسانوں پر کہیں کہیں شعر کا گمان ہو جاتا ہے۔ ان کے اسلوب میں استعاراتی نظام، ابہام، علامت نگاری، امیجز جیسی تکنیکوں کی وجہ سے ایک شعری حسن پیدا ہو جاتا ہے۔ یہی وہ تمام عناصر ہیں جن سے شاعری بنتی ہیں اور یہ سارے عناصر ان کی افسانوی کائنات میں بھی جلوہ گر ہیں۔ افسانہ 'یوسف کھوہ'، 'آج'، 'سازشی ۲'، 'ماں اور بیٹا' اس کی خوبصورت مثالیں ہیں۔ افسانہ ''یوسف کھوہ'' سے ایک مثال پیش ہے:

''جنگل، بیابان، تپتی ریت، جلتی دوپہر، دور پانی کا کنواں اور مست سی

ہیجان انگیز، دیوانہ کر دینے والی...... ککوکو..... لمحہ بعد لمحہ، سال بعد سال، تیز سانسوں کی لالچی عورتوں کو، سن بخ مردوں کو جنگلی بنا دیتی ہے ۔ککو کو، ہوائی جہاز، ریل انجن، فیکٹریاں، بسیں، رکشے، بلیاں، بچے منہ اٹھا کر پکارتے ہیں...... یوسف کھوہ

جب ہم سڑکوں پر تنہا ہوتے ہیں، جب ٹھنڈی بھیگی راتیں ایک ایک آواز کو سمیٹنے کی کوشش کرتی ہیں تو جنگل، بیاباں، تپتی ریت، جلتی دوپہر، پانی سے لبالب کنوئیں پھیل جاتے ہیں اور ککوکو کا سیلاب اُمڈ آتا ہے اور ہمیں لے کر ڈوبنے لگتا ہے۔ ککوکو، دل کی دھڑکن، ہمارا پیچھا کرتی ہے......''

اس اقتباس میں ایک شعری آہنگ ہے جو اس افسانے کو مزید تقویت بخشتا ہے۔ اس افسانے کی قرأت کے دوران بھی قاری پر ایک ایسی کیفیت طاری ہو جاتی ہے وہ افسانے کو گنگنانے لگتا ہے۔ اس طرح سے اس افسانے کا تخلیقی لہجہ نثر سے کہیں زیادہ شعر کے قریب دکھائی دیتا ہے۔

انور سجاد نے اردو افسانے میں ایسے ہئیتی ،لسانی، اسلوبی اور تکنیکی تجربے کیے ہیں جو انہیں اپنے معاصرین سے ہی نہیں بلکہ اردو افسانہ کی پوری کھیپ سے ممتاز کرتے ہیں۔ انور سجاد ایک جینیون افسانہ نگار ہیں جنہیں افسانے کی شعریات پر مکمل گرفت تھی۔ مغربی فکشن بلخصوص افسانہ میں جدیدیت کے حوالے سے جو تجربے ہوئے ہیں، بیشتر تکنیکوں سے انہوں نے استفسار کیا ہے۔ اردو ادب میں کئی اسالیب اور تکنیکیں ہیں جو ان کی مرہون منت ہیں۔ ڈاکٹر ہونے کی حیثیت سے انہوں نے اردو افسانے کا بھی پوسٹ مارٹم کیا ہے۔ ایسے بے نام کرداروں کو اپنے افسانوں میں جگہ دی جو بے نامی کے عالم میں ہی اردو ادب پر چھا گئے۔